杨伯峻四书全译

杨伯峻 著

中华书局

图书在版编目（CIP）数据

杨伯峻四书全译/杨伯峻著. —北京:中华书局,2020.8
(2023.11 重印)
ISBN 978-7-101-14673-8

Ⅰ.杨… Ⅱ.杨… Ⅲ.①儒家②四书-译文 Ⅳ.B222.14

中国版本图书馆 CIP 数据核字(2020)第 133163 号

书　　名　杨伯峻四书全译
著　　者　杨伯峻
责任编辑　朱立峰　王　娟
责任印制　陈丽娜
出版发行　中华书局
　　　　　（北京市丰台区太平桥西里 38 号　100073）
　　　　　http://www.zhbc.com.cn
　　　　　E-mail:zhbc@zhbc.com.cn
印　　刷　三河市宏盛印务有限公司
版　　次　2020 年 8 月第 1 版
　　　　　2023 年 11 月第 3 次印刷
规　　格　开本/920×1250 毫米　1/32
　　　　　印张 14½　插页 2　字数 349 千字
印　　数　13001-16000 册
国际书号　ISBN 978-7-101-14673-8
定　　价　58.00 元

目　录

孟子全译

前言

《四书》这一书名，从南宋朱熹开始。《四库全书总目提要》说："其编为《四书》，自宋淳熙始。"因为朱熹作《大学章句序》署"淳熙己酉二月甲子"；作《中庸章句序》署"淳熙己酉春三月戊申"。可见他编纂《四书》都在宋孝宗淳熙十六年，即公元1189年。第二年，光宗绍熙元年，他在知漳州任上用公款刊行《四子》，《四子》就是《四书》的另一名称。《论语》是记载孔子和孔门弟子言行的书，汉朝人凡引《论语》，纵是别人的话，也称"孔子曰"（详见《论语译注·尧曰第二十》第一章"修废官"注），汉代可能把《论语》也叫《孔子》。《孟子》自是孟轲写的。《中庸》据《史记·孔子世家》说是孔子的孙子子思写的。《大学》，二程说是曾子所述；那么，由孔子经过曾子，再经过子思，到孟子，便构成《四子》。《朱文公文集》卷八二有《书临漳所刊〈四子〉后》一文足以为证。

《大学》和《中庸》本是《礼记》的两篇，因为司马迁说子思著《中庸》，便得到后人重视。《汉书·艺文志》有《中庸说》；《隋书·经籍志》有戴颙《中庸传》二卷、梁武帝《中庸讲疏》一卷。唐以前没有人为《大学》作过解说，北宋司马光曾著《大学广义》一卷、《中庸广义》一卷，见陈振孙《直斋书录解题》。他把《大学》、《中庸》从《礼记》中提出，加以解说阐发，早于当时的理学家二程。

朱熹为《大学》、《中庸》写了"章句"，为《论语》、《孟子》写了"集注"，合为一书，称为《四书章句集注》，

简称《四书集注》。自元代延祐二年（公元1315年）恢复科举，尤其明、清以后更加重视《四书》，考试题目多出自《四书》，甚至答卷文字内容也不能违背朱注，《四书集注》是应考士子的必读书。自光绪三十一年（公元1905年）废科举以后，这一风气才完全消除。

《四书》究竟是儒家传统正宗，历代受它的影响很大，我们要了解中国的古代文化精神，仍然要读它。虽有些语句固然要批判，甚至彻底批判，但有些语句，未尝没有可取之处，这次我把译注过的《论语》、《孟子》的白话稍加修改，补译《大学》、《中庸》，合成本书，并将各自的原文及相应的译文加上编号，可能对广大读者也是一种方便。

杨伯峻

大学

引言

　　《大学》本是《礼记》的一篇，不知是什么人写的。程颢之弟程颐认为是"孔氏之遗书，而初学入德之门也"，而且还认为它大概是"孔子之言，而曾子述之"，又妄自改变次序，定为"经"一章、"传"十章。朱熹作《大学章句》完全是听从他的主张和论调。只有清儒戴震幼时曾怀疑这种论调，问他老师"从曾参到程颐有一千多年，他怎么会知道"。这一疑问，到今天也没有能找出强有力的证据予以否定，但也没有任何证据给以肯定，我们只能阙疑。

　　程颐这种安排，既然由朱熹承袭下来，传到现在，近九百年，"积非成是"，我们只能听之任之。

　　程颐最大的罪恶是反对妇女再嫁，纵是丈夫死了，生活无着，也不能再嫁。他说："饿死事小，失节事大。"（见《伊川先生语录》八下）在封建社会中，为这两句话而妇女受害的，真难以数计。道学杀人，这句话并不冤枉。

　　《大学》既不能肯定其作者是谁，因此对这书的基本观念，甚至若干抽象名词，便找不到旁证来理解。即如第一句"大学之道在明明德"，什么是"明德"？我也翻阅了一些书，各有各的说法，实在难以找得证据来辨别是非。朱熹用孟子的性善来解释，文字上没有这样说，实际就是如此。（他的《大学章句序》作了暗示。）是否符合作者本意，也无法辨别，姑且听之任之。

　　《大学》基本上是对统治阶级讲的，主要有三纲八目。三纲是"明明德"、"亲民"、"止于至善"。八目是"格物"、"致知"、"诚意"、"正心"、"修身"、"齐家"、"治国"、

"平天下"。有的讲得比较好懂,有的就比较玄虚。如格物致知,从秦汉以前直到清末,没有物理、化学这类课程;清末初行新学,把"理化"叫做"格致",岂不是借旧瓶装新酒,或者说张冠李戴!明朝王守仁,"格"了一天竹子,"格"不出所以然来,后来却说"夫物理不外于吾心"(《明儒学案·姚江学案》)。朱熹说:"在即物而穷其理也。"如何"穷其理"?他也说不出所以然来。科学和理学是绝对不能并存的,科学懂一点是一点,没有所谓"一旦豁然贯通焉,则众物之表里精粗无不到,而吾心之全体大用无不明矣"。他对于《四书》,自少至老,用功几十年,是不是真"豁然贯通",我想只有天知道。

大学之道，在明明德，在亲民，在止于至善。知止而后有定，定而后能静，静而后能安，安而后能虑，虑而后能得。物有本末，事有终始。知所先后，则近道矣。

古之欲明明德于天下者，先治其国。欲治其国者，先齐其家。欲齐其家者，先修其身。欲修其身者，先正其心。欲正其心者，先诚其意。欲诚其意者，先致其知。致知在格物。

物格而后知至，知至而后意诚，意诚而后心正，心正而后身修，身修而后家齐，家齐而后国治，国治而后天下平。

自天子以至于庶人，壹是皆以修身为本。其本乱而末治者否矣。其所厚者薄，而其所薄者厚，未之有也。

大 学

● 1 ─────────────────────────

　　大德之人讲习的学问道理，在于发扬人们天赋的善良美德；在于革除旧习，勉作新人；在于归宿到才德完美无缺的最高境界。知道归宿之所在，然后言语行动有一定的方向，言行有了一定的方向，然后心志能够清静，不胡思乱想；心志清静了，然后能安宁闲适，不乱不躁；安宁闲适了，然后能考虑周详，瞻前顾后；考虑周详了，然后能有所收获。任何物体都有根本和末节，任何事情也都有终结和开始。知道什么该先，什么该后，就接近于最合宜的程序和目标了。

　　古代想要使天下人人都能发扬自己天赋的善良美德的人，必须先治理好自己的国家；想要治理好自己的国家，先要整顿自己的家庭；想要整顿好自己的家庭，先要修养好自身；想要修养好自身，先要端正自己的心志；想要端正自己的心志，先要使自己意念诚实无妄；想要使自己的意念诚实无妄，先要丰富自己的各类知识；要丰富自己各类的知识，在于穷究事物的道理。

　　穷究了事物的道理，知识就丰富了；知识丰富了，意念就诚实无妄了；意念诚实无妄了，心志就端正了；心志端正了，自身也就修养好了；自身修养好了，家庭也就整顿好了；家庭整顿好了，国家也就治理好了；国家治理好后，天下也就太平了。

　　从天子到老百姓，一切都以修养自身作为根本。其根本紊乱，然而末节想治好，是不可能的。应该重视的反而轻视，应该轻视的却很重视，是从来没有的事。

右经一章,盖孔子之言,而曾子述之。其传十章,则曾子之意而门人记之也。

◎ 2

《康诰》曰:"克明德。"《大甲》曰:"顾諟天之明命。"《帝典》曰:"克明峻德。"皆自明也。

右传之首章,释"明明德"。

◎ 3

汤之《盘铭》曰:"苟日新,日日新,又日新。"《康诰》曰:"作新民。"《诗》曰:"周虽旧邦,其命惟新。"是故君子无所不用其极。

右传之二章,释"新民"。

◎ 4

《诗》云:"邦畿千里,惟民所止。"《诗》云:"缗(mián)蛮黄鸟,止于丘隅。"子曰:"于止,知其所止,可以人而不如鸟乎?"《诗》云:"穆穆文王,于缉熙敬止。"为人君,止于仁;为人臣,止于敬;为人子,止于孝;为人父,止于慈;与国人交,止于信。

《诗》云:"瞻彼淇澳,菉竹猗猗。有斐君子,如切如磋,如琢如磨。瑟兮僩兮,赫兮喧兮。有斐君子,终不可諠兮!""如切如磋"者,道学也。"如琢如磨"者,自修也。"瑟兮

以上二程认为是大学的"经",即总纲。以下则是"传",分为十章。

● 2

《尚书·康诰》上说:"能够发扬自己天赋的善良美德。"《太甲》上说:"经常念叨着这个上天赋予的善良天性。"又《尧典》上说:"能够发扬伟大崇高的美德。"这些都是说要人们自己去发扬它。

以上是"传"的第一章,解释"明明德"。

● 3

商汤在洗脸盛水的盘子上刻着:"果真要每天洗涤污垢,刷新自己,就要每天每天地刷新,又每天更加刷新。"《尚书·康诰》上说:"做一位毫不惭愧崭新的人。"《诗经·大雅·文王》上说:"岐周虽然是个古老的国家,她所接受的使命是崭新的。"所以,她的最高层人物做什么都达到至高无上的顶峰。

以上是"传"的第二章,解释"新民"。

● 4

《诗经·商颂·玄鸟》上说:"帝王京都一千里,百姓聚居在那里。"又《诗经·小雅·緜蛮》上说:"黄鸟鸣声缗蛮,归宿于草木茂密的山湾。"孔子说:"到应该归宿之处,便知道那是自己的归宿地。难道人可以不如禽鸟么?"《诗经·大雅·文王》上说:"思虑深远的文王呀!光明而端庄,归宿于善良。"做君王的,归宿于仁德;为臣子的,归宿于工作认真;做儿子的,归宿于孝顺;做父亲的,归宿于慈爱;和朋友往来,归宿于诚信。

《诗经·卫风·淇澳》上说:"远望淇水那一方,绿竹翠翠苍苍;高层统治者有道德有文章,好比玉石犀角和象牙,一样一样在我旁。先开料,再糙锉,然后细刻又磨光,一件件,一桩桩。细密而又刚强,伟大而又盛昌。文质彬彬的帝王,永远不能把他忘。"开料糙锉,用来比喻学问的讲习;细刻磨光,用来比喻品德的修养;细密而

僩兮"者，恂慄也。"赫兮喧兮"者，威仪也。"有斐君子，终不可諠兮"者，道盛德至善，民之不能忘也。《诗》云："於戏，前王不忘！"君子贤其贤而亲其亲，小人乐其乐而利其利，此以没世不忘也。

右传之三章，释"止于至善"。

◎5

子曰："听讼，吾犹人也。必也使无讼乎！"无情者不得尽其辞，大畏民志。此谓知本。

右传之四章，释"本末"。

◎6

此谓知本[1]，此谓知之至也[2]。

[1]程颐说："这是多余的文字。"从前叫"衍文"。

[2]朱熹说，这句之上有阙失的文字，只留一断语。他还认为，亡失了"释格物致知"一章，他大胆补上。我认为不应该为他译出。

右传之五章。

◎7

所谓诚其意者，毋自欺也。如恶恶臭，如好好色，此之谓自谦。故君子必慎其独也。小人闲居为不善，无所不至，见君子而后厌然，掩其不善，而著其善。人之视己，如见其肺肝然，则何益矣？此谓诚于中，形于外，故君子必慎其独也。曾子曰：

又刚强，实际是叫人恐惧警惕；伟大而盛昌，实际是叫人有威严可以使人畏惧，有仪容可以引导人模仿。文质彬彬的帝王，永远不能把他忘，说的是他道德高尚，才能完备，百姓因此不能把他忘掉。《诗经·周颂·烈文》又说："哎呀！不会忘记以前的文王、武王。"后世的上层人物尊敬贤良的人，亲近应该亲近的人；百姓则因有乐趣而快乐，因有利益而得到好处，所以对于文、武二王一直到死久久不能忘记。

以上是"传"的第三章，解释"止于至善"。

● 5 ────────────────────────────────

孔子说："审判官司，我同别人不相上下；〔若用我，〕一定要使社会上没有人去打官司吧。"没有真情实况的人作为诉讼一方，他的诉状就惭愧地不能说完要说的话，因为上层德高望重，使人民个个非常敬畏，不敢欺哄。这叫做懂得政治的根本。

以上是"传"的第四章，解释"本末"。

● 6 ────────────────────────────────

这个是懂得根本，这是知识的顶峰。

以上是传的第五章。

● 7 ────────────────────────────────

所说的使意念诚实无妄，就是不要自己哄自己。好比厌恶难闻的奇臭，喜爱艳丽的美色，这叫做自然的感触。〔自然感触，人人都知，不能隐瞒。〕所以君子在独自一人的时候，一定要谨慎小心。小人平日做坏事，没有什么不干的；一碰见君子便躲躲藏藏，掩盖自己的坏行为，显示自己好的表现；别人看他，好像看见他的五脏六腑一样，那有什么益处呢？这叫做心里真有什么，外貌自然要表现出来。

"十目所视,十手所指,其严乎!"富润屋,德润身,心广体胖,故君子必诚其意。

右传之六章,释"诚意"。

所谓修身在正其心者:身有所忿懥,则不得其正;有所恐惧,则不得其正;有所好乐,则不得其正;有所忧患,则不得其正。心不在焉,视而不见,听而不闻,食而不知其味。此谓修身在正其心。

右传之七章,释"正心"、"修身"。

所谓齐其家在修其身者:人之其所亲爱而辟焉,之其所贱恶而辟焉,之其所畏敬而辟焉,之其所哀矜而辟焉,之其所敖惰而辟焉。故好而知其恶,恶而知其美者,天下鲜矣。故谚有之曰:"人莫知其子之恶,莫知其苗之硕。"此谓身不修不可以齐其家。

右传之八章,释"修身"、"齐家"。

所谓治国必先齐其家者,其家不可教而能教人者,无之。故君子不出家而成教于国:孝者,所以事君也;弟者,所以事长

所以，君子一定要在独自一人时谨慎小心。曾参说："十只眼睛注视着你，十只手指向着你，〔监督真严，〕厉害得很呀！"拥有财富能装饰房屋，有道德能润泽身心，心境宽广则身躯健壮，所以君子一定要使意念诚实无妄。

以上是"传"的第六章，解释"诚意"。

●8

所说的修养自身，在于端正自己心志的道理：因为自身有所愤怒，心志〔为其所累〕就不可能端正；有所畏惧，也不可能端正；有所喜好快乐，也不可能端正；有所忧愁疑虑，也不可能端正。心不在那里，〔另想别处，〕看什么也看不见，听什么也听不到，吃什么也不晓得味道。这就是修养自身在于端正心志。

以上是"传"的第七章，解释"正心"、"修身"。

●9

所说的整治家庭在于修养自身的道理：因为人们对于他所亲爱的会有偏袒，对于他所轻视而厌恶的会产生偏见，对于他所害怕而尊敬的会有偏意，对于他所怜悯而同情的会有偏念，对于他所认为骄傲而懈怠的会有偏想。所以，对他所喜欢的人却知道其缺点的，对他所厌恶的人却知道其优点的，这在社会上是很少的。因此，有这样一句俗话，说："在社会上没有人知道自己儿子的坏处，没有人知道自己禾苗的健壮。"这是说，自身不修养好，就不可以整治家庭。〔连自己儿子的好坏，禾苗的肥瘦都不能知道，怎能整治家庭呢？〕

以上是"传"的第八章，解释"修身"、"齐家"。

●10

所说的治理国家一定要先整治家庭的道理：因为连自己家庭中的人都不可能教导好，却能教导别人的，这是没有的事。所以君子用不着离开家庭，却能使国内养成一种有教养的风气。孝顺父母，就

也；慈者，所以使众也。《康诰》曰："如保赤子。"心诚求之，虽不中，不远矣。未有学养子而后嫁者也。

一家仁，一国兴仁；一家让，一国兴让；一人贪戾，一国作乱。其机如此。此谓一言偾事，一人定国。尧、舜帅天下以仁，而民从之。桀、纣帅天下以暴，而民从之。其所令反其所好，而民不从。是故君子有诸己而后求诸人，无诸己而后非诸人。所藏乎身不恕，而能喻诸人者，未之有也。故治国在齐其家。《诗》云："桃之夭夭，其叶蓁蓁。之子于归，宜其家人。"宜其家人，而后可以教国人。《诗》云："宜兄宜弟。"宜兄宜弟，而后可以教国人。《诗》云："其仪不忒，正是四国。"其为父子兄弟足法，而后民法之也。此谓治国在齐其家。

右传之九章，释"齐家"、"治国"。

所谓平天下在治其国者：上老老而民兴孝，上长长而民兴弟，上恤孤而民不倍。是以君子有絜矩之道也：所恶于上，毋以

是要用同一态度来侍奉君主；敬爱兄长，就是要用同一态度来敬奉长上；慈爱幼小，就是要用同一态度来使唤民众。《尚书·康诰》上说："爱护人民像爱护自己婴儿一样。"诚心实意地探求这个道理，虽然未必事事能够完全合乎理想，也就差不多了。从来没有先学会生育儿女然后才嫁人的。

一家仁爱，全国就兴起仁爱的风尚；一家谦让，全国就兴起谦让的风尚；一个君主贪污凶暴，一国的人都会起来作乱。影响就是这样。这叫做一句话能败坏事情，一个人能安邦定国。尧和舜带领天下人民实行仁德，民众都跟随着实行仁德；桀和纣带领天下暴虐无道，百姓也就跟随着抢夺作乱。统治者的命令若和他本人的好恶相反，百姓就不会听从。〔统治者贪污腐败，却号召大家廉洁，百姓会听从吗？〕所以，君子应该先具备了这优点，然后才要求别人也要有；自己没有那缺点，然后才能批评别人。自己的心中没藏有恕道，却能教导别人实行恕道的，是从来没有的。所以治理国家在于整治好自己的家庭。《诗经·周南·桃夭》上说："桃花艳如火，叶片密似云，这姑娘嫁去，能配合婆家的人。"和一家人配合好，才能去教导一国的人。《诗经·小雅·蓼萧》上说："兄弟相处，和睦融洽。"兄弟和睦，才可以去教导一国的人。《诗经·曹风·鸤鸠》上又说："他所作所为没有偏差，才能匡正四方的国家。"他作为父子兄弟足为模范，然后百姓也都把他当做模范了。这就叫做治理国家在于整治好自己的家庭。

以上是"传"的第九章，解释"齐家"、"治国"。

● 11 ————————————————————————

所说的使天下太平在于治理好自己国家的道理：因为最高统治者能敬重老年人，民众就会兴起孝顺之风；统治者尊敬年长者，民众就会兴起尊敬兄长之风；统治者能怜抚孤儿，民众就不会抛弃幼小。所以君子有个衡量方正的原则：你所厌恶于上级的言语行动，你

使下；所恶于下，毋以事上；所恶于前，毋以先后；所恶于后，毋以从前；所恶于右，毋以交于左；所恶于左，毋以交于右。此之谓絜矩之道。《诗》云："乐只君子，民之父母。"民之所好好之，民之所恶恶之，此之谓民之父母。《诗》云："节彼南山，维石岩岩。赫赫师尹，民具尔瞻。"有国者不可以不慎，辟则为天下僇矣。

《诗》云："殷之未丧师，克配上帝。仪监于殷，峻命不易。"道得众则得国，失众则失国。是故君子先慎乎德。有德此有人，有人此有土，有土此有财，有财此有用。德者，本也。财者，末也。外本内末，争民施夺。是故财聚则民散，财散则民聚。是故言悖而出者，亦悖而入；货悖而入者，亦悖而出。《康诰》曰："惟命不于常。"道善则得之，不善则失之矣。《楚书》曰："楚国无以为宝，惟善以为宝。"舅犯曰："亡人无以为宝，仁亲以为宝。"

《秦誓》曰："若有一个臣，断断兮无他技，其心休休焉，其如有容焉。人之有技，若己有之；人之彦圣，其心好之，不啻

便不要用来对待下级；你所厌恶于下级的，便不要用来侍奉上级；在你前面的人所厌恶的，你便不要加之于你后面的人；在你后面的人所厌恶的，你便不要加之于你前面的人；在你右边的人所厌恶的，你便不要加之于在你左边的人；在你左边的人所厌恶的，你便不要加于在你右边的人。这便是衡量方正的原则。《诗经·小雅·南山有台》上说："君子多快乐喜欢，他是百姓的父母官。"百姓所喜爱的他喜爱，百姓所厌恶的他厌恶，这才叫做百姓的父母官。《诗经·小雅·节南山》上说："高大的南山，岩石累累。伟大光明的师尹，百姓全都伸长脖子仰望你。"一国的统治者不可以不谨慎，一走上邪路，便会被广大人民所杀戮了。

《诗经·大雅·文王》上又说："当殷商还没脱离民众时，能够无愧地面对上帝。我们要以它作面镜子，证明要保持国运昌盛是不容易的。"这就说明，得到民众的心，就能得到整个国家；失掉民众的心，就会失掉整个国家。所以君子最先要谨慎对待的是坚持道德准则。有道德这才有人民，有人民这才有土地，有土地这才有财富，有财富这才有用度。道德是根本，财富是末节。轻视道德，重视财富，这是教导人民互相争夺。所以，一个国家，财富聚集于极少数人手中，百姓就会离散；财富分散在民众那里，百姓就团结聚拢。话语，不合理地胡乱讲出去，也就有不合理的胡言乱语听进来。财货，以不合理的方式胡乱地拿进来，也会不合理地胡乱花出去。《尚书·康诰》上说："命运不一定定在某一处。"这是说，你行好就得到它，不行好就失掉它。《楚书》上说："楚国没有什么可当作宝贝的，只有以善良奉为宝贝。"晋文公母舅狐偃说："逃亡者重耳没有什么可做宝贝的，把仁爱父母奉为宝贝。"

《尚书·秦誓》上说："有位这样的臣子，笃厚专一，却没有其他技能，只是心胸宽阔，能容纳一切。人家有本领，好像是他自己有一

若自其口出，寔能容之，以能保我子孙黎民，尚亦有利哉！人之有技，媢疾以恶之；人之彦圣，而违之俾不通：寔不能容，以不能保我子孙黎民，亦曰殆哉！"唯仁人放流之，迸诸四夷，不与同中国。此谓唯仁人为能爱人，能恶人。见贤而不能举，举而不能先，命也；见不善而不能退，退而不能远，过也。好人之所恶，恶人之所好，是谓拂人之性，菑必逮夫身。是故君子有大道，必忠信以得之，骄泰以失之。

生财有大道。生之者众，食之者寡，为之者疾，用之者舒，则财恒足矣。仁者以财发身，不仁者以身发财。未有上好仁而下不好义者也，未有好义其事不终者也，未有府库财非其财者也。孟献子曰："畜马乘，不察于鸡豚；伐冰之家，不畜牛羊；百乘之家，不畜聚敛之臣。与其有聚敛之臣，宁有盗臣。"此谓国不以利为利，以义为利也。长国家而务财用者，必自小人矣。彼为善之，小人之使为国家，菑害并至。虽有善者，亦无如之何矣！此谓国不以利为利，以义为利也。

右传之十章，释"治国"、"平天下"。

样；人家美好通达，他心中喜爱这人，不单像自己口里称颂的那样，而是实实在在能完全容纳他们，因此用他来保护我们子子孙孙和老百姓，大概是很有好处的啊！如果人家有本领，嫉妒而又厌恶他；人家美好通达，却阻抑他，使他走投无路，而不能容忍他，以致我们的子孙和老百姓得不到保护，这也危险得很呀！"只有仁德的人能够把这种人驱逐出境，流放到落后地区去，不同中原诸国人民在一地。这叫做只有仁德的人能够爱护好人，憎恶坏人。看见贤良的人不能推举提拔，举拔又不能早一些，这是由于怠慢。看见坏人却不能斥退，斥退又不能流徙到远方，这是一种过失。喜爱人们所厌恶的，厌恶人们所喜爱的，这叫做违背民众的心意，灾难一定会降到他身上。所以君子治国有个大的原则：一定要用忠诚信实来得到人民拥护，而骄傲奢侈一定会失掉人民。

增殖财富有个大的原则：生产的人多，消费的人少；工作得努力，花费得舒缓，这样，财富便经常充足了。仁德的人靠自己身体力行以增殖财富，不仁德的人不爱惜自身声誉贪图财富。没有统治者喜爱仁德而百姓不讲道义的，没有讲道义的人而工作不是善始善终的，没有府库的财富不是属于国家的。孟献子说："自备有马匹车辆的高官，不可去考虑养鸡养猪这样的小利；有丧事或者祭祀能用自然冰块的卿大夫，不可去考虑放牧牛羊的出息；有兵车百辆的大夫不可任用搜括剥削民财的下属。与其有搜括剥削民财的下属，宁可有盗窃公物的下属。"这就是说，国家不以聚集财富为利益，而以实行道义为利益。一国之君若专以聚集财富为目的，一定是从任用小人开始。小人自以为得意，若让他们来治理国家，天灾人祸便一块都会来了。纵是有好人能人，也没有办法挽救了。这便叫做国家不以聚集财富为利益，而以实行道义为利益。

以上是"传"的第十章，解释"治国"、"平天下"。

中

庸

引言

　　"中庸"二字出自《论语·雍也篇》，是孔子理想的道德最高境界。《礼记》中有《中庸》一篇，据《史记·孔子世家》，司马迁说是孔子的孙子子思作《中庸》。司马迁曾经到曲阜，流连孔子庙堂，叙孔子子孙十几代到当时孔安国之孙孔骧，估计不会丝毫没有根据。但一部五十二万多字首创的通史，作者又遭逢最为悲愤的奇耻大辱，写作时断时续，自然难免有疏忽失实的地方。即以《孔子世家》而论，如说孔子"适周问礼，盖见老子云"，幸而用一"盖"字，句末又有一"云"字，表示不能肯定。但又说老子送了孔子一段话，说得有头有尾。老子其人，司马迁在《老庄列传》中还不能肯定是什么时代、怎样的人，这里又把老子和孔子的关系说得很认真，未免可疑。至于说孔子删《诗》，序《易》的《系辞》、《说卦》、《文言》等，尤其不可信。那么，子思作《中庸》，我们也得审查一下。《中庸》第二十八章说："今天下车同轨，书同文，行同伦。"这是叙述当时情况的话，然而这种情况只有在秦始皇二十六年（公元前221年）统一天下以后才能出现，子思不但看不到，甚至想都想不到。从周平王被诸侯拥立，天下就不曾统一，子思出世，分裂局面已经好几百年，连做梦也梦不到秦始皇居然统一天下。《中庸》第一句便说："天命之谓性，率性之谓道。"这便事先肯定人的本性是至为善良的。孟子讲性善，只说有善的萌芽，《中庸》这种主张比孟子又进了一大步，不应该在孟子前，而应该在孟子后。又以地域论，子思是山东人，写书举例，不应该舍近求远。他却说"载

华岳而不重",华岳可能仅指华山,也可能兼指华山和岳山,华山、岳山都在陕西。子思不举山东的泰山,却举出离他老远老远、他并不曾去过的华岳,(子思仅到过宋国,宋在今河南商丘,离曲阜不远,这是完全可能的。)这又是一个大可怀疑之点。

《中庸》的有些观念是和孔子的思想体系有距离的。孔子不讲"神"(《论语·述而篇》),不事鬼(《先进篇》),可《中庸》却说"鬼神之为德,其盛矣乎!"(第十五章)一部《论语》只有两个"诚"字,而且其中一字是引《诗》,并没有实义,《中庸》不但有较多的"诚"字,而且特别强调"诚"的作用,这是这部书的基本观念。若说是孔子思想的发展,未必是向进步方面的发展,至少强调鬼神是向后退的。

无论读什么书,都应该有批判精神,尤其读中国古籍。中国有过长期的专制社会,在这种封闭式的社会中生活若干年的古人,他们的头脑中藏着些什么,是可想而知的。我虽然把《四书》译为白话,但孟子说"尽信书,不如无书",这句话在这里仍很适用。

《中庸》本只一章，宋人分为三十三章。今仍之。

◎ 1

天命之谓性，率性之谓道，修道之谓教。道也者，不可须臾离也，可离，非道也。是故君子戒慎乎其所不睹，恐惧乎其所不闻。莫见乎隐，莫显乎微，故君子慎其独也。喜怒哀乐之未发，谓之中；发而皆中节，谓之和。中也者，天下之大本也；和也者，天下之达道也。致中和，天地位焉，万物育焉。

◎ 2

仲尼曰："君子中庸，小人反中庸。君子之中庸也，君子而时中；小人之中庸也，小人而无忌惮也。"

◎ 3

子曰："中庸其至矣乎！民鲜能久矣！"

◎ 4

子曰："道之不行也，我知之矣：知者过之，愚者不及也。道之不明也，我知之矣：贤者过之，不肖者不及也。人莫不饮食也，鲜能知味也。"

中庸

● 1

天赋予人的气质叫做"性"，一切顺着本性叫做"道"，修明道的方式方法叫做"教"。道，是人一会儿都不可以离开的。如果是可以离开的话，便不是道了。所以君子在别人看不到的地方，也警惕小心；在别人听不到的地方，也畏惧谨慎。纵是最隐蔽的东西，也没有不表现的；纵是最细微的东西，也没有不显示的。所以君子在一人独处的时候，也谨慎小心。喜欢、愤怒、悲哀、快乐几种感情还没有激发的时候叫做"中"；发作了，都合乎义理礼节，叫做"和"。中是天下事物共同的自然本性，和是天下四处通达的道路。达到中和的最高顶峰，天地便各安居其位，万物也依其本性而生长了。

● 2

仲尼说："君子实行的是不偏不倚、永恒不变的中庸之道，小人却违反这中庸之道。君子实行中庸之道，君子时时刻刻合乎中庸；小人违反中庸之道，因为小人无所顾忌，无所畏惧。"

● 3

孔子说："中庸之道达到最高的境界了！百姓很少能做到，已经很久很久了。"

● 4

孔子说："中庸之道行不通，我知道那原因了：聪明人做过了头，愚笨的人赶不上。中庸之道不能被人透彻了解，我知道那原因了：好人讲过了头，坏人讲得很少。没有人不吃喝的，却很少人真正知道其味道。"

◎ 5

子曰:"道其不行矣夫!"

◎ 6

子曰:"舜其大知也与!舜好问而好察迩言,隐恶而扬善,执其两端,用其中于民,其斯以为舜乎!"

◎ 7

子曰:"人皆曰'予知',驱而纳诸罟擭陷阱之中,而莫之知辟也。人皆曰'予知',择乎中庸,而不能期月守也。"

◎ 8

子曰:"回之为人也,择乎中庸,得一善,则拳拳服膺而弗失之矣。"

◎ 9

子曰:"天下国家可均也,爵禄可辞也,白刃可蹈也,中庸不可能也。"

◎ 10

子路问强。子曰:"南方之强与?北方之强与?抑而强与?宽柔以教,不报无道,南方之强也,君子居之。衽金革,死而不厌,北方之强也,而强者居之。故君子和而不流,强哉矫!中立而不倚,强哉矫!国有道,不变塞焉,强哉矫!国无道,至死不变,强哉矫!"

● 5

孔子说:"中庸之道,怕永远不能实现了吧!"

● 6

孔子说:"舜可算是顶聪明的人吧!他喜欢请教别人,而且喜欢体察平常人浅近的话语;他隐瞒别人的坏处,宣扬别人的好处,抓住大家议论中过分和不及这两个极端,调和起来采用中道,施行于百姓,这就是舜之所以为舜的原因吧!"

● 7

孔子说:"人人都说自己聪明,把他赶进网罟、槛笼、陷阱之中,却不知道躲避。人人都说自己聪明,好不容易选择了中庸之道,却连一个月都保持不住。"

● 8

孔子说:"颜回的为人,选择了中庸之道,得到一点真理,就诚诚恳恳地保持在胸怀之中,不丢掉它。"

● 9

孔子说:"天下、国家可以治理好,高位厚禄可以辞去,锐利光亮的刀锋可以去冒犯,中庸之道却几乎不可能做到。"

● 10

子路问怎么叫"强"。孔子说:"你问的是南方的强呢?北方的强呢?还是你自己所谓的强呢?宽厚柔和地教导人,人家强暴无礼地对待自己,自己不报复,这是南方的强,君子是这样的。以戈矛为手段,以盔甲为枕席,战斗到死都不厌倦,这是北方的强,坚强的人是这样的。所以君子随和却不同流合污,这是真正坚强呀!不偏不倚地坚守中道,这是真正坚强呀!国家太平,若遇行不通的情况,也不改变本意而去屈从,这是真正坚强呀!国家昏乱,宁死也不改变本意而去屈从,这是真正坚强呀!"

子曰："素隐行怪，后世有述焉，吾弗为之矣。君子遵道而行，半涂而废，吾弗能已矣。君子依乎中庸，遁世不见知而不悔，唯圣者能之。"

君子之道费而隐。夫妇之愚，可以与知焉；及其至也，虽圣人亦有所不知焉。夫妇之不肖，可以能行焉；及其至也，虽圣人亦有所不能焉。天地之大也，人犹有所憾。故君子语大，天下莫能载焉；语小，天下莫能破焉。《诗》云："鸢飞戾天，鱼跃于渊。"言其上下察也*。君子之道，造端乎夫妇；及其至也，察乎天地。

　　*"言其上下察也"，察和际本作際，同从祭声，二字相通，察即际。旧说欠妥。

子曰："道不远人。人之为道而远人，不可以为道。《诗》云：'伐柯，伐柯，其则不远。'执柯以伐柯，睨而视之，犹以为远。故君子以人治人，改而止。忠恕违道不远，施诸己而不愿，亦勿施于人。君子之道四，丘未能一焉：所求乎子，以事父，未能也；所求乎臣，以事君，未能也；所求乎弟，以事兄，未能也；所求乎朋友，先施之，未能也。庸德之行，庸言之谨，有

● 11

孔子说："探求偏僻的主张，干那些诡怪的事情，纵是后代能传述下来，我是不干的。君子遵循中庸之道前行，若在半路上便不再走了，我却是不能停止步伐的。君子依循中庸之道，即使隐遁到山林中，不被人所知，也不后悔，这只有圣人能够这样。"

● 12

君子之道广大得无处不在，却精微得不是常人所能见闻。一对常人夫妇，虽说没有知识，也可以懂得一点；至于它的最高境界，即使是圣人也有些不懂。一对常人夫妇，虽然说不上贤良，也可以做到一些；至于它的最高境界，即使圣人也有难以做到的。天地极其广大，人们对它仍未免有所遗憾。所以君子讲到道的广大，纵是天地无边无际，也装载它不了；讲到它的精微，天下任何东西也破碎它不了。《诗经·大雅·旱麓》说："鸢鹰高飞接上天，游鱼跳跃在深渊。"这是说，道可以和天地上下交接。君子之道，从夫妻之间开端，到了顶峰，就上和天、下和地互相交接了。

● 13

孔子说："中庸之道和人没有距离。人们若认为它和人有较远的距离，这就不能称之为道了。《诗经·豳风·伐柯》上说：'拿把斧子砍木做斧柄，斧柄样式在眼前〔，就是手中的旧斧柄〕。'拿着斧柄做斧柄，斜眼望着手中柄，难道还说样式差得很远吗？所以君子拿自己怎样做人来揣摩别人，别人有错，改正便够了。'忠'和'恕'两种准则极近于中庸之道：不愿意加在自己身上的，也就不加在别人身上。君子行为准则有四项，我孔丘可一项也没能完全做好：比如要求儿子对待我的，我也这样对待父亲，我没能完全做到；要求臣下对待国君的，我也这样对待国君，我没能完全做到；要求弟弟对待兄长的，我也这样对待兄长，我没能完全做到；要求朋友对待我的，我先这样对待他，我没能完全做到。一般道德的实行，一般言

所不足，不敢不勉，有余不敢尽；言顾行，行顾言，君子胡不慥
慥尔！"

◎ 14

君子素其位而行，不愿乎其外。素富贵，行乎富贵；素贫
贱，行乎贫贱；素夷狄，行乎夷狄；素患难，行乎患难：君子无
入而不自得焉。在上位不陵下，在下位不援上，正己而不求于
人，则无怨。上不怨天，下不尤人。故君子居易以俟命，小人行
险以徼幸。子曰："射有似乎君子；失诸正鹄，反求诸其身。"

◎ 15

君子之道，辟如行远必自迩，辟如登高必自卑。《诗》曰：
"妻子好合，如鼓瑟琴。兄弟既翕，和乐且耽。宜尔室家，乐尔
妻帑。"子曰："父母其顺矣乎！"

◎ 16

子曰："鬼神之为德，其盛矣乎！视之而弗见，听之而弗
闻，体物而不可遗。使天下之人齐明盛服，以承祭祀。洋洋乎
如在其上，如在其左右。《诗》曰：'神之格思，不可度思，矧可
射思？'夫微之显，诚之不可掩如此夫。"

语的谨慎，我做得不够，不敢不努力；做得很好，也不敢说做够了，应该再努一把力。说话时要顾及实践，实践时顾及所说的话，两相无疚，君子为什么还不急急于实行呢？"

● 14

君子按照目前的处境去行事，不作分外之想。处在富贵的环境中，就按富贵的人所应做的去做；处在贫贱的环境中，就按贫贱的人所应做的去做；处在落后部落的环境中，就按落后部落的习俗去做；处在忧患灾难的环境中，就按在忧患灾难环境中所能做的去做。君子无论遇到什么情况，没有不悠然自得，各得其乐的。在上层位置上，不对下层人无礼；在下层地位上，不攀附上层人，端正自己，不苟求别人，就没有怨恨；上不埋怨天，下不责怪人。所以君子能安处自己的环境来等待天命的安排，小人则冒险来妄求得到侥幸于万一。孔子说："行礼时的射箭，有些像君子一般，偏离了靶心，就反躬自问，求之于自己。"

● 15

君子实行中庸之道，譬如走远路，一定从近处起步；登高山，一定要从低地方走起。《诗经·小雅·棠棣》上说："夫妻相敬并蒂花，互助互谅人人夸。兄弟相得一家乐，乐声谐和像琵琶。全家大小都融洽，如花如苗初发芽。"孔子说："一家若能这样，老父老母将称心快意了！"

● 16

孔子说："鬼神之为鬼神，真盛大呀！看它看不见，听它没声音。它却体现于万物中，万物不能缺少它。能使天下的人斋戒洁净，穿着华丽来祭祀它。它充满祭堂无处不在，好像在头上，又像在左右。《诗经·大雅·抑》上说：'神灵降临，不可以预测，难道可以存心不纯吗？'神灵本极微妙，却体现出无所不在，明显至极。真诚之掩盖不了，有像这样的呀！"

子曰："舜其大孝也与！德为圣人，尊为天子，富有四海之内。宗庙飨之，子孙保之。故大德必得其位，必得其禄，必得其名，必得其寿。故天之生物，必因其材而笃焉。故栽者培之，倾者覆之。《诗》曰：'嘉乐君子，宪宪令德。宜民宜人，受禄于天。保佑命之，自天申之。'故大德者必受命。"

子曰："无忧者，其惟文王乎！以王季为父，以武王为子，父作之，子述之。武王缵大王、王季、文王之绪，壹戎衣*而有天下，身不失天下之显名。尊为天子，富有四海之内。宗庙飨之，子孙保之。武王末受命，周公成文、武之德，追王大王、王季，上祀先公以天子之礼。斯礼也，达乎诸侯大夫，及士庶人。父为大夫，子为士，葬以大夫，祭以士。父为士，子为大夫，葬以士，祭以大夫。期之丧，达乎大夫。三年之丧，达乎天子。父母之丧，无贵贱，一也。"

*"壹戎衣"，《尚书·康诰》上作"殪戎殷"。衣读为殷，大的意思，当时殷自称"大"，周代也尊之为大。壹是殪的简笔字。

子曰："武王、周公，其达孝矣乎！夫孝者，善继人之志，善述人之事者也。春秋修其祖庙，陈其宗器，设其裳衣，荐其时食。宗庙之礼，所以序昭穆也。序爵，所以辨贵贱也。序事，所

● 17

孔子说："舜是一位大孝子吧！论品德，可说是圣人，论尊贵，做到了天子，财富拥有整个天下，死后还建有宗庙祭祀他，子子孙孙都继续不断地保持他的旧业。所以，有最高道德的人，一定得到最高的地位，一定得到最丰富的俸禄，一定得到最美好的名誉，一定得到最长的寿命。因此，上天对万物一定依照他的本质而加以厚重，可以栽培的就培植，倾危的就推倒。《诗经·大雅·假乐》上说：'善良而可爱的君子，具有光明磊落的美德，能够安抚百姓，能够任用贤臣，接受上天的福禄，上天保佑他，多多赐以恩泽。'所以，有最高道德的人，一定受命于上天而为天子。"

● 18

孔子说："没有什么可忧虑的，那只有周文王吧！父亲是王季，儿子是武王；父亲创造宏基，儿子继承功业。武王继承太王、王季、文王的基业，战灭大国殷商得到天下，本身没有失去显赫于天下的名声。尊贵地做了天子，财富拥有整个天下的一切。有宗庙的祭品供他享受，子子孙孙不断保持他的功业。武王年老才受命为天子，周公完成文王、武王的德业，追崇太王、王季为王，祭祀祖先时他们用帝王的礼节。这种礼节，通行到诸侯、大夫，一直到士人和平民。父亲是大夫，儿子是士人，用大夫的礼仪埋葬他，用士人的礼仪祭祀他。父亲是士人，儿子是大夫，用士人的礼仪埋葬他，用大夫的礼仪祭祀他。旁系亲属一年的丧期，到大夫为止。三年的丧期一直通行到天子。至于父母的丧，不论地位高低，是一个样的服丧。"

● 19

孔子说："武王和周公是天下公认的大孝子吧！孝是什么呢？它是最恰当地继承上辈先祖的意志，最恰当地完成上辈先祖的事业。在春秋二季，修理好宗庙，陈设妥贴传世的宝器，摆设好他们穿戴的衣冠，供奉四季的应时食品。宗庙的礼仪按左昭右穆的次序放置

以辨贤也。旅酬下为上，所以逮贱也。燕毛，所以序齿也。践其位，行其礼，奏其乐，敬其所尊，爱其所亲，事死如事生，事亡如事存，孝之至也。郊社之礼，所以事上帝也。宗庙之礼，所以祀乎其先也。明乎郊社之礼、禘尝之义，治国其如示诸掌乎！"

◎ 20

哀公问政。子曰："文武之政，布在方策。其人存，则其政举；其人亡，则其政息。人道敏政，地道敏树。夫政也者，蒲卢也。故为政在人，取人以身，修身以道，修道以仁。仁者人也，亲亲为大；义者宜也，尊贤为大。亲亲之杀，尊贤之等，礼所生也。在下位不获乎上，民不可得而治矣！故君子不可以不修身；思修身，不可以不事亲；思事亲，不可以不知人；思知人，不可以不知天。天下之达道五，所以行之者三。曰：君臣也，父子也，夫妇也，昆弟也，朋友之交也，五者天下之达道也。知，仁，勇，三者天下之达德也，所以行之者一也。或生而知之，或学而知之，或困而知之，及其知之，一也。或安而行之，或利而

神主，以表示历代的先后。依爵位高低来排列，是为了辨明贵贱的；分配祭祀时礼仪人员的职务，是为了辨别各人才能的。互相酬饮时，晚辈向长辈敬酒，自己先导饮，是借此使后辈人人普遍有饮食的机会。饮宴的时候，按头发的颜色黑白来定座位，是为了表明年龄长幼的。登先王先公的神位，行他们的礼仪，奏他们的音乐，敬重他们所尊敬的人，爱他们所亲的人；事奉死者好像他们仍然活着，事奉已经逝世的长辈，好像他们仍然生存着，这可以说是尽孝到极点了。祭天祭地的礼，是为了事奉上帝的；祭祖庙的礼，是为了供奉历代祖先的。能够明白祭祀天地和合祭祖先、秋祭先人各种礼仪的意义，那治理国家就像把一件小物摆在手掌上那样容易。"

● 20

鲁哀公问怎样治理国家。孔子答道："文王、武王的主张，书籍上都记载着。贤能之人当政，那政见便被执行；贤能之人不当政，那政见便被废弃。人民对政治最敏感，犹如树木对土地最敏感一样。政治好比水边的蒲苇，易生易长。所以掌管政治在于当政的人。选取当政的人要靠自身有修养，修养自身要凭借道德，修养道德要依靠仁德。仁德是人和人之间不可少的准则，以亲爱亲族长辈为第一义；义是合宜的意思，以尊敬贤人为第一义。由亲到疏，亲近的程度也逐渐下降；由最贤到稍贤，尊敬的程度也逐渐不同，礼节便由此产生。所以君子不可以不修养自身。想要修养自身，不可以不事奉亲族长辈；想要事奉亲族长辈，不可以不了解人；想要了解人，不可以不知道天地间的自然法则。天下公认的关系有五种，作为行为的准则有三种。君臣、父子、夫妇、兄弟、朋友这五种关系是普天之下难于避免的。智慧、仁爱、勇敢这三种是普天之下都应具有的品德。用这三种品德来协调这五种关系，完全是同样必要的。对此，有的人生下来就懂得，有的人学习了便懂得，有的人在遇到困难时才想方设法懂得，到了懂得时，那效果是同样的。有的人安心去这样干，不这

行之，或勉强而行之，及其成功，一也。"

子曰："好学近乎知，力行近乎仁，知耻近乎勇。知斯三者，则知所以修身；知所以修身，则知所以治人；知所以治人，则知所以治天下国家矣。凡为天下国家有九经，曰：修身也，尊贤也，亲亲也，敬大臣也，体群臣也，子庶民也，来百工也，柔远人也，怀诸侯也。修身则道立，尊贤则不惑，亲亲则诸父昆弟不怨，敬大臣则不眩，体群臣则士之报礼重，子庶民则百姓劝，来百工则财用足，柔远人则四方归之，怀诸侯则天下畏之。齐明盛服，非礼不动，所以修身也；去谗远色，贱货而贵德，所以劝贤也；尊其位，重其禄，同其好恶，所以劝亲亲也；官盛任使，所以劝大臣也；忠信重禄，所以劝士也；时使薄敛，所以劝百姓也；日省月试，既禀称事，所以劝百工也；送往迎来，嘉善而矜不能，所以柔远人也；继绝世，举废国，治乱持危，朝聘以时，厚往而薄来，所以怀诸侯也。凡为天下国家有九经，所以行之者一也。

"凡事豫则立，不豫则废。言前定则不跲，事前定则不

样干就于心不安；有的人认为这样对他有长远利益，便这样干；有的人迫于环境才勉强这样干，干成功了，那结果也是同样的。"

孔子说："喜好学问接近智慧，努力行善接近仁德，知道耻辱接近勇敢。懂得这三种，便知道怎样修养自身了；知道怎样修养自身，便知道怎样管理别人了；知道怎样管理别人，就知道怎样治理天下和国家。治理天下国家永恒不变的项目有九条，即修养自身、尊重贤人、亲爱亲族、恭敬大臣、体贴一般臣子、爱护百姓、招致各种工匠、安抚境外人民、感召各国诸侯。自身修养了，道德便能树立；尊重贤人，就不致遇事迷惑；亲爱亲族，那么父辈和兄弟们就不致怨恨；恭敬大臣，就不致受人迷乱；体贴一般臣子，他们对你的报答就会厚重；爱护百姓，百姓就会互相劝勉；招致各种工匠，财富用品就会充足；安抚境外人民，四方百姓就会归服；感召各国诸侯，天下都会害怕你。斋戒洁净，穿戴整齐，不合礼法的行为不干，这样就是修养自身；斥退谗言毁谤挑拨离间的人，不贪喜漂亮女色，轻视财货，重视品德，这是使贤人得到劝勉的方法；提高官位，丰厚俸禄，他们所喜好所厌恶的，我也和他们一样，这是劝勉亲爱亲属的方法；大臣下属多，足够他差使命令，这是劝勉大臣的方法；诚恳相待，给以信任而且俸禄优厚，这是劝勉一般官吏的方法；按一定季节使唤，赋税很轻，这是劝勉百姓的方法；每天省察，按月考核，按工作成果给予酬金，这是劝勉各种工匠的方法；护送去的，欢迎来的，奖励能力高强的，同情能力薄弱的，这是安抚境外远方之人的方法；承续世系已断的诸侯，振兴政事已经废弛的国家，为他们平靖祸乱，扶持倾危，按时朝贡聘问，送去礼品丰厚，而收受礼品不嫌菲薄，这是感召诸侯的方法。一切治理天下国家的方法有九项，但实行起来只有一个'诚'字。

"任何事情，有准备就能成功，没有准备就会失败。话语先准备好了，就不致词穷理屈；办事情先准备好了，就不致处于困境；行

困，行前定则不疚，道前定则不穷。在下位不获乎上，民不可得而治矣；获乎上有道：不信乎朋友，不获乎上矣；信乎朋友有道：不顺乎亲，不信乎朋友矣；顺乎亲有道：反诸身不诚，不顺乎亲矣；诚身有道：不明乎善，不诚乎身矣。诚者，天之道也；诚之者，人之道也。诚者不勉而中，不思而得，从容中道，圣人也。诚之者，择善而固执之者也。"

博学之，审问之，慎思之，明辨之，笃行之。有弗学，学之弗能，弗措也；有弗问，问之弗知，弗措也；有弗思，思之弗得，弗措也；有弗辨，辨之弗明，弗措也；有弗行，行之弗笃，弗措也。人一能之己百之，人十能之己千之。果能此道矣，虽愚必明，虽柔必强。

◎ 21

自诚明，谓之性。自明诚，谓之教。诚则明矣，明则诚矣。

◎ 22

唯天下至诚，为能尽其性；能尽其性，则能尽人之性；能尽人之性，则能尽物之性；能尽物之性，则可以赞天地之化育；可以赞天地之化育，则可以与天地参矣。

动先准备好了，就不致自感惭愧；履行做人的原则，有准备，就不致有滞碍。在低下的岗位上，得不到上级信任，百姓便不可能得到治理了；得到上级信任有方法：若朋友不信任你，也得不到上级的信任了；得到朋友信任有方法：若不孝顺于父母，就得不到朋友信任了；孝顺父母有方法：问问自己，若对双亲不是诚心诚意，也就不可能孝顺父母了；诚心诚意有方法：若不彻底明白什么是善良，自身也就难以诚心诚意。诚，是宇宙的自然法则；使自己做到诚，是做人的法则。实行诚的自然法则，不必勉强而事事合于中道，不用思虑而能得到所求之理，从容不迫地做到事事合于中道，这是圣人。使自己做到诚，就是要选择善良的要义而紧紧把握着。"

广博地学习，周详地求教，慎重地思考，明白地辨别，踏踏实实地实行。有没有学过的，去学，没有学好，不停止；有没有问过的，去问，没有问明白，不停止；有没有思考过的，去思考，没有思考到，不停止；有没有辨别过的，去辨别，没有辨别明白，不停止；有没有实行过的，去干，干得不踏实，不停止。别人一次就能做到的，我反复一百次；别人十次就能做到的，我反复一千次。果真能够这样，纵使愚蠢，也一定会明白；纵使柔弱，也一定会刚强。

● 21

从诚心到明白，这是出于天性；从明白到诚心，这是由于教化，有至诚之心就能明白圣人之道了；能明白圣人之道就有至诚之心了。

● 22

只有天下至诚的人，才能全部发扬自己的本性；能够全部发扬自己的本性，也就能全部发扬别人的本性；能够全部发扬别人的本性，也就能全部发扬万物的本性；能够全部发扬万物的本性，就可以赞助天地的变化孳生和养育了；可以赞助天地的变化孳生和养育，就和天地鼎立为三了。

其次致曲。曲能有诚，诚则形，形则著，著则明，明则动，动则变，变则化。唯天下至诚为能化。

至诚之道，可以前知。国家将兴，必有祯祥。国家将亡，必有妖孽。见乎蓍龟，动乎四体，祸福将至，善，必先知之；不善，必先知之。故至诚如神。

诚者自成也，而道自道也。诚者物之终始，不诚无物。是故君子诚之为贵。诚者非自成己而已也，所以成物也。成己，仁也；成物，知也。性之德也，合外内之道也，故时措之宜也。

故至诚无息。不息则久，久则征。征则悠远，悠远则博厚，博厚则高明。博厚，所以载物也；高明，所以覆物也；悠久，所以成物也。博厚配地，高明配天，悠久无疆。如此者，不见而章，不动而变，无为而成。天地之道，可一言而尽也：其为物

● 23

次一等的贤人仅推求一部分事物的道理，这样也能产生诚心；有诚心就表现在外，表现在外就日渐显著，显著就会光明磊落，光明磊落就会有感动力，有感动力就会使别人改变旧习恶俗，能改变别人的恶习就可以使社会有好的风俗教化。只有天下至诚之心，才能形成新的好的风俗教化。

● 24

至诚的效果可以事先知道。国家将兴旺，一定有吉祥的预兆；国家将灭亡，一定有怪异的凶兆。它表现在占卜龟壳的裂纹或占筮的蓍草排列上，也表现在人们四肢的举止仪态上。灾祸或福气将要到来，是福，一定有预感；是祸，也一定有预感。所以至诚的心犹如有神明一般。

● 25

诚，是自己完成道德本性的举动。道，是为完成自己本性所应该走的道路。诚是具体的，有过程的，万物有始有终。不诚，就空无一物。所以君子以使自己心诚为最可贵。诚，不仅仅只成就自己便算了，还要使别人也同样有成就。成就自己是仁德，成就别人是智慧。这都是天赋的德性，内则成己，外则成物，这是综合内外的规律，因此随时施行无不合宜。

● 26

至诚是不间断的。不间断地存心至诚，就能保持长久。长久保持至诚，自有效验表现于外；效验表现于外，就可以悠久长远；悠久长远，就能博大深厚；博大深厚，就能崇高光明。博大深厚，可以负载万物；崇高光明，可以覆盖万物；悠久长远，可以成熟万物。博大深厚是地的形象，崇高光明是天的形象，悠久长远，没有边际。像这样，它不必自己表现，自然彰明较著；不必自己行动，自然变化莫测；不必自己有所作为，自然成熟万物。天地的法则，可以用一句话把它

不贰，则其生物不测。天地之道，博也，厚也，高也，明也，悠也，久也。今夫天，斯昭昭之多，及其无穷也，日月星辰系焉，万物覆焉。今夫地，一撮土之多，及其广厚，载华岳而不重，振河海而不泄，万物载焉。今夫山，一卷石之多，及其广大，草木生之，禽兽居之，宝藏兴焉。今夫水，一勺之多，及其不测，鼋鼍、蛟龙、鱼鳖生焉，货财殖焉。《诗》云："维天之命，於穆不已！"盖曰天之所以为天也。"於乎不显，文王之德之纯！"盖曰文王之所以为文也，纯亦不已。

◎ 27

大哉圣人之道！洋洋乎发育万物，峻极于天。优优大哉！礼仪三百，威仪三千，待其人而后行。故曰："苟不至德，至道不凝焉。"故君子尊德性而道问学，致广大而尽精微，极高明而道中庸，温故而知新，敦厚以崇礼。是故居上不骄，为下不倍；国有道，其言足以兴；国无道，其默足以容。《诗》曰："既明且哲，以保其身。"其此之谓与！

◎ 28

子曰："愚而好自用，贱而好自专。生乎今之世，反古之道。如此者，灾及其身者也。"非天子，不议礼，不制度，不考文。

包括尽：它作为天地，至诚纯一，它化育万物，不可测量。天地的形象是博大、深厚、崇高、光明、悠久、长远。以天而论，在一处，只一线明亮罢了，积累至于无穷，日月星辰被它维系，万物被它覆盖。以地而论，在一处，只一撮土罢了，积累至于广大深厚，负载着华山、岳山而不觉得重，收容着江河海洋而不泄漏，万物都负载在它上面。以山而论，在一处，只一块土石罢了，积累至于广大，草木生长于山，禽兽栖息于山，宝物矿藏开发于山。以水而论，在一处，只一勺儿罢了，积累到无底无涯，鼋鳖、鼋鳄、蛟龙在那里产生长大，不少的财富货物也取自那里。《诗经·周颂·维天之命》上说："想那天道在运行，啊！庄严肃穆永不停。"大概就是说天之所以为天吧！又说："啊呀！多么光明显赫！文王的德性确纯真！"大概就是说文王之所以为文王，纯洁真挚得无止境！

● 27

圣人的学说真伟大呀！在天地之间无所不在，使万物生长发育，它高与天齐。礼仪制度也伟大呀！大纲要目三百条，细节小段三千条，等待圣人去施行。所以说："假设不达到道德的顶峰，最高境界就难跨进。"所以君子奉持本身的德性而从事学问，致力于道体的广大而研究到它的精细处，达到最高明的境界却仍走着不偏不倚的常路。他温习已有的知识，进而能发现新的所不知的，为人忠厚笃实而崇尚礼仪。因此，居于高位不致骄傲，处于下位不会违背上级；国家清平，他的话语足以使国家兴盛；国家腐败黑暗，他保持沉默足以安身。《诗经·大雅·烝民》上说："既明白事理，又聪明智慧，自身安全，足以保证。"就是说的这个道理吧！

● 28

孔子说："愚蠢的人却偏要自以为是，实行自己的主张，下贱的人却偏要专断独行。生在今天，违反古道。这样的人，祸害是会降临到他身上的。"不是天子不议论礼的是非，不制定法度，不考论文

今天下车同轨，书同文，行同伦。虽有其位，苟无其德，不敢作礼乐焉；虽有其德，苟无其位，亦不敢作礼乐焉。子曰："吾说夏礼，杞不足征也。吾学殷礼，有宋存焉。吾学周礼，今用之，吾从周。"

王天下有三重焉，其寡过矣乎！上焉者虽善无征，无征不信，不信民弗从；下焉者虽善不尊，不尊不信，不信民弗从。故君子之道，本诸身，征诸庶民，考诸三王而不缪，建诸天地而不悖，质诸鬼神而无疑，百世以俟圣人而不惑。质诸鬼神而无疑，知天也；百世以俟圣人而不惑，知人也。是故君子动而世为天下道，行而世为天下法，言而世为天下则。远之则有望，近之则不厌。《诗》曰："在彼无恶，在此无射。庶几夙夜，以永终誉。"君子未有不如此而蚤有誉于天下者也。

仲尼祖述尧舜，宪章文武；上律天时，下袭水土。辟如天地之无不持载，无不覆帱，辟如四时之错行，如日月之代明。万物并育而不相害，道并行而不相悖，小德川流，大德敦化，此

字。现在的天下，车辆同一轨迹，书写的文字同一形体，行为品德同一规范。纵有那高位，如果没有那样的道德，便不敢制礼作乐；纵有那样的道德，如果没有那高位，也不敢制礼作乐。孔子说："我讲夏代的礼，夏的后裔杞国不能引用它来作证明；我学殷商的礼，还有商的后代宋国在，可供参考；我学周的礼仪，现在用的就是，我赞成周代的礼仪。"

● 29

以道德统一天下而为天子，有三个重要任务——议礼、制度、考文，这样做了，将减少过失吧！在周以前，虽然做得好，却无从证明；不能证明，别人就不大相信；不大相信，百姓就不听从。在民间的圣人，虽然有研究，但不在最尊贵的地位，别人也不大相信；别人不大相信，百姓就不听从。所以君子的学说，要从本身的才德出发，再从老百姓那里验证是不是听从，然后考证夏、商、周三代盛世是否有谬误，建立于天地之间不相违背，向鬼神质正而没有怀疑，等到百代以后圣人出世而不会有疑惑。向鬼神质正没有怀疑，这是懂得天理；等到百代以后圣人出世而不会有疑惑，这是懂得人情。所以，这样统一天下的人，一举一动，世世代代可以为天下的法度；一言一行，世世代代可以为天下的规范。远离他，则他为天下人所仰慕；接近他，却从不感到厌倦。《诗经·周颂·振鹭》上说："他在那里不被人怨恨，在这儿不被人讨厌，早早晚晚努力不倦，庶几乎美名传扬无止境。"君子没有不这样而能早称誉于天下后世的。

● 30

孔子以尧舜之道为远祖而加以传述，取法周文王、武王之道而加以阐明；上则效法天时的运行，下则因袭水土的习性加以利用。譬如天地没有不能负载的，没有不能覆盖的。又譬如四季交替的运行，和日月交替的照耀。万物同时发育而不互相妨害，各种规律同时起作用而不相违背。小的德行像江河川流，脉络分明，长流不息，大的

天地之所以为大也。

◎ 31

唯天下至圣为能聪明睿知，足以有临也；宽裕温柔，足以有容也；发强刚毅，足以有执也；齐庄中正，足以有敬也；文理密察，足以有别也。溥博渊泉，而时出之。溥博如天，渊泉如渊。见而民莫不敬，言而民莫不信，行而民莫不说。是以声名洋溢乎中国，施及蛮貊。舟车所至，人力所通，天之所覆，地之所载，日月所照，霜露所队，凡有血气者，莫不尊亲，故曰配天。

◎ 32

唯天下至诚，为能经纶天下之大经，立天下之大本，知天地之化育。夫焉有所倚？肫肫其仁！渊渊其渊！浩浩其天！苟不固聪明圣知达天德者，其孰能知之？

◎ 33

《诗》曰："衣锦尚纲。"恶其文之著也。故君子之道，闇然而日章；小人之道，的然而日亡。君子之道，淡而不厌，简而文，温而理，知远之近，知风之自，知微之显，可与入德矣。《诗》云："潜虽伏矣，亦孔之昭！"故君子内省不疚，无恶于志。君子之所不可及者，其唯人之所不见乎！《诗》云："相在

德行则扎扎实实地化育万物，这就是天地之所以伟大之处。

● 31 ————————————————————————

只有天下最有圣德的人，才能耳聪目明，思想敏锐，足以做天下的共主，去监临百姓；宽宏大量，温柔和顺，足以包容一切；奋发坚强，刚健果毅，足以保持正义；庄重肃敬，守中正直，足以认真负责地对待一切；有文彩条理，又细密考察，足以分辨事理的性质类别。圣人这五种德行，广大深厚，时时表现在仪容言行之中。他的广大就像天空，他的深厚就像深潭。不论谁见到他，没有不敬仰的；听他的话，没有不深信不疑的；知道他的行为，没有不兴高采烈的。所以他的荣誉充满于中国，传播到落后部落中去。在车船所到，人迹所通，天所覆盖，地所负载，日月所照耀，霜露所润泽之处，凡是有血气的人没有不尊敬而亲近他的，所以他能和天相配。

● 32 ————————————————————————

只有天下至诚之人才能治理天下的人伦纲常，树立天下的根本事业，懂得天地的变化繁育。他哪里有什么倚靠？诚心至仁，而智慧至深至远，浩瀚像上天的广阔无边。假若不是本来聪明圣智、有通达天赋德性的人，那谁能知道呢？

● 33 ————————————————————————

《诗经·卫风·硕人》上说："穿着花缎衣，加上彩色绸。"君子却讨厌他文彩太显著了。所以君子的力行道德，不露于外表，美在内心，自然地日益彰明；小人相反，自我表扬，内心却有愧，这样，道德自然地日益消亡。君子的为人，平淡而不使人讨厌，简朴却有文彩，温和而有道理，知道远处总由近处开始，知道风来自何方，知道隐微的东西一定会显露，这样，便可以和他一同进入道德的境界了。《诗经·小雅·正月》上说："纵使潜伏很深，其实明显得很！"所以君子扪心自问，毫无愧疚，心情一直平静。君子之所以不可以赶上，就在于他独自不为人所见所闻之

尔室，尚不愧于屋漏。"故君子不动而敬，不言而信。《诗》曰："奏假无言，时靡有争。"是故君子不赏而民劝，不怒而民威于铁钺。《诗》曰："不显惟德！百辟其刑之。"是故君子笃恭而天下平。《诗》云："予怀明德，不大声以色。"子曰："声色之于以化民，末也。"《诗》曰"德辎如毛"，毛犹有伦；"上天之载，无声无臭"，至矣！

处吧!《诗经·大雅·抑》上说："看你单独在屋内,虽在屋角最深处,对人也无内疚。"所以君子不待行动,别人也尊敬他;不待说话,别人也相信他。《诗经·商颂·烈祖》上又说："默默祭祷,不议不争。"所以君子不用奖赏,而百姓自动劝勉;不用愤怒,百姓比腰斩之刑还害怕他。《诗经·周颂·烈文》上说:"道德的力量最显赫,各方诸侯奉为法则。"所以君子笃实自敬,天下自然太平。《诗经·大雅·皇矣》上说:"我怀念天赋的美德,用不着恶声厉色。"孔子说:"用言语脸色来感化百姓,这效果是最差的。"《诗经·大雅·烝民》上说:"道德轻若羽毛。"羽毛虽轻,还有同类的东西可以比拟。《诗经·大雅·文王》上说:"上天的主宰,没有声音,没有气味。"这便是到极点了。

论语

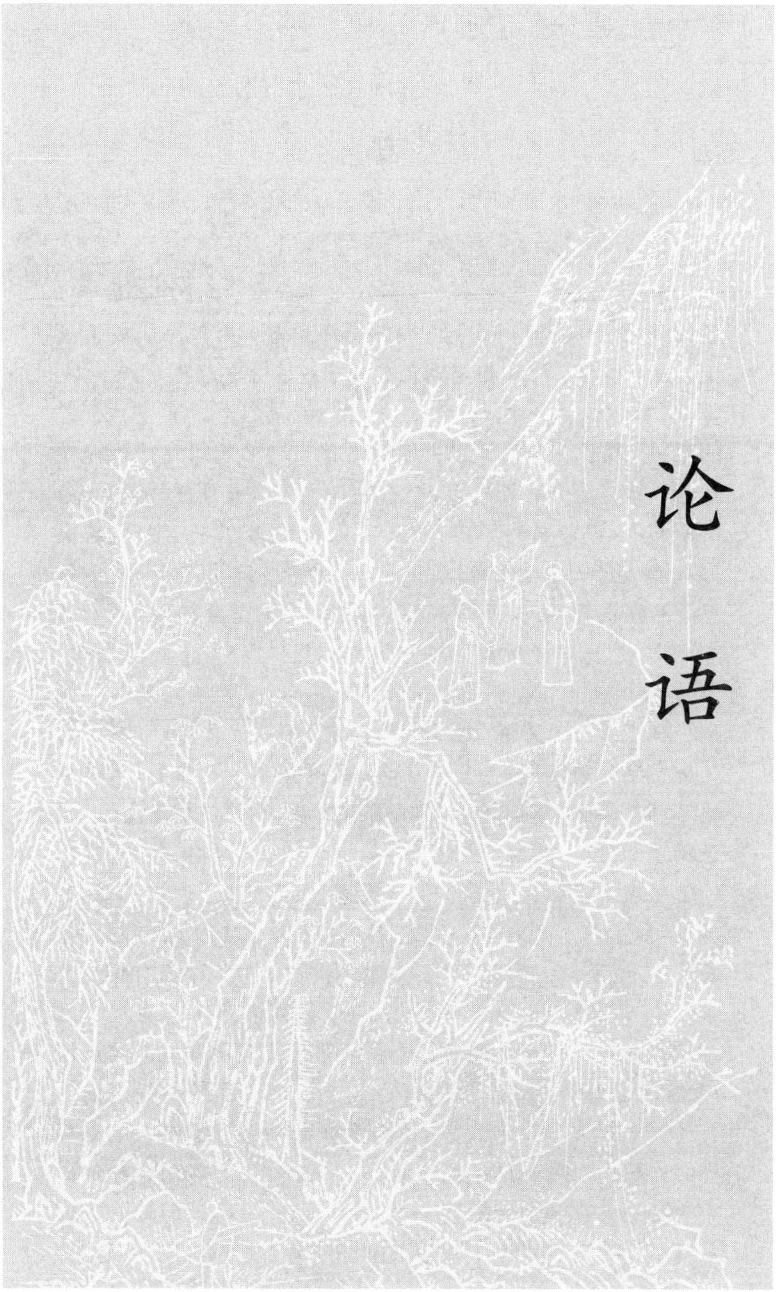

引言

　　班固《汉书·艺文志》说："《论语》者，孔子应答弟子、时人及弟子相与言而接闻于夫子之语也。当时弟子各有所记，夫子既卒，门人相与辑而论纂，故谓之《论语》。"这就是说，在《论语》中，不但有孔子的话，有孔子和他学生问答的话，有孔子和当时人的对话，还有孔门弟子间互相谈论的话语。其实还有孔子行动的记载，《乡党篇》便是。既然"各有所记"，记者自然不止一人，不免重复。如"巧言令色鲜矣仁"，既见于《学而篇》，又见于《阳货篇》。"博学于文"章既见于《雍也篇》，又见于《颜渊篇》，文字完全相同。还有基本相同，原意一样而重复出现的，如《里仁篇》"不患莫己知，求为可知也"，《宪问篇》又说"不患人之不己知，患其不能也"，《卫灵公》又说"君子病无能焉，不病人之不己知也"，只是文字略有不同，意思一个样。还有基本上是重复，只是详略不同的，如《学而篇》"君子不重"章，《子罕篇》没有"君子不重"几句，重复"主忠信"以下十四字；又如《学而篇》"父在观其志"章，《里仁篇》只载"三年"以下十二字。这些都证明《汉书·艺文志》所说"各有所记"，"门人相与辑而论纂"。各记所闻，自然早已不知道哪些是谁所记，但有些迹象未尝不可以推测到谁的笔墨。如《子罕篇》"牢曰：子云：'吾不试，故艺'"，牢是琴牢，这章似乎可以推测是琴牢自己所记。孔子言语一般只记"子曰"，除非别有原因，不用另外人的言语。这章有"牢曰"二字，和其他章不同，可能是琴牢自己标出的。又如《宪问篇》"宪问耻"，一般学生问，都用姓和他的字，颜回问，则写"颜渊问"，如《颜渊篇》"颜渊问仁"、"仲弓问仁"、"司马牛问仁"等。这里不写姓，也不用字，只用名，

孔门弟子都自称名，孔子也直呼他的名，也可能是原思（宪）自己的笔墨。有些是孔子再传弟子记的，如《泰伯篇》"曾子有疾，召门弟子曰"一章，自然是曾参学生记述的。一部《论语》只有对曾参称"曾子"，从不用字。纵是对他父亲曾皙也称字，孔子则仍称他为"点"，称名。其余的学生偶有称"子"的，如闵子骞曾有一次被称闵子（《先进篇》第十三章），又有若竟有三四次被称为"有子"（俱在《学而篇》），冉有二次被称为"冉子"（俱在《雍也篇》第四章）。这些被尊称"子"的，可能是被尊者的学生或其他有关系的人所记，也有记孔子的话，记述者恐怕后人不十分了解，先加一段说明，如《微子篇》第八章中孔子评论伯夷叔齐等人，记述者先加"逸民"等十七字，总述孔子所评论的人都是"逸民"。至于这书最后编定者，前人多认为是曾参的学生，很有道理。第一，全书唯有曾参一人全部称"子"，而他又最年轻，记载他的话也最多；《子张篇》第十九章记阳肤向曾参请教，阳肤似乎是曾参的学生，如果所言不错，这是孔子再传弟子姓字唯一见于《论语》的一次。尤其可注意的是，有两处记载曾参死前的言语。一次临终对他学生的话，这自然是曾参学生记述的；一是他在病中对孟敬子说的话（俱见于《泰伯篇》），孟敬子死年虽然难以确切知道，但在《论语》一书中，这是记载最晚的一章，可以肯定。《论语》的编纂者很可能出自曾参的学生。

《论语》写作的人不少，历时也长。即以用词而论，"夫子"一词，有几个意义，一是"他老人家"，夫旧读扶（fú），系指示形容词，可译为"那"或"这"。"子"是"男子之美称"。《论语》一般分为《上论》（自《学而》至《乡党》）和《下论》（自《先进》至《尧曰》），《上论》中的"夫子"都是"他老人家"的意义。但在《阳货篇》中两处，一为言偃对孔子说"昔者偃也闻诸夫子"，一为子路对孔子说"昔者由也闻诸夫子"，这都是面对面地称对方为"夫子"，是"你老人家"的意义。以后"夫子"便用作"老师"的意义。这种词义的变动或扩大，足以表现《论语》从开始记录到编纂成书，不但经过多人，也历时很长。

学而第一

此为书之首篇，故所记多务本之意，乃入道之门、积德之基、学者之先务也。凡十六章。

◎ 1·1

子曰："学而时习之，不亦说乎？有朋自远方来，不亦乐乎？人不知而不愠，不亦君子乎？"

◎ 1·2

有子曰："其为人也孝弟，而好犯上者，鲜矣；不好犯上，而好作乱者，未之有也。君子务本，本立而道生。孝弟也者，其为仁之本与！"

◎ 1·3

子曰："巧言令色，鲜矣仁。"

◎ 1·4

曾子曰："吾日三省吾身：为人谋而不忠乎？与朋友交而不信乎？传不习乎？"

◎ 1·5

子曰："道千乘之国：敬事而信，节用而爱人，使民以时。"

◎ 1·6

子曰："弟子入则孝，出则弟，谨而信，泛爱众，而亲仁。行有余力，则以学文。"

论 语

● 1·1 ────────────

孔子说:"学得了知识,按一定的时间去复习,不也高兴么?有志同道合的人从远道来,不也快乐?别人不赏识我,我却不怨恨,不也是道德高尚的君子么?"

● 1·2 ────────────

有子(鲁国人,名若,孔子弟子)说:"他的为人,孝顺父母,敬爱兄长,但总喜欢触犯上级,这是不多的;不喜欢触犯上级,却总是反叛作乱,这是没有的。君子致力于根本的工作,根本树立了,人生的大道理也就有了。孝顺父母,敬爱兄长,就是'仁'的根本吧。"

● 1·3 ────────────

孔子说:"花言巧语,讨好的脸色,这样的人没有多少仁德。"

● 1·4 ────────────

曾子(名参,孔子弟子)说:"我每天多次自我反问:替别人办事,是不是竭尽心力了呢?和朋友交往,是不是诚心实意呢?老师传授的学问,是不是复习了呢?"

● 1·5 ────────────

孔子说:"治理拥有兵车千辆的国家,要严肃认真地处理政事,信实无欺,节约费用,爱护下属,在农闲季节,才派给老百姓一些活干。"

● 1·6 ────────────

孔子说:"后生小子,在爹娘跟前得孝顺,在兄长处得敬爱,说话得谨慎,诚实可信,广泛地友爱大众,亲近仁德的人。这样做了之后,有多余的力量,再来学习文献方面的知识。"

子夏曰:"贤贤易色;事父母,能竭其力;事君,能致其身;与朋友交,言而有信。虽曰未学,吾必谓之学矣。"

子曰:"君子不重则不威,学则不固。主忠信。无友不如己者。过则勿惮改。"

曾子曰:"慎终追远,民德归厚矣。"

子禽问于子贡曰:"夫子至于是邦也,必闻其政,求之与?抑与之与?"子贡曰:"夫子温、良、恭、俭、让以得之。夫子之求之也,其诸异乎人之求之与?"

子曰:"父在,观其志。父没,观其行;三年无改于父之道,可谓孝矣。"

有子曰:"礼之用,和为贵。先王之道斯为美,小大由之。有所不行:知和而和,不以礼节之,亦不可行也。"

● 1·7

子夏（姓卜名商，孔子弟子）说："〔选择妻子，〕能重视品性，不重视美貌；事奉爹娘，能尽心竭力；侍候君王，能不顾性命；和朋友交往，说话诚实可信。这种人，虽说没有什么教养，我却肯定地说他早已有教养了。"

● 1·8

孔子说："君子，如果不庄重，就没有威望，即使学习了，因为付诸实践，难取信于人，也就难以巩固。应以忠心和信实两种品德为主。不要和不如自己的人交朋友。有错误，就不要怕改正。"

● 1·9

曾子说："慎重地对待父母的死丧，追念远代祖宗，这样做，就可以使老百姓的德行趋于忠厚老实了。"

● 1·10

子禽（姓陈名亢，孔子弟子）问子贡（姓端木名赐，孔子弟子）说："先生每到哪个国家，一定能了解到那里的朝廷大事，是自己去打听来的呢？还是别人告诉他的呢？"子贡说："先生是靠温和、善良、严肃、节俭、谦逊的态度得来的。他老人家得来的方式方法，总和别人的不一样吧？"

● 1·11

孔子说："看一个人，当他父亲在世时，因为他不能擅自行动只能观察他的志向。在父亲逝世以后，该看他的行为；如果仍旧长期继承父亲好的思想，不加改变，可以说是尽孝了。"

● 1·12

有子说："礼的作用，以事事做得恰当最为可贵。过去圣明的帝王治理国家，也以礼仪恰当为最好，小事大事都这样做。但也有行不通的地方，即为了恰当而去求恰当，而不是用一定的规章制度去节制，这也不行。"

有子曰："信近于义，言可复也。恭近于礼，远耻辱也。因不失其亲，亦可宗也。"

子曰："君子食无求饱，居无求安，敏于事而慎于言，就有道而正焉，可谓好学也已。"

子贡曰："贫而无谄，富而无骄，何如？"子曰："可也。未若贫而乐，富而好礼者也。"子贡曰："《诗》云：'如切如磋，如琢如磨。'其斯之谓与？"子曰："赐也，始可与言《诗》已矣！告诸往而知来者。"

子曰："不患人之不己知，患不知人也。"

● 为政第二

凡二十四章。

子曰："为政以德，譬如北辰，居其所而众星共之。"

● 1·13

　　有子说："所承担的诺言合情合理,说的话就能兑现。为人恭敬近于有礼节,就可以避免遭受耻辱。所倚靠的都是关系密切的人,也就靠得住了。"

● 1·14

　　孔子说："君子吃饭不求饱足,居住不求舒适,工作勤劳敏捷,说话谨慎小心,向有道德的人学习,从而改正自己的缺点。这样的人,可说是好学的人了。"

● 1·15

　　子贡说："贫穷却不巴结奉承,富裕却不骄傲自大,这种人怎么样?"孔子说："可以,但还不如安于贫穷而乐于道义,即使富裕而又谦虚讲究礼节的人!"子贡说："《诗经·卫风·淇奥》上说:'像对待骨、角、象牙、玉石一样,先开料,再糙锉、细刻,然后磨光。'就是您说的这个意思吧?"孔子说："端木赐呀!现在可以和你讨论《诗经》了。因为把已知的事告诉你,你就能举一反三,推知你所不知的。"

● 1·16

　　孔子说："我不愁别人不了解自己,却愁自己不了解别人。"

● 2·1

　　孔子说："用道德去治理国家,就会像北极星一样,自己安稳地坐在位置上,别的星都环绕着它。"

子曰："《诗》三百，一言以蔽之，曰'思无邪'。"

子曰："道之以政，齐之以刑，民免而无耻。道之以德，齐之以礼，有耻且格。"

子曰："吾十有五而志于学，三十而立，四十而不惑，五十而知天命，六十而耳顺，七十而从心所欲，不逾矩。"

孟懿子问孝。子曰："无违。"樊迟御，子告之曰："孟孙问孝于我，我对曰'无违'。"樊迟曰："何谓也？"子曰："生，事之以礼；死，葬之以礼，祭之以礼。"

孟武伯问孝。子曰："父母唯其疾之忧。"

子游问孝。子曰："今之孝者，是谓能养。至于犬马，皆能有养；不敬，何以别乎？"

● 2·2 —————————

孔子说："《诗经》三百篇,一句话可以概括:思想纯正,没有邪念。"

● 2·3 —————————

孔子说："用政令法制诱导百姓,用刑罚整治百姓,百姓只能克制自己,而不晓得犯罪是极为耻辱的事。用道德诱导百姓,用礼法整治百姓,他们不但认为做坏事可耻,而且言行都归于正道了。"

● 2·4 —————————

孔子说："我十五岁,就有志去学习;三十岁,知道规矩,能在社会上站得住脚;四十岁,知识较丰富,听各种不同议论,不致迷惑;五十岁,知道大自然赋予人们的命运;六十岁,一听别人言语,便能分别真假,判明是非;七十岁,便可以随心所欲,不至于离开规矩准则了。"

● 2·5 —————————

孟懿子(鲁国大夫,姓仲孙,名何忌)问孔子怎样才是孝。孔子说:"不要违背礼节。"不久樊迟(名须,孔子弟子)替孔子驾车,孔子说:"孟孙(即仲孙)问我怎样是孝,我答道:'不要违背礼节。'"樊迟说:"这是什么意思?"孔子说:"父母在世,依规定的礼节侍奉他们;死了,依规定的礼节埋葬和祭祀。"

● 2·6 —————————

孟武伯(孟懿子之子,名彘)问孔子什么是孝。孔子说:"做父母的只担心他儿子的疾病。*"

*也可以译为"儿子只担心父母的疾病"。

● 2·7 —————————

子游(姓言名偃,孔子弟子)问孝道。孔子说:"如今的所谓'孝',只要养活父母便行了。其实,连狗和马都有人养活;若不尽心恭敬地孝顺父母,那供养父母和养活狗马有什么区别呢?"

子夏问孝。子曰："色难。有事，弟子服其劳；有酒食，先生馔，曾是以为孝乎？"

子曰："吾与回言终日，不违如愚。退而省其私，亦足以发。回也不愚。"

子曰："视其所以，观其所由，察其所安。人焉廋哉？人焉廋哉？"

子曰："温故而知新，可以为师矣。"

子曰："君子不器。"

子贡问君子。子曰："先行其言而后从之。"

子曰："君子周而不比，小人比而不周。"

子曰："学而不思则罔，思而不学则殆。"

子曰："攻乎异端，斯害也已。"

子曰："由，诲女知之乎！知之为知之，不知为不知，是

● 2·8

　　子夏问孝道。孔子说："在父母跟前，难的是经常保持愉悦的颜色。如果只是有事情让儿子操劳，有酒有菜让年长者吃喝，难道这就可以认为是孝么？"

● 2·9

　　孔子说："我整天对颜回讲学，他不发表一点不同意见，像个傻子。可是等他回去，自己琢磨，也有所发挥，可见他并不傻。"

● 2·10

　　孔子说："了解一个人，看他交结什么样的朋友，观察他用什么方式方法去达到一定的目的，再了解他的内心安于什么，不安于什么。这样，他怎么可以隐藏得了呢？他怎么可以隐藏得了呢？"

● 2·11

　　孔子说："温习旧的知识，进而能有新体会，便可以做老师了。"

● 2·12

　　孔子说："君子不像器皿一样〔，只有一种用处〕。"

● 2·13

　　子贡问怎样才可以做个君子。孔子说："你打算做什么，先做了，再说出来。"

● 2·14

　　孔子说："君子团结而不互相勾结，小人互相勾结而不团结。"

● 2·15

　　孔子说："只读书却不思考，就容易被书本欺哄，迷惘无所得；只空想却不读书，就会感到危殆，没有信心。"

● 2·16

　　孔子说："批判那些不正确的议论，坏事就会消灭。"

● 2·17

　　孔子说："仲由！我教给你求知的正确态度吧。知道的就说知

知也。"

子张学干禄。子曰:"多闻阙疑,慎言其余,则寡尤。多见阙殆,慎行其余,则寡悔。言寡尤,行寡悔,禄在其中矣。"

哀公问曰:"何为则民服?"孔子对曰:"举直错诸枉,则民服,举枉错诸直,则民不服。"

季康子问:"使民敬,忠以劝,如之何?"子曰:"临之以庄则敬,孝慈则忠,举善而教不能则劝。"

或谓孔子曰:"子奚不为政?"子曰:"《书》云:'孝乎!惟孝,友于兄弟,施于有政。'是亦为政,奚其为为政?"

子曰:"人而无信,不知其可也。大车无輗,小车无軏,其何以行之哉?"

道，不知道的就说不知道。这才是真正的聪明。"

● 2·18

子张（姓颛孙，名师，孔子弟子）向孔子请教获得官职和俸禄的方法。孔子说："多听，有可疑的地方保留在心里，把那有把握的部分谨慎地说出来，就可以减少错误。多看，有可疑的地方保留在心里，把那有把握的部分谨慎地去实行，就可以减少后悔。言语少错误，行为少后悔，你的官职、俸禄自然会有了。"

● 2·19

鲁哀公（鲁君，名蒋）问道："怎样才能使老百姓服从？"孔子答道："提拔正直的人放在邪恶的人之上，百姓就服从了。若是提拔邪恶的人放在正直的人之上，百姓就不会服从。"

● 2·20

季康子（鲁国大夫，姓季孙，名肥）问道："要使百姓严肃认真，尽心竭力，又互相鼓励劝勉，怎么办才行？"孔子说："你对待百姓的事严肃认真，百姓对待你也会严肃认真了；你孝顺老人，慈爱幼小，百姓对你也会尽心竭力了；你提拔好人，教育能力弱的人，百姓自然会互相鼓励劝勉了。"

● 2·21

有人对孔子说："您为什么不做官？"孔子说："《尚书》上说：'孝呀，只有孝顺父母，友爱兄弟，把这种风气推广到政治圈子里去。'这就是参与政事了，为什么一定要做官才叫做参与政事呢？"

● 2·22

孔子说："一个人在社会上，如果没有信用，我不知他怎么可以站得住脚。譬如拉载重的大牛车，没有安装稳住横木的活销，拉载人的小马车，没有安装稳住横木的活销，怎样可以驱赶它们走动呢？"

子张问："十世可知也？"子曰："殷因于夏礼，所损益，可知也；周因于殷礼，所损益，可知也；其或继周者，虽百世可知也。"

子曰："非其鬼而祭之，谄也。见义不为，无勇也。"

● 八佾第三

凡二十六章。通前篇末二章，皆论礼乐之事。

孔子谓季氏："八佾舞于庭，是可忍也，孰不可忍也？"

三家者以《雍》彻。子曰："'相维辟公，天子穆穆'，奚取于三家之堂？"

● 2·23 ─────────────────────────────

　　子张问："今后十代礼仪制度的变革,可以预料得到么?"孔
子说:"殷商因袭夏朝的礼仪制度,所废除的和新创的,这种变革
是可以知道的;周朝沿袭殷商,所废除的和新创的,这种变革也是
可以知道的;假若有人继承周朝而当政,那他的礼仪制度,也不外
乎既有因袭,又有创新变革,就是一百代以后,这也是可以预先料
到的。"

● 2·24 ─────────────────────────────

　　孔子说:"不是自己的祖先,〔不应该去祭祀,〕却去祭祀,这是
献媚。看见应该挺身而出、仗义以行的事,自己却袖手旁观,这是怯
懦的胆小鬼。"

● 3·1 ──────────────────────────────

　　孔子讲到鲁国权臣季氏^(即季孙氏),说:"他用只有天子才能用的
八八六十四人的乐队舞队,在庭院中奏乐舞蹈,像这样僭礼的事都
狠心干了,还有什么事不可以狠心干出来呢?"

● 3·2 ──────────────────────────────

　　鲁国仲孙、叔孙、季孙三家祭祖撤除祭品时,奏唱着《雍》的诗
篇〔——这是只有周天子才能用的〕。孔子说:"《雍》诗说:'助祭
的是各国诸侯,主祭的天子严肃静穆。'这两句话用在三家祭祖的
大堂上,有哪一点合适呢?"

子曰："人而不仁,如礼何?人而不仁,如乐何?"

林放问礼之本。子曰："大哉问!礼,与其奢也,宁俭。丧,与其易也,宁戚。"

子曰："夷狄之有君,不如诸夏之亡也*。"

*鲁昭公、哀公都曾逃亡国外,鲁国无君,孔子所亲见。

季氏旅于泰山。子谓冉有曰："女弗能救与?"对曰："不能。"子曰："呜呼!曾谓泰山不如林放乎?"

子曰："君子无所争,必也射乎!揖让而升,下而饮。其争也君子。"

子夏问曰："'巧笑倩兮,美目盼兮,素以为绚兮。'何谓也?"子曰："绘事后素。"曰："礼后乎?"子曰："起予者商也!始可与言《诗》已矣。"

● 3·3

孔子说："做人没仁爱之心，怎样对待礼仪制度呢？做人没有仁爱之心，怎样对待音乐呢？"

● 3·4

林放（鲁国人）向孔子请教"礼"的本质。孔子说："这问题意义重大呀！就一般礼仪说，与其浪费铺张，宁可朴素省俭；就丧礼说，与其仪式周到，宁可哀恸悲伤。"

● 3·5

孔子说："落后部落或国家，虽然有君主，〔却没有礼仪，〕还不如中国的某些诸侯国家某个时期没有君主〔，却保存着一些礼仪〕。"

● 3·6

季氏要去祭祀泰山〔——这是规定只有天子或诸侯才有资格的〕。孔子对冉有（名求，孔子弟子）说："你不能阻止吗？"冉有答道："不能。"孔子说："哎呀！难道说泰山之神竟不如林放〔懂礼，居然接受这不合礼的祭祀〕吗？"

● 3·7

孔子说："君子没有什么可以和人相争的事情。万一有相争，必定只是比射箭吧。〔当射箭的时候，〕互相作揖然后升堂，〔射箭完了，〕走下堂来，然后〔作揖〕喝酒。那种竞赛是很有礼貌的君子之争。"

● 3·8

子夏问道："'有酒涡的脸笑得多美呀，黑白分明的眼睛流转得多媚呀，洁白底子上画着花卉呀。'这几句诗是什么意思？"孔子说："先有白色底子，然后才画花。"子夏说："那么，礼仪是产生在〔仁义〕以后么？"孔子说："卜商呀，你真是能启发我的人。现在可以和你讨论《诗经》了。"

子曰："夏礼吾能言之，杞不足征也。殷礼吾能言之，宋不足征也。文献不足故也。足，则吾能征之矣。"

子曰："禘，自既灌而往者，吾不欲观之矣。"

或问禘之说。子曰："不知也*。知其说者之于天下也，其如示诸斯乎！"指其掌。

*禘礼，规定只有天子才能举行。但周公死后，周朝认为周公有大功，而且曾摄天子位，也赐他这礼。孔子批评，便涉及伯禽等鲁国先公，只好说"不知道"。

祭如在，祭神如神在。子曰："吾不与祭，如不祭。"

王孙贾问曰："'与其媚于奥，宁媚于灶'，何谓也？"子曰："不然；获罪于天，无所祷也。"

子曰："周监于二代，郁郁乎文哉！吾从周。"

子入大庙，每事问。或曰："孰谓鄹人之子知礼乎？入大

　　孔子说："夏代的礼,我说得出来,可是它的后世杞国不足以作证明;殷代的礼,我也说得出来,可是它的后世宋国不足以作证明。这是因为这两国的历史文件和贤者都不够的缘故。如果有足够的历史文件和贤者,我就可以引来作证明了。"

　　孔子说："举行只有天子才能用的合祭祖先的大祭礼,〔鲁国行这礼,〕自第一次献酒之后,我就不想再看了〔,因为我认为鲁国祖先的灵魂未必肯来受祭〕。"

　　有人问大祭的禘礼。孔子说："我不知道;懂得这一道理的人,他对于治理天下,好像把物件摆在这里一样容易吧。"他一面说,一面指着手掌。

　　孔子说："我祭祖的时候,好像祖先就在我上面;祭神时候,好像神就在我前面。我假若不参加祭祀,有人代祭,也同没祭一样。"

　　卫国大臣王孙贾问:"'与其巴结住室西南角的奥神,还不如去巴结灶君司命。'这句话是什么意思?"孔子说："不对;得罪了上天,怎样祈祷巴结也没用。"

　　孔子说："周朝的礼乐制度是借鉴于夏、商两代,取长补短后制定的,真丰富多彩呀!我赞成周朝的。"

　　孔子到了周公庙,遇到任何事情,每件都要请教。有人说:"谁

庙,每事问。"子闻之,曰:"是礼也。"

◎ 3·16

子曰:"射不主皮,为力不同科,古之道也。"

◎ 3·17

子贡欲去告朔之饩羊*。子曰:"赐也,尔爱其羊,我爱其礼。"

*古礼,诸侯每月初一(朔)要亲自到祖庙杀羊祭祀,然后还回朝廷听取政事汇报。后来鲁君失掉政权,既不听政,也不去祖庙祭祀,只杀一只活羊"虚应故事"。

◎ 3·18

子曰:"事君尽礼,人以为谄也。"

◎ 3·19

定公问:"君使臣,臣事君,如之何?"孔子对曰:"君使臣以礼,臣事君以忠。"

◎ 3·20

子曰:"《关雎》乐而不淫,哀而不伤。"

◎ 3·21

哀公问社于宰我。宰我对曰:"夏后氏以松,殷人以柏,周人以栗,曰使民战栗。"子闻之,曰:"成事不说,遂事不谏,既往不咎。"

◎ 3·22

子曰:"管仲之器小哉!"或曰:"管仲俭乎?"曰:"管氏

说叔梁纥（孔子父）的儿子懂礼呢？到了周公庙，每件事情都请教。"
孔子听见了，说："这就是礼呀！"

● 3·16

　　孔子说："演习礼乐时比射箭，不一定强调射穿靶子，因为各人
力量不相等，这是古人习射的道理。"

● 3·17

　　子贡要把鲁国每月初一告祭祖庙的那只活羊废去不用。孔子说：
"端木赐呀！你可惜那只羊，我可惜那种仪式〔。留着这仪式，可以
启发人知道一些事情〕。"

● 3·18

　　孔子说："服事国君，完全依照为臣的礼节做去，别人还以为在
向国君讨好哩。"

● 3·19

　　鲁定公问："国君使唤臣子，臣子侍奉国君，应当怎样？"孔子
答道："国君应当依照礼节使唤臣子，臣子应当以忠心侍奉国君。"

● 3·20

　　孔子说："《诗经·关雎》这首诗快乐而不放荡，哀伤而不
过分。"

● 3·21

　　鲁哀公问宰我（名予,孔子弟子），做土地神牌位，该用哪种木料。
宰我答道："夏代用松木，殷代用柏木，周代用栗木，意思是使百姓
战战栗栗。"孔子听到了，〔责备宰我〕说："已经完成的事不用解释
了，已经做过的事不用劝阻了，已经过去的事不用追究了。"

● 3·22

　　孔子说："管仲的器量狭小得很啦！"有人问："管仲节俭吗？"

有三归，官事不摄，焉得俭？""然则管仲知礼乎？"曰："邦君树塞门，管氏亦树塞门。邦君为两君之好，有反坫，管氏亦有反坫。管氏而知礼，孰不知礼？"

◎ 3·23

子语鲁大师乐，曰："乐其可知也：始作，翕如也；从之，纯如也，皦如也，绎如也，以成。"

◎ 3·24

仪封人请见，曰："君子之至于斯也，吾未尝不得见也。"从者见之。出，曰："二三子何患于丧乎？天下之无道也久矣，天将以夫子为木铎。"

◎ 3·25

子谓《韶》："尽美矣，又尽善也。"谓《武》："尽美矣，未尽善也。"

◎ 3·26

子曰："居上不宽，为礼不敬，临丧不哀，吾何以观之哉？"

孔子说:"管仲收取大量市租,手下人员各有专职,从不兼任,怎么能说是节俭呢?"那人又问:"那么,管仲懂得规矩礼节吗?"孔子说:"国君在大门口立一个阻隔内外视线的照壁,管仲也立一个照壁。国君与他国君主交往,宴会时在堂上设置一个放空酒杯的反坫,管仲也设置有反坫。管仲若是懂礼,谁还不懂礼呢?"

● 3·23

孔子把奏乐的过程和感受告诉鲁国的乐官太师,说:"音乐演奏是可以知道的,开始,翕翕地热烈;继续下去,和谐而清晰,乐音绎绎地不断,直到完成。"

● 3·24

仪这个地方的边防长官请求会见孔子,说:"所有来这里有道德学问的人,我从来没有不和他们相见的。"孔子的随从学生请孔子接见他。孔子一出来,便对学生们说:"你们为什么担心得不到官职呢?天下腐败黑暗得太久了,〔圣人也应该有得意之时了,〕上天将会把他老人家当做人民的导师哩。"

● 3·25

孔子讲到虞舜时的乐曲《韶》,说:"美极了,好极了。"讲到周武王的乐曲《武》,说:"美极了,却还不够好。"〔舜接受尧的禅位,自己又禅让于禹;周武王是用武力灭纣才得位的。〕

● 3·26

孔子说:"居于上层地位不宽宏大量,行礼时不严肃认真,参加丧事不哀伤,这种样子,我怎么能看得下去呢?"

● 里仁第四

凡二十六章。

◎ 4·1

子曰："里仁为美。择不处仁，焉得知？"

◎ 4·2

子曰："不仁者不可以久处约，不可以长处乐。仁者安仁，知者利仁。"

◎ 4·3

子曰："唯仁者能好人，能恶人。"

◎ 4·4

子曰："苟志于仁矣，无恶也。"

◎ 4·5

子曰："富与贵，是人之所欲也；不以其道得之，不处也。贫与贱，是人之所恶也；不以其道得之，不去也。君子去仁，恶乎成名？君子无终食之间违仁，造次必于是，颠沛必于是。"

◎ 4·6

子曰："我未见好仁者、恶不仁者。好仁者，无以尚之；恶不仁者，其为仁矣，不使不仁者加乎其身。有能一日用其力于仁矣乎？我未见力不足者。盖有之矣，我未之见也。"

● 4·1 —————————

　　孔子说："和有仁德的人同住一个里巷就是好。选择住址，不选择邻里，怎么能说是聪明呢？"

● 4·2 —————————

　　孔子说："不仁德的人不能长久处在贫困之中，也不能长久处在安乐之中。仁德的人实行仁道便心安理得，明智的人〔知道仁道的好处，〕便也想要实行仁道。"

● 4·3 —————————

　　孔子说："只有仁德的人才能喜欢好人，也才能厌恶坏人。"

● 4·4 —————————

　　孔子说："若是决心向仁道靠拢，也就不会做坏事。"

● 4·5 —————————

　　孔子说："发大财，做大官，这是人人都想要的；不用合理合法的方式去得到它，君子也不干。贫困和下贱，是人人所厌恶的；不用正当的手段去摆脱它，君子也不摆脱。君子抛弃仁德，怎能成就名声呢？君子没有一餐饭久的时间能离开仁德，在仓猝匆忙的时候一定这样，在颠沛流离的时候也一定这样。"

● 4·6 —————————

　　孔子说："我没看见过喜爱仁德和厌恶不仁德的人。喜爱仁德的人是再好不过了；厌恶不仁德的人，他实行仁德，只是不使不仁德的事物惹到自己身上。有人能把一天的力量用在仁德上吗？我没见过力量不够的人。大概也有曾用过力的人吧，只是我不曾见到。"

子曰："人之过也,各于其党。观过,斯知仁矣。"

子曰："朝闻道,夕死可矣。"

子曰："士志于道,而耻恶衣恶食者,未足与议也。"

子曰："君子之于天下也,无适也,无莫也,义之与比。"

子曰："君子怀德,小人怀土。君子怀刑,小人怀惠。"

子曰："放于利而行,多怨。"

子曰："能以礼让为国乎?何有?不能以礼让为国,如礼何?"

子曰："不患无位,患所以立。不患莫己知,求为可知也。"

子曰："参乎!吾道一以贯之。"曾子曰："唯。"子出,门人问曰："何谓也?"曾子曰："夫子之道,忠恕而已矣。"

● 4·7

孔子说:"人的过错有各种各样的情况和原因。观察他产生错误的情况和原因,便知道他是什么样式的人了。"

● 4·8

孔子说:"早晨听到真理,晚上死去,我都可以。"

● 4·9

孔子说:"读书人有志于追求真理,却以穿得差、吃得差为耻辱,这种人值不得和他谈论了。"

● 4·10

孔子说:"君子对于天下事物,没有一定模式确定要怎样干,也没有一定模式确定不要怎样干,怎样合情合理,合于正义,便怎样干。"

● 4·11

孔子说:"君子念念不忘道德,小人念念不忘乡土。君子关心法制,小人关心恩惠。"

● 4·12

孔子说:"任凭个人利益来行动,会招来很多怨恨。"

● 4·13

孔子说:"能够用礼貌和谦让来治理国家吗?这有什么为难呢?不能用礼貌和谦让治理国家,怎样对待礼仪呢?"

● 4·14

孔子说:"不愁没有职位,只愁没有尽职的本领。不怕没有人了解自己,但求有被人了解的才能。"

● 4·15

孔子说:"曾参呀!我的学说贯穿着一个基本观念。"曾子说:"是。"孔子走了出去,别的学生便问曾参:"这是什么意思?"曾子说:"他老人家的学说,只是忠和恕罢了。"

◎ 4·16

子曰："君子喻于义，小人喻于利。"

◎ 4·17

子曰："见贤思齐焉；见不贤而内自省也。"

◎ 4·18

子曰："事父母几谏，见志不从，又敬不违，劳而不怨。"

◎ 4·19

子曰："父母在，不远游。游必有方。"

◎ 4·20

子曰："三年无改于父之道，可谓孝矣。"*

*此处已见《学而篇》 1·11。

◎ 4·21

子曰："父母之年，不可不知也，一则以喜，一则以惧。"

◎ 4·22

子曰："古者言之不出，耻躬之不逮也。"

◎ 4·23

子曰："以约失之者鲜矣。"

◎ 4·24

子曰："君子欲讷于言而敏于行。"

◎ 4·25

子曰："德不孤，必有邻。"

● 4·16 ———————

　　孔子说："君子懂得正义，小人只懂得私利。"

● 4·17 ———————

　　孔子说："看见贤良的人，便考虑自己怎样向他看齐；看见不贤良的人，便自我反省〔，看有没有类似的缺点〕。"

● 4·18 ———————

　　孔子说："侍奉父母，〔他们如果有不合理地方，〕要婉转地劝阻，他们不接受，仍然恭敬，不加违抗，虽然担忧，却不埋怨。"

● 4·19 ———————

　　孔子说："父母在世，不出远门。即使出远门，也一定有某个去处。"

● 4·20 ———————

　　孔子说："〔父亲死后，〕如果长期继承父亲好的思想，不加改变，可说是尽孝了。"

● 4·21 ———————

　　孔子说："父母的年龄不能不知道，一方面因〔他们高寿〕而高兴，一方面又因〔他们寿高〕而担心。"

● 4·22 ———————

　　孔子说："古人不轻易开口，就怕因行动跟不上而引以为羞耻。"

● 4·23 ———————

　　孔子说："因为谨言慎行、节制约束自己而发生过失，这是很少的。"

● 4·24 ———————

　　孔子说："君子要言语迟钝，行动迅速。"

● 4·25 ———————

　　孔子说："有道德的人不会孤单，一定有相邻的伙伴。"

子游曰："事君数，斯辱矣；朋友数，斯疏矣。"

● 公冶长第五

此篇皆论古今人物贤否得失，盖格物穷理之一端也。凡二十八章。

子谓公冶长，可妻也。虽在缧绁之中，非其罪也。以其子妻之。

子谓南容："邦有道，不废；邦无道，免于刑戮。"以其兄之子妻之。

子谓子贱："君子哉若人！鲁无君子者，斯焉取斯？"

子贡问曰："赐也何如？"子曰："女，器也。"曰："何器也？"曰："瑚琏也。"

或曰："雍也仁而不佞。"子曰："焉用佞？御人以口给，屡憎于人。不知其仁，焉用佞？"

● 4·26

　　子游说："侍奉国君过于烦琐,就会惹来侮辱;朋友间过于亲密,反会导致疏远。"

● 5·1

　　孔子告诉公冶长（孔子弟子,后为其婿）,可以把女儿嫁给他。虽然蹲在牢狱里,但不是他的罪过。孔子便把自己女儿嫁给他。

● 5·2

　　孔子告诉南容（鲁国人,名适,字子容,孔子兄孟皮之婿）:"国家太平,总有官职;国家昏乱,〔不触犯法律,〕免遭刑罚。"孔子便把他哥哥的女儿嫁给他。

● 5·3

　　孔子讲到子贱（姓宓,名不齐,孔子弟子）,说:"这人是一位君子呀!鲁国假使没有君子,这人的好品德是从哪里学来的呢?"

● 5·4

　　子贡问道:"我怎么样?"孔子说:"你好比是一具器皿。"子贡又问:"什么器皿?"孔子说:"宗庙里盛黍稷的〔尊贵的〕瑚琏。"

● 5·5

　　有人说:"冉雍（字仲弓,孔子弟子）有仁德,却没有口才。"孔子说:"要什么口才?尖嘴利舌同人辩驳,经常被人讨厌。他仁不仁,我不知道,但用得着什么口才呢?"

子使漆雕开仕。对曰："吾斯之未能信。"子说。

子曰："道不行,乘桴浮于海。从我者,其由与?"子路闻之喜。子曰："由也好勇过我,无所取材。"

孟武伯问："子路仁乎?"子曰："不知也。"又问。子曰:"由也,千乘之国,可使治其赋也。不知其仁也。""求也何如?"子曰："求也,千室之邑,百乘之家,可使为之宰也。不知其仁也。""赤也何如?"子曰："赤也,束带立于朝,可使与宾客言也。不知其仁也。"

子谓子贡曰："女与回也孰愈?"对曰："赐也何敢望回?回也闻一以知十,赐也闻一以知二。"子曰："弗如也,吾与女弗如也。"

宰予昼寝。子曰："朽木不可雕也,粪土之墙不可圬也。于予与何诛?"子曰："始吾于人也,听其言而信其行;今吾于人也,听其言而观其行。于予与改是。"

● 5·6

孔子要漆雕开（姓漆雕，名开，孔子弟子）去做官。他答道："我对这没有信心。"孔子很高兴。

● 5·7

孔子说："我的主张行不通，想坐个木排向海外漂去，跟随我的恐怕只是仲由（子路名）吧？"子路听了很高兴。孔子说："仲由〔这人太好勇了，他〕的勇敢精神超过了我，〔不能裁夺事理，〕也就没有什么可取的了。"

● 5·8

孟武伯问孔子："子路仁不仁？"孔子说："不知道。"他又问。孔子说："仲由，一个具有千辆兵车的中等国家，可以叫他负责军队征召、训练和作战等工作。他仁不仁，我不知道。"又问："冉求（字有，孔子弟子）怎么样？"孔子说："冉求，千户人家的地方，可以要他做县长；百辆兵车的卿大夫的世袭领土，可以要他做总管。他仁不仁，我不知道。"又问："公西赤（姓公西，名赤，孔子弟子）怎么样？"孔子说："公西赤，穿着礼服立于朝廷，可以叫他和外宾会谈。他仁不仁，我不知道。"

● 5·9

孔子对子贡说："你和颜回，哪个强些？"子贡答："我呀，怎么敢和颜回相比？他呀，听到一件事，就能推知十件；我咧，听到一件事，只知道两件罢了。"孔子说："你赶不上他，我同意你赶不上他。"

● 5·10

宰予（又称宰我，孔子弟子）白天睡觉。孔子说："腐朽的木头雕刻不得，粪土一样的墙壁粉刷不得。对于宰予，值得责备吗？"又说："最初我听到别人的话，便相信他的行为；今天，我听别人的话，却要考察他的行为。从宰予这件事起，我改变了态度。"

子曰：“吾未见刚者。”或对曰：“申枨（chéng）。”子曰：
“枨也欲，焉得刚？”

子贡曰：“我不欲人之加诸我也，吾亦欲无加诸人。”子
曰：“赐也，非尔所及也。”

子贡曰：“夫子之文章，可得而闻也；夫子之言性与天道，
不可得而闻也。”

子路有闻，未之能行，唯恐有闻。

子贡问曰：“孔文子何以谓之文也？”子曰：“敏而好学，不
耻下问，是以谓之文也。”

子谓子产：“有君子之道四焉：其行己也恭，其事上也敬，
其养民也惠，其使民也义。”

子曰：“晏平仲善与人交，久而敬之。”

子曰：“臧文仲居蔡*，山节藻棁，何如其知也？”
*古人用乌龟腹甲占卜，龟壳越大，认为越灵。“蔡”是大龟的通名。

● 5·11

孔子说:"我没有见过刚毅的人。"有人说:"申枨(鲁国人,孔子弟子)是这样的。"孔子说:"申枨有私欲,怎么能够刚强?"

● 5·12

子贡说:"我不想别人强加于我,我也想不去强加于别人。"孔子说:"端木赐呀,这不是你所能做到的。"

● 5·13

子贡说:"老师关于文献方面的知识和议论,我们能听到;老师关于天性和天道的言论,我们听不到。"

● 5·14

子路听到某件事,还没有能去实行,便害怕再听见另一件。

● 5·15

子贡问道:"孔文子(卫国大夫,姓孔,名圉)为什么谥号叫'文'?"孔子说:"敏锐而爱好学问,向不如自己的人请教,不以为耻,因此他死后给他'文'这个谥号。"

● 5·16

孔子评论子产(郑国大夫,姓公孙,名侨)说:"有四种行为合于君子之道:他自己的言语行动庄重谦恭,他对上级认真负责,他教养百姓有恩惠,他役使百姓合乎道理。"

● 5·17

孔子说:"晏平仲(齐国大夫,名婴,字仲,谥号为平)善于交朋友,相交越久,别人越发敬重他。"

● 5·18

孔子说:"臧文仲(鲁国大夫,姓臧孙,名辰,字仲,谥号为文)藏着一个叫蔡的大乌龟壳,替它盖了一间房,有雕刻着像山一样的斗拱,有画着藻草的梁上短柱,这个人的聪明,怎么会这样呢?"

子张问曰:"令尹子文三仕为令尹,无喜色;三已之,无愠色。旧令尹之政,必以告新令尹。何如?"子曰:"忠矣。"曰:"仁矣乎?"曰:"未知。焉得仁?"

"崔子弑齐君。陈文子有马十乘,弃而违之。至于他邦,则曰:'犹吾大夫崔子也。'违之。之一邦,则又曰:'犹吾大夫崔子也。'违之。何如?"子曰:"清矣。"曰:"仁矣乎?"曰:"未知。焉得仁?"

季文子三思而后行。子闻之,曰:"再,斯可矣。"

子曰:"宁武子邦有道则知,邦无道则愚。其知可及也,其愚不可及也。"

子在陈,曰:"归与!归与!吾党之小子狂简,斐然成章,不知所以裁之。"

子曰:"伯夷、叔齐不念旧恶,怨是用希。"

子曰:"孰谓微生高直?或乞醯焉,乞诸其邻而与之。"

● 5·19

子张问道："令尹子文（姓鬭，名毅於菟）三次出任令尹（楚国宰相），不见有高兴的容颜；三次罢免他，也没有不高兴的容颜。自己任内的工作一定一件件交代给下一届令尹。这个人怎么样？"孔子说："尽忠于国家了。"子张说："算合于仁德么？"孔子说："不知道。——这怎么能算是合于仁德呢？"

子张又问："崔杼（齐国大夫）杀掉齐庄公，陈文子（齐国大夫，名须无）有驾十辆车的四十四马，扔掉不管，离开齐国，到了另一个国家，说：'这里的执政大臣和我国的崔杼差不多'。于是又离开，到另一国，又说：'这里的执政大臣和我国的崔杼差不多。'又离开。这人怎么样？"孔子说："清白得很。"子张说："算合于仁德么？"孔子说："不知道。——这怎么能算是合乎仁德呢？"

● 5·20

季文子（鲁国大夫，姓季孙，名行父）每遇见一件事，总是考虑多次才去执行。孔子知道了，便说："考虑两次就可以了。"

● 5·21

孔子说："宁武子（卫国大夫，姓宁，名俞，谥号武）当国家政治清平的时候，便显得聪明；当政治腐败黑暗的时候，便装作愚笨。他的聪明，人家做得到；他的愚笨，人家便做不到了。"

● 5·22

孔子在陈国，说："回去吧！回去吧！我们那里的学生们志高气大，文章又斐然可观，我不知如何指导他们。"

● 5·23

孔子说："伯夷、叔齐（孤竹君之子，武王灭纣，二人不食周粟，饿死首阳山）两兄弟，不记旧恨宿怨，所以怨恨他们的也少。"

● 5·24

孔子说："谁说微生高（鲁国人，姓微生，名高）这人直爽？有人向他

子曰："巧言、令色、足恭，左丘明耻之，丘亦耻之。匿怨而友其人，左丘明耻之，丘亦耻之。"

颜渊、季路侍。子曰："盍各言尔志？"子路曰："愿车马、衣轻裘与朋友共，敝之而无憾。"颜渊曰："愿无伐善，无施劳。"子路曰："愿闻子之志。"子曰："老者安之，朋友信之，少者怀之。"

子曰："已矣乎！吾未见能见其过而内自讼者也。"

子曰："十室之邑，必有忠信如丘者焉，不如丘之好学也。"

● 雍也第六

凡三十章。

子曰："雍也可使南面。"

讨点醋,他却转向邻居讨来给人家。"

● 5·25

孔子说:"花言巧语,讨好的脸色,十足的恭敬,这个样子,左丘明(鲁国太史)认为可耻,我也认为可耻。对某人,内心包藏着怨恨,表面却和他交朋友,这种人,左丘明认为可耻,我也认为可耻。"

● 5·26

颜渊、子路陪伴在旁,孔子坐谈。孔子说:"何不各人说说自己志向?"子路说:"我愿意把车马、衣服、皮裘和朋友共同穿用,直到破烂,我没有丝毫怨恨。"颜渊说:"我愿意不夸张自己的好处,也不表白自己的功劳。"子路说:"希望听到您的志向。"孔子说:"使老年人安逸,使朋友信任,使年青人得到关怀。"

● 5·27

孔子说:"算了吧!我没见过自己有错而能在内心自我责备的人哩。"

● 5·28

孔子说:"十户人家的小地方,一定有像我这样既忠心又信实的人,只是不及我爱好学习呢。"

●6·1

孔子说:"冉雍,可以让他做一个部门或者一个地方的长官。"

仲弓问子桑伯子，子曰："可也简。"仲弓曰："居敬而行简，以临其民，不亦可乎？居简而行简，无乃大简乎？"子曰："雍之言然。"

哀公问："弟子孰为好学？"孔子对曰："有颜回者好学，不迁怒，不贰过。不幸短命死矣！今也则亡，未闻好学者也。"

子华使于齐，冉子为其母请粟，子曰："与之釜。"请益。曰："与之庾。"冉子与之粟五秉。子曰："赤之适齐也，乘肥马，衣轻裘。吾闻之也，君子周急不继富。"

原思为之宰，与之粟九百，辞。子曰："毋！以与尔邻里乡党乎！"

子谓仲弓曰："犁牛之子骍且角，虽欲勿用*，山川其舍诸？"

*古人不用耕牛或者耕牛的牛犊供祭祀。孔子用来比喻仲弓，虽然出身不好，本人却好，不应该不任用他。

子曰："回也，其心三月不违仁。其余则日月至焉而已矣。"

● 6·2

仲弓问到子桑伯子（此人已无可考）怎么样。孔子说："简单得好。"仲弓说："他若存心严肃认真，而又执简以驭繁，来治理百姓，不也可以吗？若存心简单，又以简单行之，不是过于简单了吗？"孔子说："你的话对。"

● 6·3

哀公问："你的学生中谁最爱好学习？"孔子答道："有个叫颜回的爱好学习，不拿别人出气，也从不重犯同样的错误，可是不幸短命死了，现在再没有这样的人了，没听说过爱好学习的人了。"

● 6·4

子华（即公西赤）以使者身份去齐国，冉有替他的母亲请求孔子给些小米作补助。孔子说："给他六斗四升。"冉有请求多给一点，孔子说："再给他二斗四升。"冉有却给了八十石。孔子说："公西赤到齐国去，赶着肥壮马匹驾的车辆，穿着轻而暖和的皮袍。我听说过：君子雪里送炭，不锦上添花。"

● 6·5

原思（姓原，名宪，字子思，孔子弟子）做孔子家的总管，孔子给他小米九百斗，他不受。孔子说："不要推辞！你有多的，分给你当地的穷人吧！"

● 6·6

孔子讲到仲弓，说："耕牛生下的牛犊，长着整齐赤色的毛，端正的两角，虽不想用它当祭品，山水之神难道会放弃它么？"

● 6·7

孔子说："颜回，他的心志长时间不离开仁德。其他的学生么，只是偶然想起来罢了。"

季康子问:"仲由可使从政也与?"子曰:"由也果,于从政乎何有?"曰:"赐也可使从政也与?"曰:"赐也达,于从政乎何有?"曰:"求也可使从政也与?"曰:"求也艺,于从政乎何有?"

季氏使闵子骞为费宰。闵子骞曰:"善为我辞焉。如有复我者,则吾必在汶上*矣。"

*汶水以北,暗指齐国。

伯牛有疾,子问之,自牖执其手,曰:"亡之,命矣夫!斯人也而有斯疾也!斯人也而有斯疾也!"

子曰:"贤哉,回也!一箪食,一瓢饮,在陋巷,人不堪其忧,回也不改其乐。贤哉,回也!"

冉求曰:"非不说子之道,力不足也。"子曰:"力不足者,中道而废。今女画。"

子谓子夏曰:"女为君子儒,无为小人儒。"

子游为武城宰。子曰:"女得人焉尔乎?"曰:"有澹台灭明

季康子问:"仲由可以参与政事吗?"孔子说:"仲由勇敢果断,对参与政事有什么困难呢?"又问:"端木赐可以叫他参与政事吗?"孔子说:"端木赐通达事理,对参与政事有什么困难呢?"又问:"冉求可以参与政事吗?"孔子说:"冉求多才多艺,对参与政事有什么困难呢?"

● 6·9

季孙派闵子骞(姓闵,名损,字子骞,孔子弟子)作费邑的县长。闵子骞说:"好好替我辞掉吧!若是再来找我,我就会逃向汶水以北去了。"

● 6·10

冉伯牛(姓冉,名耕,字伯牛,孔子弟子)病了,孔子去探视,从窗子里握着他的手,说:"难得活了,这是命呀!这样的人却有这样的病!这样的人却有这样的病!"

● 6·11

孔子说:"颜回多么贤明呀!吃一竹碗饭,喝一瓢水,住在简陋狭小的巷子里,别人都受不了那种穷苦,他却不改变他自有的乐趣。多么贤明的颜回!"

● 6·12

冉求说:"不是我不喜欢您的学说,是我能力不够。"孔子说:"假若你能力不够,走到半路会前进不动了。现在你还没有起步呀。"

● 6·13

孔子对子夏说:"你要做个有道德的儒者,不要做个没有道德的儒者。"

● 6·14

子游做了武城县长。孔子说:"你得到了人才么?"子游说:"有

者,行不由径,非公事,未尝至于偃之室也。"

◎ 6·15

子曰:"孟之反不伐,奔而殿。将入门,策其马,曰:'非敢后也,马不进也。'"

◎ 6·16

子曰:"不有祝鮀之佞,而有宋朝之美,难乎免于今之世矣。"

◎ 6·17

子曰:"谁能出不由户?何莫由斯道也?"

◎ 6·18

子曰:"质胜文则野,文胜质则史。文质彬彬,然后君子。"

◎ 6·19

子曰:"人之生也直,罔之生也幸而免。"

◎ 6·20

子曰:"知之者不如好之者,好之者不如乐之者。"

◎ 6·21

子曰:"中人以上,可以语上也;中人以下,不可以语上也。"

◎ 6·22

樊迟问知。子曰:"务民之义,敬鬼神而远之,可谓知矣。"

一位叫澹台灭明（姓澹台，名灭明，后为孔子弟子）的人，走路不走小路，不是公事，不曾到我屋里来。"

● 6·15 ─────────

孔子说："孟之反（鲁国大夫，名侧）不夸耀自己，军队往回逃奔，他却殿后掩护。将进城门，一面鞭打马匹，一面说：'不是我大胆殿后，是马匹不肯向前跑呵！'"

● 6·16 ─────────

孔子说："假使没有祝鮀（卫国大夫，字子鱼）那样的口才，却有宋朝（宋国的公子朝）那样的美丽，在当今社会之中，恐怕难以避免麻烦了。"

● 6·17 ─────────

孔子说："谁能走出房间却不经过房门？为什么没有人从这必经之道行走呢？"

● 6·18 ─────────

孔子说："朴实多于文采就显得粗野，文采多于朴实就显得虚浮。文采和朴实配合得当，这才是个君子。"

● 6·19 ─────────

孔子说："人在社会中生存，本该正直。不正直的人也能生存，那只是侥幸避免了祸害。"

● 6·20 ─────────

孔子说："〔对于任何事情〕懂得的人比不上爱好的人，爱好的人比不上以此为乐而不觉疲倦的人。"

● 6·21 ─────────

孔子说："中等水平以上的人，可以同他谈论高深道理；中等水平以下的人，不可以同他谈高深道理。"

● 6·22 ─────────

樊迟问怎样才是聪明。孔子说："致力于使百姓做事合情合理，严肃地对待鬼神，却不想接近而远离它，可以说是聪明了。"他又问怎样

问仁。曰："仁者先难而后获，可谓仁矣。"

◎ 6·23

子曰："知者乐水，仁者乐山。知者动，仁者静。知者乐，仁者寿。"

◎ 6·24

子曰："齐一变，至于鲁；鲁一变，至于道。"

◎ 6·25

子曰："觚（gū）不觚，觚哉？觚哉？"

◎ 6·26

宰我问曰："仁者，虽告之曰'井有仁焉'，其从之也？"子曰："何为其然也？君子，可逝也，不可陷也；可欺也，不可罔也。"

◎ 6·27

子曰："君子博学于文，约之以礼，亦可以弗畔矣夫！"

◎ 6·28

子见南子，子路不说。夫子矢之曰："予所否者，天厌之！天厌之！"

◎ 6·29

子曰："中庸之为德也，其至矣乎！民鲜久矣。"

◎ 6·30

子贡曰："如有博施于民而能济众，何如？可谓仁乎？"子

算是仁德。孔子说："有仁德的人对艰难的工作抢先干,对获利的事情却甘愿退居别人之后,这可算是仁德了。"

● 6·23 ─────────────────────────

孔子说："聪明的人喜爱水,仁德的人喜爱山。聪明的人活跃,仁德的人沉静。聪明的人快乐,仁德的人长寿。"

● 6·24 ─────────────────────────

孔子说："齐国政治教化一有变革,就达到鲁国的水平;鲁国一变革,就达到先王的大道了。"

● 6·25 ─────────────────────────

孔子说："觚不像个觚,这是觚么?这是觚么?"

● 6·26 ─────────────────────────

宰我问道："对仁德的人,就告诉他'井里掉下一位仁人',他会跟着下井吗?"孔子说："为什么要这么干呢?对君子,可以叫他远远走开不再回头,却不可以陷害他;可以欺骗他,却不可以愚弄他。"

● 6·27 ─────────────────────────

孔子说："君子广泛地学习文献,再用礼制约束自己,也就不至于离经叛道了。"

● 6·28 ─────────────────────────

孔子和卫灵公夫人南子(她把持国政,行为不正,名声不好)相见,子路不高兴。孔子发誓说："我若有不对的地方,天厌弃我吧!天厌弃我吧!"

● 6·29 ─────────────────────────

孔子说："中庸是道德中至高无上的了,大家已经长久缺乏了。"

● 6·30 ─────────────────────────

子贡说："假若有人,能够广泛地给人以好处,又能帮助众人过好生活,怎么样?可以说是仁德么?"孔子说："哪里只是有仁德!一

曰："何事于仁！必也圣乎！尧、舜其犹病诸！夫仁者，己欲立而立人，己欲达而达人。能近取譬，可谓仁之方也已。"

● 述而第七

此篇多记圣人谦己诲人之辞及其容貌行事之实。凡三十八章。

◎ 7·1

子曰："述而不作，信而好古，窃比于我老彭。"

◎ 7·2

子曰："默而识之，学而不厌，诲人不倦，何有于我哉？"

◎ 7·3

子曰："德之不修，学之不讲，闻义不能徙，不善不能改，是吾忧也。"

◎ 7·4

子之燕居，申申如也，夭夭如也。

◎ 7·5

子曰："甚矣吾衰也！久矣吾不复梦见周公。"

◎ 7·6

子曰："志于道，据于德，依于仁，游于艺。"

定达到圣德的境界了！尧和舜还办不到哩！仁是什么呢？自己要站得住脚，便要使他人也站得住脚；自己要行得通，便要使他人也行得通。能够从身边拿一件事作例子，推广开去，可以说是实行仁德的方法了。"

论语

● 7·1

　　孔子说："传述而不创作，相信并爱好古代文化，我私自和我那老彭（传说是殷商时的贤大夫）相比。"

● 7·2

　　孔子说："将所闻所见默默地记在心里，学习不厌弃，教人不疲倦，这些我做到了哪些呢？"

● 7·3

　　孔子说："不修养品德，不讲求学问，听到应该做的合理事情不能去干，自己的毛病不能改正，这些都是我的忧虑。"

● 7·4

　　孔子在家闲居，整齐清洁，和乐舒展。

● 7·5

　　孔子说："我衰老得多么厉害呀！好久没再梦到周公（姓姬，名旦，周武王之弟，为孔子最敬服的古圣人）了。"

● 7·6

　　孔子说："志向在'道'，根据在'德'，依靠在'仁'，游乐在礼、

子曰："自行束脩以上，吾未尝无诲焉。"

子曰："不愤不启，不悱不发。举一隅不以三隅反，则不复也。"

子食于有丧者之侧，未尝饱也。

子于是日哭，则不歌。

子谓颜渊曰："用之则行，舍之则藏，唯我与尔有是夫！"

子路曰："子行三军，则谁与？"子曰："暴虎冯河，死而无悔者，吾不与也。必也临事而惧，好谋而成者也。"

子曰："富而可求也，虽执鞭之士，吾亦为之。如不可求，从吾所好。"

子之所慎：齐，战，疾。

子在齐闻《韶》，三月不知肉味，曰："不图为乐之至于斯也！"

乐、射、御、书、数六艺之中。"

● 7·7 ——————————

孔子说:"只要送给我一点拜师薄礼,我从没有不教导的。"

● 7·8 ——————————

孔子说:"不到他想求明白而感到困难的时候不去启发他,不到他想说而又说不出来的时候不去开导他。告诉他一方,却不能推想而知道另外三方的,我就不再教他了。"

● 7·9 ——————————

孔子在死了亲属的人旁边吃饭,不曾吃饱过。

● 7·10 ——————————

孔子在这一天哭泣过,就不再唱歌。

● 7·11 ——————————

孔子对颜渊说:"用我呢,就干起来;不用呢,就收藏起来。只有我和你能这样吧!"

子路说:"您假若统帅军队,找谁同去?"孔子说:"赤手空拳和老虎搏斗,不坐船徒步过河,这样死了都不后悔的人,我是不跟他共事。我要共事的,一定是面对工作恐惧谨慎,讲究谋略而能成功的人。"

● 7·12 ——————————

孔子说:"财富如果可以求得,纵是拿着鞭子做市场的守门卒,我也去干。如果不可以求得,还是我干我喜欢的。"

● 7·13 ——————————

孔子所小心谨慎的是:斋戒,战争,疾病。

● 7·14 ——————————

孔子在齐国听到《韶》的乐章,很长时间尝不出肉的味道,便说:"想不到欣赏音乐竟到了这种境界!"

冉有曰："夫子为卫君*乎？"子贡曰："诺，吾将问之。"
入，曰："伯夷、叔齐何人也？"曰："古之贤人也。"曰："怨
乎？"曰："求仁而得仁，又何怨！"出，曰："夫子不为也。"

*卫君，卫出公蒯辄。他拒绝晋军护送他父亲进入卫国，等于父子争
国，和伯夷、叔齐的互相让国恰成对比。

子曰："饭疏食，饮水，曲肱而枕之，乐亦在其中矣。不义
而富且贵，于我如浮云。"

子曰："加我数年，五十以学《易》，可以无大过矣。"

子所雅言，《诗》、《书》、执礼，皆雅言也。

叶公问孔子于子路，子路不对。子曰："女奚不曰：'其为人
也，发愤忘食，乐以忘忧，不知老之将至云尔。'"

子曰："我非生而知之者，好古，敏以求之者也。"

子不语：怪、力、乱、神。

子曰："三人行，必有我师焉：择其善者而从之，其不善者

● 7·15

　　冉有说：“老师会帮助卫君吗？”子贡说：“好吧，我去探听探听。”子贡来到孔子住处，问道：“伯夷、叔齐是什么样的人？”孔子说：“是古代的贤人。”子贡说：“他们〔互相推让，抛弃君位，〕悔恨吗？”孔子说：“他们寻求仁德，就得到仁德，又悔恨什么呢？”子贡出来，对冉有说：“老师不会帮助卫君。”

● 7·16

　　孔子说：“吃糙米，喝冷水，弯着胳膊枕着脑袋，其中也自有乐趣。干不应该做的事从而做官发财，对我来说，好比是天空中浮来浮去的过眼云朵一般。”

● 7·17

　　孔子说：“让我再活几年，到五十岁时学习《易经》，便可以没有大错误了。”

● 7·18

　　孔子用普通话说话，那是在讲习《诗经》、《书经》和执行礼仪的时候，这些都用的普通话。

● 7·19

　　叶县县长〔沈诸梁〕向子路问到孔子，子路没有回答。孔子说：“你怎么不说：‘他的为人，用功忘记了吃饭，快乐以致忘记了忧愁，不晓得老境会要到来，如此罢了。’”

● 7·20

　　孔子说：“我不是生下来便有知识的人，而是喜爱古代文化，勤快地求得来的人。”

● 7·21

　　孔子不讲的是：怪异、强力、叛乱和鬼神。

● 7·22

　　孔子说：“几个人一道走路，其中一定有我的老师：我选择他们

而改之。”

子曰:“天生德于予,桓魋(tuí)*其如予何?”

*桓魋,宋国大官,孔子从曹国到宋国,桓魋企图在路上杀死孔子。

子曰:“二三子以我为隐乎?吾无隐乎尔。吾无行而不与二三子者,是丘也。”

子以四教:文、行、忠、信。

子曰:“圣人,吾不得而见之矣;得见君子者,斯可矣。”子曰:“善人,吾不得而见之矣;得见有恒者,斯可矣。亡而为有,虚而为盈,约而为泰,难乎有恒矣。”

子钓而不纲,弋不射宿。

子曰:“盖有不知而作之者,我无是也。多闻,择其善者而从之,多见而识之,知之次也。”

互乡难与言。童子见,门人惑。子曰:“与其进也,不与其退也,唯何甚?人洁己以进,与其洁也,不保其往也。”

中的长处，就跟着学习；对其中的缺点，就自己检查加以改正。

● 7·23 ————————————————

孔子说："上天赋予我这样的品德，桓魋将把我怎么样？"

● 7·24 ————————————————

孔子说："你们这些学生以为我对你们有所隐瞒吗？我没有任何隐瞒。我没有一丝言行不能向你们公开，这就我孔丘的为人。"

● 7·25 ————————————————

孔子用四样课程教诲学生：文献知识，社会实践，对人对事赤胆忠心，和别人往来诚实讲信用。

● 7·26 ————————————————

孔子说："圣人，我不能看到了；能看到君子，这就可以了。"又说："善良的人，我不能看到了；能看到有一定操守的人，这就可以了。没有却装成有，空虚却装成充足，贫乏却装成豪华，这样的人难以有操守了。"

● 7·27 ————————————————

孔子用竹竿钓鱼，不用大绳做网上的纲来横断水流拦鱼；用带生丝的箭射鸟，不射归巢歇宿的鸟。

● 7·28 ————————————————

孔子说："大概有一种人，并无所知，却凭空瞎说一气，我没有这种毛病。多多地听，选择其中好的跟着学，多多看，记在心里，这就是比生而知之的'上智'次一等的求知方法。"

● 7·29 ————————————————

互乡〔今地名不详〕这地方的人〔习俗不好，〕很难和他们说话。有个童子受到孔子接见，学生们有疑惑。孔子说："我赞成他的进步，不赞成他的退步，何必做得过火？别人干干净净地来，应该看他干净的一面，不要死盯住他过去的一面。"

子曰："仁远乎哉？我欲仁，斯仁至矣。"

陈司败问："昭公知礼乎？"孔子曰："知礼。"孔子退，揖巫马期而进之，曰："吾闻君子不党，君子亦党乎？君取于吴为同姓，谓之吴孟子。君而知礼，孰不知礼？"巫马期以告。子曰："丘也幸，苟有过，人必知之。"

子与人歌而善，必使反之，而后和之。

子曰："文，莫吾犹人也。躬行君子，则吾未之有得。"

子曰："若圣与仁，则吾岂敢？抑为之不厌，诲人不倦，则可谓云尔已矣。"公西华曰："正唯弟子不能学也。"

子疾病，子路请祷。子曰："有诸？"子路对曰："有之。《诔》曰：'祷尔于上下神祇。'"子曰："丘之祷久矣。"

子曰："奢则不孙，俭则固。与其不孙也，宁固。"

● 7·30

孔子说："仁德距离我远么？我要仁德，仁德就来了。"

● 7·31

陈司败（即陈国的司寇官）问："鲁昭公懂得礼法么？"孔子说："懂得礼法。"孔子退了出来，陈司败向巫马期（姓巫马，名施，字期，孔子弟子）作了个揖，请他朝自己走近，说："我听说君子不偏袒，孔子也偏袒吗？鲁昭公从吴国娶了一位夫人，吴国和鲁国同姓姬，〔不便叫'吴姬'，〕改叫吴孟子。鲁君若是懂得礼法，谁不懂得礼法呢？"巫马期把话告诉孔子。孔子说："我很幸运，如果有了错过，别人一定知道。"

● 7·32

孔子和别人一道歌唱，别人唱得好，一定请他再来一遍，然后跟着他再唱。

● 7·33

孔子说："文献知识，我大概同别人不相上下。在社会生活中亲自实践做一个君子，我还没有做到。"

● 7·34

孔子说："讲到圣和仁，我怎么敢当？不过是工作不厌烦，教诲别人不疲倦，可说是如此罢了。"公西华说："这正是学生们学不到的。"

● 7·35

孔子病重，子路请求祈祷。孔子说："有这回事么？"子路答道："有的。《诔》文说：'在天神地神前面为你祈祷吧！'"孔子曰："我早就祈祷过了。"

● 7·36

孔子说："奢侈就显得倨傲，节俭就显得寒伧。与其倨傲，宁可寒伧。"

子曰："君子坦荡荡，小人长戚戚。"

子温而厉，威而不猛，恭而安。

● 泰伯第八

凡二十一章。

子曰："泰伯*，其可谓至德也已矣。三以天下让，民无得而称焉。"

　*泰伯是周朝祖先古公亶父的长子，因让国与次弟仲雍出走，而遂其
　　父之愿。

子曰："恭而无礼则劳，慎而无礼则葸，勇而无礼则乱，直而无礼则绞。君子笃于亲，则民兴于仁；故旧不遗，则民不偷。"

曾子有疾，召门弟子曰："启予足！启予手！《诗》云：'战战兢兢，如临深渊，如履薄冰。'而今而后，吾知免夫！小子！"

● 7·37

孔子说:"君子心地平坦宽广,小人常常局促忧愁。"

● 7·38

孔子温和却严厉,有威仪却不凶狠,庄严而且安详。

● 8·1

孔子说:"泰伯,那可以说是道德至高无上的了。多次把王位让给小老弟,百姓看不到礼让的形迹,因而无法来称赞他。"

● 8·2

孔子说:"一味恭敬而不知礼法就会辛劳,一味谨慎而不顾礼法就会胆小怕事,一味勇敢而不懂礼法就会闯祸作乱,心直口快而不守礼法就会尖刻刺人。统治者对待亲族讲厚道,百姓就会趋向仁德;不遗忘各种老关系与老交情,百姓就不致对人淡薄无情。"

● 8·3

曾参病了,把学生们召集拢来,说:"看看我的脚!看看我的手!《诗经·小雅·小旻》上说:'战战兢兢,谨慎小心,好像面临深深的水坑,好像行走在薄冰之上。'从今以后,我知道自己能够免于祸害刑戮,得以善终了,学生们!"

曾子有疾,孟敬子问之。曾子言曰:"鸟之将死,其鸣也哀;人之将死,其言也善。君子所贵乎道者三:动容貌,斯远暴慢矣;正颜色,斯近信矣;出辞气,斯远鄙倍矣。笾豆之事,则有司存。"

曾子曰:"以能问于不能,以多问于寡;有若无,实若虚,犯而不校。昔者吾友尝从事于斯矣。"

曾子曰:"可以托六尺之孤,可以寄百里之命,临大节而不可夺也,君子人与? 君子人也。"

曾子曰:"士不可以不弘毅,任重而道远。仁以为己任,不亦重乎? 死而后已,不亦远乎?"

子曰:"兴于《诗》,立于礼,成于乐。"

子曰:"民可使由之,不可使知之。"

子曰:"好勇疾贫,乱也。人而不仁,疾之已甚,乱也。"

● 8·4

曾参病了，孟敬子（鲁国大夫，仲孙捷）去探问。曾参说："鸟要死时，鸣声是悲哀的；人要死时，说出的话是和善的。在上位的人应重视的仪容态度有三个方面：容貌庄严，这就不致招来粗暴和怠慢；面色端正，这就接近于诚信；措词得体，声调合宜，这就避免鄙陋和错误。至于礼仪中的具体小节，自有主管官吏去布置。"

● 8·5

曾子说："自己有才能却向没有什么才能的请教，知识丰富却向知识不多的请教；有十分本领却像一无所有，满肚子才华却像空无一物；别人触犯他，他不计较。从前我有一位朋友是这样做人的。"

● 8·6

曾子说："可以把幼小孤儿托付给他，可以把方圆百里的国家的命运委托给他，面临生死存亡的关头也不会动摇，这是君子一样的人吗？是君子一样的人呵！"

● 8·7

曾子说："读书人不可以不刚强而有毅力，因为他责任重大，道路遥远。以实行仁德为自己的责任，不也重大吗？到死才停下，不也遥远吗？"

● 8·8

孔子说："《诗经》使我富于联想力，礼法使我能立足于社会，音乐使我能完成学业。"

● 8·9

孔子说："百姓可以指点他们走哪条路，不可以告诉他们那是为什么。"

● 8·10

孔子说："喜爱逞英雄而厌恶贫困，这种人会作乱。有人不讲仁德，人们却厌恶他太甚，也会招致祸乱。"

子曰："如有周公之才之美,使骄且吝,其余不足观也已。"

子曰："三年学,不至于谷,不易得也。"

子曰："笃信好学,守死善道。危邦不入,乱邦不居。天下有道则见,无道则隐。邦有道,贫且贱焉,耻也。邦无道,富且贵焉,耻也。"

子曰："不在其位,不谋其政。"

子曰："师挚之始,《关雎》之乱,洋洋乎盈耳哉!"

子曰："狂而不直,侗而不愿,悾悾而不信,吾不知之矣。"

子曰："学如不及,犹恐失之。"

子曰："巍巍乎!舜、禹之有天下也,而不与焉。"

子曰："大哉尧之为君也,巍巍乎!唯天为大,唯尧则之。荡荡乎,民无能名焉。巍巍乎其有成功也!焕乎其有文章!"

孔子说："假如一个人，能有周公那样美好的才能，他若骄傲而且吝啬，其他方面也值不得一顾了。"

● 8·12

孔子说："学了几年，无意于做官得俸禄，这种人是难得的。"

● 8·13

孔子说："坚定地相信我们的思想观念，努力学习，誓死保卫，使它完善。危险的国家不去进入，混乱国家不去居住。天下清平，就出来做官；腐败黑暗，就隐居不出。国家兴盛，自己贫穷卑贱，这是耻辱。国家腐败黑暗，自己发财做官，也是耻辱。"

● 8·14

孔子说："不在那个职位上，就不考虑那方面的工作。"

● 8·15

孔子说："当太师挚（鲁国乐官）开始演奏的时候，当奏完《关雎》乐章的时候，悠扬的乐声充耳，真好听呀！"

● 8·16

孔子说："狂妄而又不直爽，幼稚而又不老实，无能而又不讲信用，这种人，我不知道会有什么下场。"

● 8·17

孔子说："做学问〔好似追赶什么，〕生怕追不上；〔追上了，〕又生怕丢失它。"

● 8·18

孔子说："舜和禹真是崇高呀！贵为天子，富有四海，却一点不图个人享受。"

● 8·19

孔子说："尧作为国君真伟大崇高呀！只有天最大，也只有尧能效法天。他的恩德广博无边，老百姓不知道怎样去赞美他。他的丰

舜有臣五人而天下治。武王曰："予有乱臣十人。"孔子曰："才难，不其然乎？唐、虞之际，于斯为盛。有妇人焉，九人而已。三分天下有其二，以服事殷。周之德，其可谓至德也已矣。"

子曰："禹，吾无间然矣。菲饮食，而致孝乎鬼神；恶衣服，而致美乎黻冕；卑宫室，而尽力乎沟洫。禹，吾无间然矣！"

● 子罕第九

凡三十一章。

子罕言利与命与仁。

达巷党人曰："大哉孔子！博学而无所成名。"子闻之，谓门弟子曰："吾何执？执御乎？执射乎？吾执御矣。"

子曰："麻冕，礼也；今也纯，俭。吾从众。拜下，礼也；今

功伟绩真崇高呀! 他的礼仪制度也太美好了!"

● 8·20

　　舜有五位贤良之臣, 便天下太平。周武王说:"我有十位治理国家之臣。"孔子说:"人才难得, 不是这样么? 唐尧、虞舜相交的时候, 在〔周武王〕这个时代, 人才最盛。那十人之中还有位妇女, 实际只有九人。周文王得了当时天下的三分之二, 仍然向商纣称臣。周朝的道德, 可以说是至高无上的了。"

● 8·21

　　孔子说:"禹, 我对他没有意见啦。他吃得很差, 却对鬼神祭祀很丰盛; 穿得很坏, 却把祭服做得很华美; 住得很简陋, 却倾全力于兴修沟渠水利。禹, 我对他没有意见啦!"

● 9·1

　　孔子很少讲到利益、命运和仁德。

● 9·2

　　达街的一个人说:"孔子真伟大! 学问广博, 可惜没有专长能够出名。"孔子听到, 便对学生说:"我专长于干什么呢? 驾车吗? 射箭吗? 我还是驾车好了。"

● 9·3

　　孔子说:"用麻织成礼帽, 是合于传统礼仪的; 今天改用黑色的丝, 省工, 我赞成大众的做法。臣子朝见君主, 先在堂下磕头, 这是

拜乎上，泰也。虽违众，吾从下。"

子绝四：毋意，毋必，毋固，毋我。

子畏于匡，曰："文王既没，文不在兹乎？天之将丧斯文也，后死者不得与于斯文也；天之未丧斯文也，匡人其如予何？"

太宰问于子贡曰："夫子圣者与？何其多能也？"子贡曰："固天纵之将圣，又多能也。"子闻之，曰："太宰知我乎？吾少也贱，故多能鄙事。君子多乎哉？不多也。"

牢曰："子云：'吾不试，故艺。'"

子曰："吾有知乎哉？无知也。有鄙夫问于我，空空如也，我叩其两端而竭焉。"

子曰："凤鸟不至，河不出图*，吾已矣夫！"
*凤凰传说是一种神鸟，黄河出现图画传说有圣人受命，孔子说到
这些，比喻当时天下清平无望。

子见齐衰者、冕衣裳者与瞽者，见之，虽少，必作；过之，

礼节;今天只在登堂以后磕头,是一种倨傲的表现。纵是违反大众,我还是要先在堂下磕头〔,然后升堂再磕头〕。"

● 9·4 ————————
孔子丝毫没有这四种毛病:不凭空揣测,不绝对肯定,不拘泥固执,不唯我独是。

● 9·5 ————————
孔子被匡地的民众所拘禁,便说:"周文王死了之后,所有文化遗产不都掌握在我这里吗?上天若要消灭这些文化,那我也不会掌握它了;上天若是不想绝灭这些文化,那匡人能把我怎么样呢?"

● 9·6 ————————
太宰(官名)问子贡说:"孔老夫子是圣人么?为什么这么多才多艺呢?"子贡说:"上天本来就使他成为圣人,又多才多艺。"孔子听到了,说:"太宰了解我吗?我小时候穷苦,所以学会许多鄙贱的技艺。真正的上层人物会有很多技巧么?不会有很多的。"

● 9·7 ————————
琴牢(字子开,孔子弟子)说:"孔子说过:'我不曾为国家所用,所以学得一些技艺。'"

● 9·8 ————————
孔子说:"我有知识么?没有哩。有一个庄稼汉问我,我一点也不知道。我就他的问题的始末一一盘问〔,才得到很多启发,然后尽量答复他〕。"

● 9·9 ————————
孔子说:"凤凰不飞来了,黄河也没图画出来了,我这一生也就完了吧!"

● 9·10 ————————
孔子遇见穿丧服的、戴礼帽穿礼服的和瞎了眼睛的,纵使他年

必趋*。

*这是古代同情和敬意的表示。

◎ 9·11

颜渊喟然叹曰："仰之弥高，钻之弥坚；瞻之在前，忽焉在后。夫子循循然善诱人，博我以文，约我以礼，欲罢不能。既竭吾才，如有所立卓尔。虽欲从之，末由也已。"

◎ 9·12

子疾病，子路使门人为臣。病间，曰："久矣哉，由之行诈也！无臣而为有臣。吾谁欺？欺天乎？且予与其死于臣之手也，无宁死于二三子之手乎！且予纵不得大葬，予死于道路乎？"

◎ 9·13

子贡曰："有美玉于斯，韫椟而藏诸？求善贾而沽诸？"子曰："沽之哉！沽之哉！我待贾者也。"

◎ 9·14

子欲居九夷。或曰："陋，如之何？"子曰："君子居之，何陋之有？"

◎ 9·15

子曰："吾自卫反鲁，然后乐正，《雅》、《颂》各得其所。"

◎ 9·16

子曰："出则事公卿，入则事父兄，丧事不敢不勉，不为酒

轻,也一定起立;经过他们身旁,一定快走几步。

● 9·11 ─────────────────────────

颜渊长长地感叹说:"〔老师之道〕抬头望去,越望越觉得高;钻研着,越钻越觉得坚固。看它在前面,忽而又在后头。老师有计划有步骤地善于诱导我们,用各种文献丰富我们的知识,又用礼法约制我们的思想和行为,我们想停止学习也不可能。我已经用尽了我全部的才能,似乎能够独立工作了。即使想要再迈进一步,又不晓得怎样着手了。"

● 9·12 ─────────────────────────

孔子病得厉害,子路叫同学们组织治丧处。过了一段时间,孔子的病渐渐痊愈,便说:"仲由干这种欺假勾当竟这么久了!我本不该有治丧处,竟组织治丧处。我欺哄谁?欺哄上天吗?而且我与其死在治丧者的手里,不如死在你们学生手里。我即使不能热热闹闹大办丧葬,我会死在路上吗?"

● 9·13 ─────────────────────────

子贡说:"这里有块美玉,是放在柜里收藏起来,还是寻找识货的人卖掉呢?"孔子说:"卖掉!卖掉!我在等识货的人哩。"

● 9·14 ─────────────────────────

孔子想到九夷去居住。有人说:"那里太简陋,怎么行?"孔子说:"君子居住在那儿,有什么简陋呢?"

● 9·15 ─────────────────────────

孔子说:"我从卫国回到鲁国,然后《诗》的乐章得到订正,《雅》归《雅》,《颂》归《颂》,各个篇章都安置在它应该在的地方。"

● 9·16 ─────────────────────────

孔子说:"出外就服事公卿,在家就服事长辈,遇到丧事不敢不

困,何有于我哉?"

子在川上,曰:"逝者如斯夫! 不舍昼夜。"

子曰:"吾未见好德如好色者也。"

子曰:"譬如为山,未成一篑,止,吾止也。譬如平地,虽覆一篑,进,吾往也。"

子曰:"语之而不惰者,其回也与!"

子谓颜渊,曰:"惜乎! 吾见其进也,未见其止也。"

子曰:"苗而不秀者有矣夫! 秀而不实者有矣夫!"

子曰:"后生可畏,焉知来者之不如今也? 四十、五十而无闻焉,斯亦不足畏也已。"

子曰:"法语之言,能无从乎? 改之为贵。巽与之言,能无说乎? 绎之为贵。说而不绎,从而不改,吾末如之何也已矣。"

尽礼仪,不被饮酒所困扰,这几项,我做到了哪些呢?"

● 9·17

孔子在河边,感叹道:"一去不回头的光阴就像这河水啊,日日夜夜不停地流去。"

● 9·18

孔子说:"我没有见过爱好美德像爱好美色一样的人。"

● 9·19

孔子说:"好比堆土成山,只差一筐土,便停止不堆了,那是我自己停止的。又好比在一块空地上,即使仅仅倒下一筐土,仍要继续前进,那也是我自己前进的。"

● 9·20

孔子说:"听我说话始终专心,丝毫不懈怠的,大概只颜回一个人吧!"

● 9·21

孔子讲到颜渊,说:"可惜死了呀!我只看见他进步,没有看见他停滞不前。"

● 9·22

孔子说:"庄稼生长起来而不吐穗开花,有过的吧!吐穗开花却不凝浆结实,有过的吧!"

● 9·23

孔子说:"年轻人是可敬畏的,怎能断定他们将来赶不上今天的人呢?一个人到四五十岁,还没有一点名声,这也值不得敬畏了。"

● 9·24

孔子说:"庄重、合理的话,能够不听从么?改正错误才可贵。顺从自己的话,能够不高兴吗?分析推究才可贵。一味高兴,不去分析推究;表面听从,实际不改,这样,我是没有办法对付他的了。"

子曰："主忠信。毋友不如己者。过则勿惮改。"*

*与《学而篇》1·8重复。

子曰："三军可夺帅也，匹夫不可夺志也。"

子曰："衣敝缊袍*，与衣狐貉者立，而不耻者，其由也与？'不忮不求，何用不臧？'"子路终身诵之。子曰："是道也，何足以臧？"

*古代没有木棉和草棉，只有丝绵。

子曰："岁寒，然后知松柏之后凋也。"

子曰："知者不惑，仁者不忧，勇者不惧。"

子曰："可与共学，未可与适道；可与适道，未可与立；可与立，未可与权。"

"唐棣之华，偏其反而。岂不尔思，室是远而。"*子曰："未之思也。夫何远之有？"

*这几句诗不见于今本《诗经》，宋时即已亡失。

● 9·25 ——————————————————————————

孔子说："应以忠心和信实这两种品德为主。不要跟不如自己的人交朋友。有了过错，就不要怕改正。"

● 9·26 ——————————————————————————

孔子说："一国的军队虽多，可以夺去它的主帅；一个普通男子汉，却不能强迫他改变志向。"

● 9·27 ——————————————————————————

孔子说："穿着破旧丝绵袍，和穿狐貉裘的人一块站着，不觉得惭愧的，那只有仲由吧！《诗经·邶风·雄雉》上说，'不嫉妒，不贪求，为什么不会好？'"子路听了，老念着这两句诗。孔子说："仅仅这个样子，又怎么能好得起来？"

● 9·28 ——————————————————————————

孔子说："天气严寒了，然后才知道松柏树是最后凋谢的。"

● 9·29 ——————————————————————————

孔子说："聪明的人不致迷惑，仁德的人无所忧愁，勇敢的人无所畏惧。"

● 9·30 ——————————————————————————

孔子说："可以和他一同学习，未必可以和他一同取得某种成就；可以和他取得某种成就，未必可以和他事事依礼而行；可以和他事事依礼而行，未必可以和他一道衡量事理的轻重，临危应变。"

● 9·31 ——————————————————————————

"唐棣的花儿，摇摆翩翩。难道我不思念你，实在相距太遥远。"孔子说："你是不去思念，真的思念，有什么遥远呢？"

● 乡党第十

旧说凡一章，今分二十七节。

◎ 10·1

孔子于乡党，恂恂如也，似不能言者。其在宗庙朝廷，便便言，唯谨尔。

◎ 10·2

朝，与下大夫言，侃侃如也；与上大夫言，誾誾如也。君在，踧踖如也，与与如也。

◎ 10·3

君召使摈，色勃如也，足躩如也。揖所与立，左右手，衣前后，襜如也。趋进，翼如也。宾退，必复命曰："宾不顾矣。"

◎ 10·4

入公门，鞠躬如也，如不容。立不中门，行不履阈。过位，色勃如也，足躩如也，其言似不足者。摄齐升堂，鞠躬如也，屏气似不息者。出，降一等，逞颜色，怡怡如也。没阶，趋，翼如也。复其位，踧踖如也。

◎ 10·5

执圭，鞠躬如也，如不胜。上如揖，下如授。勃如战色，足

● 10·1

孔子在家乡, 非常恭顺, 好像不大会说话的样子。在宗庙里或朝廷上, 便明白而流畅地说话, 只是说得很少。

● 10·2

上朝廷, 〔君主还没临朝,〕和下大夫说话, 显出温和而快乐的样子; 和上大夫说话, 显出正直而恭敬的样子。君主临朝, 显出恭敬而心中不安的样子, 行步安详的样子。

● 10·3

国君召孔子去接待外国贵宾, 他面色矜持庄重, 步履也快。向两边的人作揖, 或者向左拱手, 或者向右拱手, 衣服一俯一仰, 都很整齐。快步向前, 如同鸟儿舒展了翅膀。贵宾辞别以后, 一定回来向国君报告说: "贵宾不再回头了。"

● 10·4

孔子走进朝廷的门, 弯腰显出害怕而小心的样子, 如同没有容身之地。不站立在门中间, 行走不踩门槛。经过国君的空席位, 面色矜持庄重, 脚步也快, 说话好像中气不足似的。提起下裳登上殿堂, 弯腰显出恭敬而谨慎的样子, 憋住气, 好像不呼吸似的。走出来, 下一级台阶, 面色便轻松了, 显出怡然自得的样子。走完台阶, 快步向前, 如同鸟儿舒展了翅膀。回到自己席位, 显出恭敬而不安的样子。

● 10·5

〔孔子出使, 会见邻国君主,〕拿着圭, 弯腰显出恭敬谨慎的样子, 好像举不起来。向上举, 好像作揖; 向下举, 好像交给别人; 面色

踧踖如有循。享礼，有容色。私觌，愉愉如也。

君子不以绀緅饰，红紫不以为亵服。当暑，袗绤绤，必表而出之。缁衣羔裘，素衣麑裘，黄衣狐裘。亵裘长。短右袂。必有寝衣，长一身有半。狐貉之厚以居。去丧，无所不佩。非帷裳，必杀之。羔裘玄冠不以吊。吉月，必朝服而朝。

齐，必有明衣，布。齐，必变食，居必迁坐。

食不厌精，脍不厌细。食饐而餲，鱼馁而肉败，不食。色恶，不食。臭恶，不食。失饪，不食。不时，不食。割不正，不食。不得其酱，不食。肉虽多，不使胜食气。惟酒无量，不及乱。沽酒市脯，不食。不撤姜食，不多食。

祭于公，不宿肉。祭肉不出三日。出三日，不食之矣。

矜庄,好像在作战;脚步紧凑细小,好像过独木桥似的。献礼物的时候,满脸和气。以私人身份会见外国君主,显得轻松愉快。

君子不用天青色和铁灰色的料子作镶边,浅红色和紫色的料子不用来做居家常穿的衣服。大热天,穿粗葛布或者细葛布的单衣,但贴身一定有衬衣,葛布衣一定在外层。黑色的衣配紫羔,白色的配麑裘,黄色的配狐裘〔,因为颜色相近〕。居家的皮袄身材较长,右边袖子短些〔,做事方便〕。睡觉一定有小被,长度是本人身长的一又二分之一。用狐、貉的厚毛做坐垫。丧服期满了以后,什么都可以佩带。不是朝服和祭服,用整幅布做的裙子,一定裁去剩余的材料。紫羔和黑色礼帽,都不穿戴着去吊丧。大年初一,一定穿着上朝的礼服去朝贺。

斋戒沐浴的时候,一定有洁净的浴衣,用麻葛布制成的。一定改变平常的饮食〔,不喝酒,不吃葱、韭、蒜等有气味的食物〕。居住也一定搬迁,独自睡一间房〔,不与妻妾同室〕。

饭食不嫌舂得精白,鱼肉不嫌切得细。饭食霉烂发臭,鱼肉腐败,都不吃。食品颜色难看,不吃。气味难闻,不吃。烹调不当,不吃。不到该吃的时候,不吃。不按规定砍割的肉,不吃。没有一定的酱醋调味,不吃。席上的肉即使多,但吃它不超过主食。只有酒不定量,但不至于醉。买来的酒和肉干不吃。吃完了,姜不撤除,可吃得不多。

参加国家祭礼,分到的祭肉不留到第二天。别的祭肉留存不超过三天。过了三天,便不吃它了。

10·10

食不语，寝不言。

10·11

虽疏食菜羹，瓜祭，必齐如也。

10·12

席不正，不坐。

10·13

乡人饮酒，杖者出，斯出矣。

10·14

乡人傩，朝服而立于阼阶。

10·15

问人于他邦，再拜而送之。

10·16

康子馈药，拜而受之，曰："丘未达，不敢尝。"

10·17

厩焚。子退朝，曰"伤人乎"，不问马。

10·18

君赐食，必正席先尝之。君赐腥，必熟而荐之。君赐生，必畜之。侍食于君，君祭，先饭。

10·19

疾，君视之，东首，加朝服，拖绅。

10·20

君命召，不俟驾行矣。

● 10·10

吃饭的时候不谈讲, 睡觉的时候不说话。

● 10·11

即使是吃糙米饭、小菜汤, 也一定要先祭祀最初发明饮食的先贤, 祭时恭恭敬敬, 好像曾经斋戒过似的。

● 10·12

坐席摆得不正, 不坐。

● 10·13

举行乡饮酒礼后, 等老年人都散了, 自己这才走出去。

● 10·14

本地人迎神驱鬼, 穿着朝服站在东边台阶上。

● 10·15

托人向外国人问好送礼, 便向受托的人拜两拜以送行。

● 10·16

季康子送药给孔子, 孔子作揖行礼地接受了, 却说:"我对这药性不很了解, 不敢试吃。"

● 10·17

马棚失火。孔子退朝回来, 问"伤人没有", 没问到马。

● 10·18

国君赐予食品, 一定端端正正坐着先尝一尝。赐予生肉一定煮熟, 先向祖宗进奉。赐予活物, 一定畜养着。国君召去陪侍吃饭, 当国君祭最初发明饮食的先贤时, 孔子自己先吃饭〔, 不吃菜〕。

● 10·19

孔子病了, 国君来探问, 他头朝东, 把上朝的礼服加在身上, 拖着大带。

● 10·20

国君召唤, 不等车马驾好, 自己先步行去。

入太庙，每事问。*

*与《八佾篇》3·15重复。

朋友死，无所归，曰："于我殡。"

朋友之馈，虽车马，非祭肉，不拜。

寝不尸，居不客。

见齐衰者，虽狎，必变。见冕者与瞽者，虽亵，必以貌。凶服者，式之。式负版者。有盛馔，必变色而作。迅雷风烈，必变。

升车，必正立执绥。车中，不内顾，不疾言，不亲指。

色斯举矣，翔而后集。曰："山梁雌雉，时哉！时哉！"子路共之，三嗅而作。

● 10·21 ────────────

孔子到了周公庙,遇到任何事情,每件都要请问。

● 10·22 ────────────

朋友死亡,没人料理,孔子便说:"由我来料理一切。"

● 10·23 ────────────

朋友的馈赠,即使是车辆马匹,只要不是祭肉,也不拱手弯腰受礼。

● 10·24 ────────────

孔子睡觉时,不仰天直躺,像死尸一般。平日坐时,不跪在席上,臀部蹲在脚后跟上,像做客人一般。

● 10·25 ────────────

遇见穿齐衰孝服的人,就是极熟的,也一定改变态度〔以示同情〕。看见戴礼帽的和瞎子,就是常在一起的,也一定有礼貌。在车中遇着拿了送死者衣物的人,便靠车前横木作礼。遇见拿国家图籍的人,也手伏车前横木示礼。有丰盛的饮食,一定神色改变,先站起来。遇见迅雷或者大风,一定改变神态。

● 10·26 ────────────

上车,一定端正地站着,抓着车旁扶手带登车。在车中,不向车内回头看,不很快地说话,不用手指指画画。

● 10·27 ────────────

孔子〔在山上行走,见野鸡,〕面色一动,一群母野鸡飞旋了几圈,又集在一起。孔子说:"山脊上的母野鸡,得其时呀!得其时呀!"子路向它们拱拱手,它们又拍拍翅膀飞去了。

● 先进第十一

凡二十六章。

◎ 11·1

子曰："先进于礼乐，野人也；后进于礼乐，君子也。如用之，则吾从先进。"

◎ 11·2

子曰："从我于陈、蔡者，皆不及门也。"

◎ 11·3

德行：颜渊、闵子骞、冉伯牛、仲弓。言语：宰我、子贡。政事：冉有、季路。文学：子游、子夏。

◎ 11·4

子曰："回也非助我者也，于吾言无所不说。"

◎ 11·5

子曰："孝哉闵子骞！人不间于其父母昆弟之言。"

◎ 11·6

南容三复"白圭"*，孔子以其兄之子妻之。

*诗云："白圭之玷，尚可磨也；斯言之玷，不可为也！"意思是：白玉上面有污点，还可琢磨除干净；开口说话出毛病，要想去掉也不成！

◎ 11·7

季康子问："弟子孰为好学？"孔子对曰："有颜回者好

● 11·1

孔子说:"先学习礼乐然后做官的,是一般读书人;先做官而后学习礼乐的,是卿大夫世家子弟。如果选用人才,我就选用先学习的。"

● 11·2

孔子说:"跟随我在陈、蔡两国之间忍饥受饿的,都不在我这里了。"

● 11·3

孔子的学生讲究德行的是:颜渊、闵子骞、冉伯牛、仲弓。能言善辩的是:宰我、子贡。能办理政事的是:冉有、子路。文献知识丰富的是:子游、子夏。

● 11·4

孔子说:"颜回不是对我有帮助的人,他对我所说的,没有不喜爱的。"

● 11·5

孔子说:"闵子骞真是孝顺呀!对他父母兄弟夸奖他的话,别人从来没有过不同意见。"

● 11·6

南容多次诵读《诗经·大雅·抑》中"白圭"这几句诗,孔子把哥哥的女儿嫁给他。

● 11·7

季康子问:"您学生中哪一位爱好学习?"孔子答道:"有个叫

学，不幸短命死矣！今也则亡。"

颜渊死，颜路请子之车以为之椁。子曰："才不才，亦各言其子也。鲤也死，有棺而无椁。吾不徒行以为之椁。以吾从大夫之后，不可徒行也。"

颜渊死。子曰："噫！天丧予！天丧予！"

颜渊死，子哭之恸。从者曰："子恸矣。"曰："有恸乎？非夫人之为恸而谁为？"

颜渊死，门人欲厚葬之。子曰："不可。"门人厚葬之。子曰："回也视予犹父也，予不得视犹子也。非我也，夫二三子也。"

季路问事鬼神。子曰："未能事人，焉能事鬼？""敢问死。"曰："未知生，焉知死？"

闵子侍侧，訚訚如也；子路，行行如也；冉有、子贡，侃侃如也。子乐。"若由也，不得其死然。"

鲁人为长府。闵子骞曰："仍旧贯，如之何？何必改作？"子曰："夫人不言，言必有中。"

颜回的, 爱好学习, 不幸短命死了。现在就再没有了。"

● 11·8 ————————————————————————

颜渊死了, 他的父亲颜路请求孔子卖掉车辆替儿子做外椁。孔子说: "不管有没有才能, 也都是各人自己的儿子。我的儿子鲤死了, 只有内棺, 没有外椁。我不能卖掉车辆步行来替他做外椁。因为我也曾做过大夫, 是不可以步行的。"

● 11·9 ————————————————————————

颜渊死了, 孔子说: "唉! 上天要我的命呀! 上天要我的命呀!"

● 11·10 ————————————————————————

颜渊死了, 孔子哭得太伤心。跟随孔子的人说: "您太伤心了!"孔子说: "真太伤心了么? 我不为这种人伤心, 还为谁来伤心呢?"

● 11·11 ————————————————————————

颜渊死了, 孔子的学生要丰厚地埋葬他。孔子说: "不可以。"学生们仍然丰厚地埋葬了他。孔子说: "颜回呀! 你把我看成父亲一样, 我却不能把你看待成儿子。这不是我的主张, 是你的同学们这么办的呀!"

● 11·12 ————————————————————————

子路问怎样服事鬼神。孔子说: "活人还不能服事, 怎么能服事死人呢?"子路又说: "我大胆问死是怎么回事?"孔子说: "生的道理还没弄清楚, 怎么能够懂得死呢?"

● 11·13 ————————————————————————

闵子骞站在孔子身旁, 一副恭敬而正直的样子; 子路是很刚强的样子; 冉有、子贡是温和而快乐的样子。孔子高兴, 但又说: "像仲由(即子路)吧, 怕得不到好死。"

● 11·14 ————————————————————————

鲁国翻修叫长府的金库。闵子骞说: "继续照老样子, 怎么样? 为什么一定要翻修?"孔子说: "这个人不大说话, 一开口便说

子曰：“由之瑟，奚为于丘之门？”门人不敬子路。子曰：“由也，升堂矣，未入于室也。”

子贡问：“师与商也孰贤？”子曰：“师也过，商也不及。”曰：“然则师愈与？”子曰：“过犹不及。”

季氏富于周公，而求也为之聚敛而附益之。子曰：“非吾徒也。小子鸣鼓而攻之可也！”

柴也愚，参也鲁，师也辟，由也喭。

子曰：“回也其庶乎！屡空。赐不受命，而货殖焉，亿则屡中。”

子张问善人之道。子曰：“不践迹，亦不入于室。”

子曰：“论笃是与，君子者乎？色庄者乎？”

子路问：“闻斯行诸？”子曰：“有父兄在，如之何其闻斯行之？”

得对。"

● 11·15

孔子说："仲由的瑟,为什么在我这里弹奏?"孔子其他学生因此瞧不起子路。孔子说："仲由么,学问已经不错了,只是不够精深罢了。"

● 11·16

子贡问孔子："颛孙师（子张）和卜商（子夏）哪一位强些?"孔子说："颛孙师哩,有些过分;卜商哩,有些赶不上。"子贡说："那么,颛孙师强一点?"孔子说："过分和赶不上同样不好。"

● 11·17

季氏比周公还富足,冉求又替他搜刮,增加了更多财富。孔子说："冉求不是我们的人。你们学生可以大张旗鼓地讨伐他。"

● 11·18

高柴（字子羔,孔子弟子）愚笨,曾参迟钝,颛孙师偏激,仲由鲁莽。

● 11·19

孔子说："颜回学问品德差不多了吧,却经常穷得没有办法。端木赐不安本分,去囤积居奇,猜测行情,竟每每猜中了。"

● 11·20

子张问怎么做个善人。孔子说："不踩着前人的脚印走,道德学问可也难以长进到家。"

● 11·21

孔子说："言论笃实的人常被推许,可这种人是真正的君子呢?还是神情上伪装庄重的人呢?"

● 11·22

子路问："听到了就干起来么?"孔子说："有父亲兄长活着,怎么能听到就干起来?"

冉有问："闻斯行诸？"子曰："闻斯行之。"

公西华曰："由也问'闻斯行诸'，子曰'有父兄在'；求也问'闻斯行诸'，子曰'闻斯行之'。赤也惑，敢问。"子曰："求也退，故进之；由也兼人，故退之。"

◎ 11·23

子畏于匡，颜渊后。子曰："吾以女为死矣。"曰："子在，回何敢死？"

◎ 11·24

季子然问："仲由、冉求可谓大臣与？"子曰："吾以子为异之问，曾由与求之问！所谓大臣者，以道事君，不可则止。今由与求也，可谓具臣矣。"曰："然则从之者与？"子曰："弑父与君，亦不从也。"

◎ 11·25

子路使子羔为费宰。子曰："贼夫人之子。"子路曰："有民人焉，有社稷焉。何必读书，然后为学？"子曰："是故恶夫佞者。"

◎ 11·26

子路、曾晳、冉有、公西华侍坐。子曰："以吾一日长乎尔，毋吾以也。居则曰：'不吾知也！'如或知尔，则何以哉？"子路率尔而对曰："千乘之国，摄乎大国之间，加之以师旅，因之以饥馑，由也为之，比及三年，可使有勇，且知方也。"夫子哂之。
"求！尔何如？"对曰："方六七十，如五六十，求也为之，比及

冉有问："听到就干起来么?"孔子说："听到就干起来。"

公西华说："仲由问听到就干起来么,您说'有父亲兄长活着';冉求(即冉有)问听到就干起来么,您说'听到就干起来'。我感到疑惑,大胆来请教这是为什么。"孔子说："冉求平日做事退缩,所以给他壮壮胆;仲由胆量比常人大过一倍,所以我要压压他。"

● 11·23 ─────────────────────────

孔子在匡地被拘禁,颜渊最后才来。孔子说："我以为你死了哩。"颜渊说："您还活着,我怎么敢死?"

● 11·24 ─────────────────────────

季子然(季氏的同族)问："仲由、冉求可以说是大臣么?"孔子说："我以为你是问别人,竟是问仲由和冉求呀!我们所说的大臣,应该用合于圣贤之道来服事国君,行不通,就不干。现在仲由和冉求可以说是具有一定才能的臣子了。"季子然又说："那么,他们什么都听从上级的么?"孔子说："杀父亲,杀国君的事,他们也是不会听从的。"

● 11·25 ─────────────────────────

子路派子羔去做费县县长〔而他尚幼,学业未成〕。孔子说："这是害了别人的儿子(指子羔)。"子路说："那地方有百姓,有土地和五谷,为什么一定要读书才叫做学习呢?"孔子说："所以我讨厌尖嘴利舌的人。"

● 11·26 ─────────────────────────

子路、曾皙、冉有、公西华陪着孔子坐着。孔子说："因为我比你们年长一些,〔老了,〕没人用我了。平常你们总说:'不了解我呀!'假若有人了解你们,那你们怎么办呢?"子路不加思索地回答说："兵车千辆的国家,在大国之间受逼迫,外面有别国军队进犯,国内又遭饥荒,我去治理,等到三年光景,可以使人人有勇气,而且懂得道义。"孔子微微一笑。又问:"冉求,你怎么样?"冉求答道:

三年，可使足民。如其礼乐，以俟君子。”“赤！尔何如？”对曰：“非曰能之，愿学焉：宗庙之事，如会同，端章甫，愿为小相焉。”“点！尔何如？”鼓瑟希，铿尔，舍瑟而作，对曰：“异乎三子者之撰。”子曰：“何伤乎？亦各言其志也。”曰：“莫春者，春服既成。冠者五六人，童子六七人，浴乎沂，风乎舞雩，咏而归。”夫子喟然叹曰：“吾与点也！”三子者出，曾皙后。曾皙曰：“夫三子者之言何如？”子曰：“亦各言其志也已矣。”曰：“夫子何哂由也？”曰：“为国以礼，其言不让，是故哂之。”“唯求则非邦也与？”“安见方六七十如五六十而非邦也者？”“唯赤则非邦也与？”“宗庙会同，非诸侯而何？赤也为之小，孰能为之大？”

● 颜渊第十二

凡二十四章。

◎ 12·1

颜渊问仁。子曰：“克己复礼为仁。一日克己复礼，天下归

"国土纵横各六七十里或五六十里的小国,我去治理,等到三年光景,可以使人人富足。至于礼乐教化,那只有等待贤良的君子了。"孔子又问:"公西赤(即公西华),你怎么样?"公西赤答道:"不是说我很有本领了,但愿意这样学习:参与祭祀或者同外国结盟订约,我穿着礼服,戴着礼帽,做一个小司仪者。"孔子又问:"曾点(名皙)你怎么样?"曾皙弹瑟已近尾声,"铿"的一声把瑟放下,站了起来,回答说:"我的志向和他们三位所说不一样。"孔子说:"那有什么关系呢?只是各人说各人的志向罢了。"曾皙便说:"暮春三月,春天衣服穿完了,陪同五六位成年人,六七个小孩在沂水边洗洗澡,在舞雩(yú)台上吹吹风,一路唱着诗歌走了回来。"孔子长叹一声说:"我赞同曾点的想法啊!"子路、冉有、公西华三人退了出去,曾皙走在最后。他说:"那三位的话怎么样?"孔子说:"也不过是各人说说自己的志向罢了。"曾皙又问:"那您为什么对仲由微笑呢?"孔子说:"治理国家要讲点礼让,他的话一点也不谦逊,所以笑笑他。""难道冉求所讲的不是国家吗?"孔子说:"怎见得纵横各六七十里或五六十里的土地,就不是一个国家呢?""公西赤所讲的就不是一个国家吗?"孔子说:"有宗庙的祭祀和结盟订约的,不是国家是什么?公西赤如果只能做个小司仪者,谁能够做大司仪者呢?"

● 12·1

颜渊问怎样实行仁德。孔子说:"克制自己,使言语行动都合乎

仁焉。为仁由己，而由人乎哉？"颜渊曰："请问其目。"子曰：
"非礼勿视，非礼勿听，非礼勿言，非礼勿动。"颜渊曰："回
虽不敏，请事斯语矣。"

◎ 12·2

仲弓问仁。子曰："出门如见大宾，使民如承大祭。己所不
欲，勿施于人。在邦无怨，在家无怨。"仲弓曰："雍虽不敏，请
事斯语矣。"

◎ 12·3

司马牛问仁。子曰："仁者其言也讱。"曰："其言也讱，斯
谓之仁已乎？"子曰："为之难，言之得无讱乎？"

◎ 12·4

司马牛问君子。子曰："君子不忧不惧。"曰："不忧不惧，
斯谓之君子已乎？"子曰："内省不疚，夫何忧何惧？"

◎ 12·5

司马牛忧曰："人皆有兄弟，我独亡。"子夏曰："商闻之
矣：死生有命，富贵在天。君子敬而无失，与人恭而有礼，四海
之内，皆兄弟也。君子何患乎无兄弟也？"

◎ 12·6

子张问明。子曰："浸润之谮，肤受之诉，不行焉，可谓明
也已矣。浸润之谮，肤受之诉，不行焉，可谓远也已矣。"

礼，就是仁德。一旦这样做到了，天下人都会称许你是个仁德的人。实行仁德完全靠自己，还靠别人吗？"颜渊说："请问具体条目。"孔子说："不合乎礼的不看，不合乎礼的不听，不合乎礼的不说，不合乎礼的不干。"颜渊说："我虽然不聪敏，也要实行您这话了。"

● 12·2

仲弓问怎样实行仁德。孔子说："出外工作好像接待高贵的宾客，役使百姓好像承当大祭典。自己所不喜欢的，不强加给别人。在工作职位上无所怨恨，不在职位上也无所怨恨。"仲弓说："我虽然不聪敏，也要实行您这话了。"

● 12·3

司马牛（孔子弟子）问怎样实行仁德。孔子说："仁德的人说话迟钝。"司马牛说："说话迟钝，这就叫做仁了么？"孔子说："做起来很难，说起来能不迟钝么？"

● 12·4

司马牛问怎样做个君子。孔子说："君子不忧愁，不害怕。"司马牛说："不忧愁，不害怕，这就叫做君子了么？"孔子说："内心反省自己毫无愧疚，有什么可忧愁可害怕的呢？"

● 12·5

司马牛忧愁地说："人家都有兄弟，独独我没有。"子夏说："我听说过：'死生听于命运，富贵由天安排。'君子工作严肃认真，不出差错；和人交往态度恭顺而合乎礼节，普天之下，到处都是兄弟。君子何必担忧没有兄弟呢？"

● 12·6

子张问怎样才能见事明白。孔子说："点滴而来、日积月累的谗言和肌肤所受、切身之痛的诬告，在你这里行不通，可以说是见事明白了。点滴而来、日积月累的谗言和肌肤所受、切身之痛的诬告，在你这里行不通，可以说是把事情看得深远了。"

子贡问政。子曰："足食，足兵，民信之矣。"子贡曰："必不得已而去，于斯三者何先？"曰："去兵。"子贡曰："必不得已而去，于斯二者何先？"曰："去食。自古皆有死，民无信不立。"

棘子成曰："君子质而已矣，何以文为？"子贡曰："惜乎，夫子之说君子也。驷不及舌。文犹质也，质犹文也。虎豹之鞹犹犬羊之鞹。"

哀公问于有若曰："年饥，用不足，如之何？"有若对曰："盍彻乎？"曰："二，吾犹不足，如之何其彻也？"对曰："百姓足，君孰与不足？百姓不足，君孰与足？"

子张问崇德、辨惑。子曰："主忠信，徙义，崇德也。爱之欲其生，恶之欲其死。既欲其生，又欲其死，是惑也。'诚不以富，亦只以异。'"

齐景公问政于孔子。孔子对曰："君君，臣臣，父父，子子。"公曰："善哉！信如君不君，臣不臣，父不父，子不子，虽有粟，吾得而食诸？"

● 12·7

子贡问怎样治理国家。孔子说："粮食充足，军备充足，民众对政府便信赖了。"子贡说："如果迫不得已在粮食、军备、民众信赖三项之中要去掉一项，先去掉哪一项呢？"孔子说："不要军备。"子贡说："如果迫不得已在粮食和人民信赖两者之中要去掉一项，去掉哪一项呢？"孔子说："不要粮食。自古以来，谁都免不了一死，失去人民的信赖，政府便站不住脚了。"

● 12·8

棘子成（卫国大夫）说："君子只要本质好便行了，要什么文采呢？"子贡说："先生这样谈论君子，可惜说错了。一言既出，驷马难追。文采如同本质，本质也如同文采〔，二者同样重要〕。把虎豹和狗羊身上有文采的毛都拔去，它们的皮革就看不出区别而都一样。"

● 12·9

鲁哀公问有若（孔子弟子）说："年成歉收，国家费用不够，怎么办？"有若答道："何不实行十分抽一的税率呢？"鲁哀公说："十分抽二我都不够，怎么能十分抽一呢？"有若答道："如果百姓费用够，您怎么会不够？如果百姓费用不够，您怎么会够？"

● 12·10

子张问怎么样提高品德，辨别疑惑。孔子说："以忠诚信实为主，凡事按情理去干，这就能提高品德。喜爱一个人，希望他长命百岁；厌恶一个人，便恨不得他立刻死去。既要他长命，又要他死去，这便是迷惑。'这样，对自己毫无好处，只是使人家奇怪罢了。'"

● 12·11

齐景公问孔子怎样治理国家。孔子答道："国君要像个国君，臣子要像个臣子，父亲要像个父亲，儿子要像个儿子。"齐景公说："好呀！假若国君真不像个国君，臣子真不像个臣子，父亲真不像个父亲，儿子真不像个儿子。即便有粮食，我能够吃得着么？"

子曰:"片言可以折狱者,其由也与?"子路无宿诺。

子曰:"听讼,吾犹人也。必也使无讼乎!"

子张问政。子曰:"居之无倦,行之以忠。"

子曰:"博学于文,约之以礼,亦可以弗畔矣夫!"*

*与《雍也篇》6·27重复。

子曰:"君子成人之美,不成人之恶。小人反是。"

季康子问政于孔子。孔子对曰:"政者,正也。子帅以正,孰敢之正?"

季康子患盗,问于孔子。孔子对曰:"苟子之不欲,虽赏之不窃。"

季康子问政于孔子,曰:"如杀无道,以就有道,何如?"孔子对曰:"子为政,焉用杀?子欲善,而民善矣。君子之德风,小人之德草,草上之风,必偃。"

● 12·12

孔子说:"根据单方面的话,就可以判决诉讼案件的,恐怕只有仲由吧!"子路从不拖延履行诺言。

● 12·13

孔子说:"审理官司,我和别人差不多。但一定要使打官司的案件没有才好。"

● 12·14

子张问怎么做官。孔子说:"在职位上,不疲沓偷懒;办起公事忠实尽力。"

● 12·15

孔子说:"君子广泛地学习文献,再用礼节来约束,也就可以不至于离经叛道了。"

● 12·16

孔子说:"君子成全别人的好事,不成全别人的坏事。小人和这相反。"

● 12·17

季康子向孔子问什么是政治。孔子说:"政治的意思是端正。您带头端正行为,谁敢不端正呢?"

● 12·18

季康子苦于盗贼太多,向孔子求教。孔子说:"如果您不贪图财货,就是奖赏他们,他们也不会去偷抢。"

● 12·19

季康子向孔子求教怎样治理国家,说:"假若杀掉坏人来亲近好人,怎么样?"孔子答道:"您治理国家哪里一定用得着杀人?您想搞好,百姓自然会好。领导者的德行好比是风,老百姓的德行好比是草,风向哪边吹,草必定向哪边倒。"

子张问："士何如，斯可谓之达矣？"子曰："何哉，尔所谓达者？"子张对曰："在邦必闻，在家必闻。"子曰："是闻也，非达也。夫达也者，质直而好义，察言而观色，虑以下人。在邦必达，在家必达。夫闻也者，色取仁而行违，居之不疑。在邦必闻，在家必闻。"

樊迟从游于舞雩之下，曰："敢问崇德、修慝、辨惑。"子曰："善哉问！先事后得，非崇德与？攻其恶，无攻人之恶，非修慝与？一朝之忿，忘其身以及其亲，非惑与？"

樊迟问仁。子曰："爱人。"问知。子曰："知人。"樊迟未达。子曰："举直错诸枉，能使枉者直。"樊迟退，见子夏，曰："乡也吾见于夫子而问'知'，子曰：'举直错诸枉，能使枉者直。'何谓也？"子夏曰："富哉言乎！舜有天下，选于众，举皋陶，不仁者远矣。汤有天下，选于众，举伊尹，不仁者远矣。"

● 12·20 ────────────────

　　子张问："读书人怎样做才能叫通达？"孔子说："你所说的通达是什么意思？"子张说："居国家的官位上一定有名望，做大夫的家臣时一定有名望。"孔子说："这是名望，不是通达。怎么才能叫通达呢？品质正直，遇事做得合情理，善于分析别人的话语，观察别人的颜色，每每考虑到谦让，不居于别人之上。这种人在国家的官位上一定事事行得通，在大夫家臣的职位上也一定事事行得通。至于名望，表面上似乎爱好仁德，实际行为背道而驰，自己却以仁人自居而不加怀疑。这种人在国家的官位上一定会骗取名望，在大夫家臣的职位上也一定会骗取名望。"

● 12·21 ────────────────

　　樊迟陪侍孔子在舞雩台下游览，说："我大胆地问，怎样提高自己的品德，消除别人不曾表露出来的隐怨，辨别哪些是糊涂事？"孔子说："问得好！工作在先，收获在后，这不足以提高自己的品德吗？抨击自己的坏处，不抨击别人的坏处，这不就可以消除隐怨吗？因为一时偶然的愤怒，便忘掉自己，甚至也忘掉爹娘，岂不是糊涂吗？"

● 12·22 ────────────────

　　樊迟问怎样实行仁德。孔子说："爱护别人。"他又问怎样才聪明。孔子说："善于识别人。"樊迟不很理解。孔子说："提拔正直的人，官位在不正派的人之上，便能使不正派的人也正直。"樊迟退了回来，看见子夏，说："刚才我见到老师，问怎样才聪明，他老人家说：'提拔正直的人，官位在不正派的人之上，能使不正派的人也正直。'这是什么意思？"子夏说："这话的意义多么丰富呀！舜得天下，在众人中挑选，提拔了皋陶，坏人就难以存在了。汤得天下，在众人中挑选，提拔了伊尹，坏人也难以存在了。"

子贡问友。子曰："忠告而善道之，不可则止，无自辱焉。"

曾子曰："君子以文会友，以友辅仁。"

● 子路第十三

凡三十章。

子路问政。子曰："先之，劳之。"请益。曰："无倦。"

仲弓为季氏宰，问政。子曰："先有司，赦小过，举贤才。"曰："焉知贤才而举之？"曰："举尔所知。尔所不知，人其舍诸？"

子路曰："卫君待子而为政，子将奚先？"子曰："必也正名乎！"子路曰："有是哉，子之迂也！奚其正？"子曰："野哉由也！君子于其所不知，盖阙如也。名不正，则言不顺；言不顺，

　　子贡问怎样对待朋友。孔子说："诚心实意地告诫他，好心地开导他，他不听就算了，不要自找侮辱。"

　　曾子说："君子用文章学问来聚会朋友，凭藉朋友来辅助自己培养仁德。"

　　子路问怎样治理国家，孔子说："凡事身先下属，身体力行，然后让他们勤劳地工作。"子路请求多讲一点。孔子说："始终不要懈怠。"

　　仲弓做季氏的总管，问怎样管理政务。孔子说："给有关工作人员带头，不计较人家小的过失，推举优秀人才。"仲弓说："怎么知道谁是优秀人才，而后推举呢？"孔子说："推举你所知道的。你所不知道的，别人难道会让他埋没么？"

　　子路说："卫国君主等待您去治理国政，您首先干什么呢？"孔子说："一定纠正名分上的用词不当吧！"子路说："您的迂腐竟到这种程度了么！这有什么纠正的必要呢？"孔子说："仲由，真粗鲁！君子对他所不知道的，只存疑在心中。用词不当，言语便不能顺理成

则事不成；事不成，则礼乐不兴；礼乐不兴，则刑罚不中；刑罚不中，则民无所措手足。故君子名之必可言也，言之必可行也。君子于其言，无所苟而已矣。"

◎ 13·4

樊迟请学稼。子曰："吾不如老农。"请学为圃。曰："吾不如老圃。"樊迟出。子曰："小人哉，樊须也！上好礼，则民莫敢不敬；上好义，则民莫敢不服；上好信，则民莫敢不用情。夫如是，则四方之民襁负其子而至矣，焉用稼？"

◎ 13·5

子曰："诵《诗》三百，授之以政，不达；使于四方，不能专对。虽多，亦奚以为？"

◎ 13·6

子曰："其身正，不令而行；其身不正，虽令不从。"

◎ 13·7

子曰："鲁卫之政，兄弟也。"

◎ 13·8

子谓卫公子荆善居室。始有，曰："苟合矣。"少有，曰："苟完矣。"富有，曰："苟美矣。"

章；言语不顺理成章，事情就办不好；事情办不好，国家的礼乐教化也就兴办不起来；礼乐教化兴办不起来，刑罚也就不会恰当；刑罚不恰当，老百姓就会不知如何是好，连手脚都不晓得往哪里摆了。所以，君子用一个词，一定有其理由可以说得出来，顺理成章的话也一定可以行得通。君子对于措词说话，只是要做到没有一点苟且马虎罢了。"

● 13·4

樊迟请求学种庄稼。孔子说："我赶不上老农民。"他又请求学种蔬菜。孔子说："我赶不上老菜农。"樊迟退了出来。孔子说："樊迟真是个小人！在上的人讲究礼节，百姓就没有人敢不敬重的；在上的人讲究情义，百姓就没有人敢不服从的；在上的人讲究诚信，百姓就没有人敢不说真话的。做到这样，四方的百姓都会背负着小儿女来投奔你，哪里用得着自己种庄稼呢？"

● 13·5

孔子说："读了三百多篇《诗经》，把政务交给他，完成不了；叫他出国办外交，又不能独立应酬和谈判。这样，即使诗读得多，又有什么用处呢？"

● 13·6

孔子说："本人正派，不发命令，事情也行得通；本人不正派，虽然三令五申，别人也不会听从。"

● 13·7

孔子说："鲁国、卫国的政治，像兄弟一样，相差不远。"

● 13·8

孔子谈到卫国的公子荆（卫国大夫，字南楚，善于管理家业，不奢侈贪欲），说他善于居家过日子。刚有一点家业，便说："差不多够用了。"稍增加一些，便说："差不多完备了。"相当富足了，便说："差不多富丽堂皇了。"

◎ 13·9

子适卫，冉有仆。子曰："庶矣哉！"冉有曰："既庶矣，又何加焉？"曰："富之。"曰："既富矣，又何加焉？"曰："教之。"

◎ 13·10

子曰："苟有用我者，期月而已可也，三年有成。"

◎ 13·11

子曰："'善人为邦百年，亦可以胜残去杀矣。'诚哉是言也！"

◎ 13·12

子曰："如有王者，必世而后仁。"

◎ 13·13

子曰："苟正其身矣，于从政乎何有？不能正其身，如正人何？"

◎ 13·14

冉子退朝。子曰："何晏也？"对曰："有政。"子曰："其事也。如有政，虽不吾以，吾其与闻之。"

◎ 13·15

定公问："一言而可以兴邦，有诸？"孔子对曰："言不可以若是其几也。人之言曰：'为君难，为臣不易。'如知为君之难也，不几乎一言而兴邦乎？"曰："一言而丧邦，有诸？"孔子对曰："言不可以若是其几也。人之言曰：'予无乐乎为君，惟其言而莫予违也。'如其善而莫之违也，不亦善乎？如不善而

孔子到卫国去，冉有替他驾马车。孔子说："卫国人口好稠密呀！"冉有说："人口多了，又该干什么呢？"孔子说："让他们富足。"冉有又说："他们富足了，又该干什么呢？"孔子说："教育他们。"

孔子说："假若有人要我主持国家政事，一年便可以初见成效了，三年便会大见成效了。"

孔子说："'好人治理国家，连续一百年，也可以克服残暴，免除虐杀了。'这句话说得真对呀！"

孔子说："如果有以德服人统一天下的圣君出现，也要经过三十年才能使仁政大行。"

孔子说："假若自身端正了，对治理国政有什么困难呢？连本身都不能端正，怎样能端正别人呢？"

冉有从朝廷回来，孔子说："为什么这样迟？"他答道："有政务要办。"孔子说："那只是事务罢了。假若有政务要办，虽然不用我，我也会知道。"

鲁定公问："一句话可以使国家兴盛，有这回事么？"孔子说："说话不能这样简单肯定。有人说：'做国君难，做臣子也不容易。'如果知道做国君的艰难，不是近乎一句话便能使国家兴盛么？"他又问："一句话可以丧失国家，有这回事么？"孔子说："说话不能这样简单肯定。有人说：'我做国君没有别的乐趣，只是我说话没有人违抗罢了。'假若说的话正确而没有人违抗，不也很好么？

莫之违也，不几乎一言而丧邦乎？"

叶（Shè）公问政。子曰："近者说，远者来。"

子夏为莒父宰，问政。子曰："无欲速，无见小利。欲速，则不达；见小利，则大事不成。"

叶公语孔子曰："吾党有直躬者，其父攘羊，而子证之。"孔子曰："吾党之直者异于是：父为子隐，子为父隐。直在其中矣。"

樊迟问仁。子曰："居处恭，执事敬，与人忠。虽之夷狄，不可弃也。"

子贡问曰："何如斯可谓之士矣？"子曰："行己有耻，使于四方，不辱君命，可谓士矣。"曰："敢问其次？"曰："宗族称孝焉，乡党称弟焉。"曰："敢问其次？"曰："言必信，行必果，硁硁然小人哉！抑亦可以为次矣。"曰："今之从政者何如？"子曰："噫！斗筲之人，何足算也？"

假若说得不正确，也没有人违抗，不是近乎一句话就可以丧失国家么？"

● 13·16

叶公（姓沈，名诸梁，楚国大夫）问做官的事。孔子说："让近前的人感到高兴，让远方的人来投奔你。"

● 13·17

子夏做莒父的县长，问怎样治理。孔子说："不要急于求成，不要顾及小利益。想要快，就反而不能达到预期的目的；顾及小利益，就办不成大事。"

● 13·18

叶公告诉孔子说："我那里有个坦白直率的人，他父亲偷了羊，这儿子便去告发。"孔子说："我那里的坦白直率的人和这不同：父亲替儿子隐瞒，儿子替父亲隐瞒。坦白直率就包含在这里面了。"

● 13·19

樊迟问怎样实行仁德。孔子说："平日容貌态度要端庄，办事情要严肃认真，为别人做事要诚心实意。这几项，即使去到边远地区、后进部落，也是不可丢弃的。"

● 13·20

子贡问："怎样才能叫读书人了？"孔子说："自己行事知道羞耻，出使外国能很好完成国君交给的使命，可以说是读书人了。"子贡曰："请问次一等的怎样？"孔子说："本宗族的人称赞他孝顺父母，本乡本地的人称赞他尊敬长者。"子贡又说："再次一等的呢？"孔子说："言语必定讲信用，行为必定果断，这是不问是非曲直只求贯彻自己言行的小人呀，但也可以说是再次一等的读书人了。"子贡说："现在这些在位的人怎样？"孔子说："唉！胸襟狭小的人，算得了什么呢？"

子曰:"不得中行而与之,必也狂狷乎!狂者进取,狷者有所不为也。"

子曰:"南人有言曰:'人而无恒,不可以作巫医。'善夫!""不恒其德,或承之羞。"子曰:"不占而已矣。"

子曰:"君子和而不同,小人同而不和。"

子贡问曰:"乡人皆好之,何如?"子曰:"未可也。""乡人皆恶之,何如?"子曰:"未可也。不如乡人之善者好之,其不善者恶之。"

子曰:"君子易事而难说也。说之不以道,不说也;及其使人也,器之。小人难事而易说也。说之虽不以道,说也;及其使人也,求备焉。"

子曰:"君子泰而不骄,小人骄而不泰。"

子曰:"刚、毅、木、讷,近仁。"

● 13·21

孔子说："不能与言行中庸的人交往，那只有和激进的人或洁身自好的人相交吧！激进的人勇于进取，洁身自好的人不肯去干坏事。"

● 13·22

孔子说："南方人有句话：'人假若没恒心，连巫医都做不了。'这话真好呀！"《易经·恒卦》九三爻辞中说："三心二意，翻云覆雨，总有人招致羞辱。"孔子又说："这是警告无恒心的人不必去占卦哩。"

● 13·23

孔子说："君子在人情世故和道义之间互相协调，却不盲目跟随；小人则盲目跟随，却不能用道义来协调人情世故。"

● 13·24

子贡问道："一乡的人都喜欢他，这人怎么样？"孔子说："不一定好。"他又问："一乡的人都厌恶他，这人怎么样？"孔子说："不一定坏。最好是一乡的好人喜欢他，坏人厌恶他。"

● 13·25

孔子说："在君子手下工作容易，讨他的欢喜却难。不用正当的方式去讨他欢喜，他是不会喜欢的。等到他使唤人的时候，却按着各人的才德去分配任务。在小人手下工作难，讨他欢喜却容易。用不正当的方式讨他欢喜，他也会欢喜。等到他使唤人的时候，便百般挑剔，求全责备。"

● 13·26

孔子说："君子安详舒展，却不骄傲盛气凌人；小人骄傲盛气凌人，却不安详舒展。"

● 13·27

孔子说："刚强，果断，朴质，言语谨慎，这四种品德都具有的人

子路问曰："何如斯可谓之士矣？"子曰："切切偲偲，怡怡如也，可谓士矣。朋友切切偲偲，兄弟怡怡。"

子曰："善人教民七年，亦可以即戎矣。"

子曰："以不教民战，是谓弃之。"

● 宪问第十四

凡四十四章。

宪问耻。子曰："邦有道，谷；邦无道，谷，耻也。""克、伐、怨、欲不行焉，可以为仁矣？"子曰："可以为难矣，仁则吾不知也。"

子曰："士而怀居，不足以为士矣。"

子曰："邦有道，危言危行；邦无道，危行言孙。"

可说近乎仁德。”

● 13·28 ─────────

子路问道：“怎样才可以称做‘士’？”孔子说：“互相恳切地批评勉励，和睦共处，可以称做‘士’了。朋友之间应互相恳切地批评勉励，兄弟之间应和睦共处。”

● 13·29 ─────────

孔子说：“善人教导人民七年之久，也可以叫他们去打仗了。”

● 13·30 ─────────

孔子说：“用没有受过军事训练的人民去作战，这叫做草菅人命。”

● 14·1 ─────────

原宪(孔子弟子)问什么是耻辱。孔子说：“国家政治清平，做官拿俸谷；国家腐败黑暗，做官也拿俸谷，这就是耻辱。”原宪又说：“一个人，好胜、自夸、怨恨和贪心都没有表现过的，可以说是仁德的人了么？”孔子说：“可以说是难能可贵了，至于仁德，我不知道。”

● 14·2 ─────────

孔子说：“读书人而留恋安逸生活，便够不上做读书人了。”

● 14·3 ─────────

孔子说：“国家政治清平，言语正直，行为正直；国家腐败黑暗，行为正直，言语谦逊。”

子曰："有德者必有言,有言者不必有德;仁者必有勇,勇者不必有仁。"

南宫适问于孔子,曰："羿善射,奡(Ào)荡舟,俱不得其死然。禹稷躬稼,而有天下。"夫子不答,南宫适出。子曰:"君子哉若人!尚德哉若人!"

子曰:"君子而不仁者有矣夫,未有小人而仁者也。"

子曰:"爱之,能勿劳乎?忠焉,能勿诲乎?"

子曰:"为命,裨谌(Bì Chén)草创之,世叔讨论之,行人子羽修饰之,东里子产润色之。"

或问子产。子曰:"惠人也。"问子西。曰:"彼哉!彼哉!"问管仲。曰:"人也。夺伯氏骈邑三百,饭疏食,没齿无怨言。"

子曰:"贫而无怨难,富而无骄易。"

子曰:"孟公绰为赵、魏老则优,不可以为滕、薛大夫。"

● 14·4

孔子说："有道德的人一定有名言；有名言的人却不一定有道德。仁德的人一定勇敢，勇敢的人却不一定有仁德。"

● 14·5

南宫适（即南容）问孔子，说："羿擅长射箭，奡擅长水战，都没有得到好死。禹和稷亲自下地种田，得到了天下。"孔子没有答复。南宫适退出来，孔子说："这个人，好一个君子！这个人，多么崇尚道德！"

● 14·6

孔子说："君子当中有不仁德的人吧，小人当中却不会有仁德的人。"

● 14·7

孔子说："爱他，能够不让他劳累吗？对他效忠竭力，能够不教诲他吗？"

● 14·8

孔子说："郑国外交文件的产生，由裨谌（郑国大夫）拟稿，世叔（即子太叔，郑国大夫）提意见，外交官子羽（公孙挥的别名）修改润饰，东里的子产（郑国大夫）作文辞上的加工。"

● 14·9

有人问子产怎么样。孔子说："是位宽厚仁慈的人。"又问子西（名申，楚国的令尹）怎么样。孔子说："他呀，他呀！"又问到管仲（名夷吾，齐桓公宰相）怎么样。孔子说："是个人才。他剥夺了伯氏封地三百户的骈邑，使自己只能吃粗粮，到死没有一句怨恨的话。"

● 14·10

孔子说："贫困却没有怨恨，很难；富裕却不骄傲，倒容易。"

● 14·11

孔子说："孟公绰（鲁国的大夫，性寡欲，为孔子所重）叫他做晋国大臣

子路问成人。子曰："若臧武仲之知，公绰之不欲，卞庄子之勇，冉求之艺，文之以礼乐，亦可以为成人矣。"曰："今之成人者何必然？见利思义，见危授命，久要不忘平生之言，亦可以为成人矣。"

子问公叔文子于公明贾，曰："信乎夫子不言、不笑、不取乎？"公明贾对曰："以告者过也。夫子时然后言，人不厌其言；乐然后笑，人不厌其笑；义然后取，人不厌其取。"子曰："其然？岂其然乎？"

子曰："臧武仲以防求为后于鲁，虽曰不要君，吾不信也。"

子曰："晋文公谲而不正，齐桓公正而不谲。"

子路曰："桓公杀公子纠，召忽死之，管仲不死。"曰："未仁乎？"子曰："桓公九合诸侯，不以兵车，管仲之力也。如其仁！如其仁！"

赵家、魏家的总管，能力有余，却不能做滕、薛这样小国的大夫。"

● 14·12

子路问怎么样才是一个完美无缺的人。孔子说："聪明智慧像臧武仲，清心寡欲像孟公绰，勇敢像卞庄子〔鲁国的大夫，以勇著称〕，多才多艺像冉求，再用礼乐来增加他的文采，可以说是完美无缺的人了。"过了一阵，又说："现在完美无缺的人哪里一定要这样。看见利益能想到该得不该得，碰到危险愿付出生命，长期穷困都不忘记平日的诺言，〔能这样，〕也可以说是完美无缺的人了。"

● 14·13

孔子向公明贾〔卫国人〕问到公叔文子〔卫国大夫〕，说："他老人家不说话，不笑，不贪取，是真的么？"公明贾答道："这是告诉您的人说错了。他老人家该说时才说，别人不讨厌他的话；高兴时才笑，别人不讨厌他的笑；合乎情理应该取的才取，别人不厌恶他的取。"孔子说："是这样么？难道真的是这样么？"

● 14·14

孔子说："臧武仲凭借他的封地防城，向鲁国当局要求立他的后人为卿大夫，接替他的官职。虽说不是要挟国君，我却是不相信的。"

● 14·15

孔子说："晋文公诡诈，好耍手段，作风不正派，齐桓公作风正派，不诡诈，不耍手段。"

● 14·16

子路说："齐桓公杀了和他争位的异母兄长公子纠，公子纠的师傅召忽也轻生自杀，另一师傅管仲却不死。"一会儿，又说："管仲可说是没有仁德么？"孔子说："齐桓公多次聚合各国君主结盟，不用武力，〔天下太平四十年，〕都是管仲出的力。这就是他的仁德！这就是他的仁德！"

子贡曰:"管仲非仁者与?桓公杀公子纠,不能死,又相之。"子曰:"管仲相桓公,霸诸侯,一匡天下,民到于今受其赐。微管仲,吾其被发左衽矣。岂若匹夫匹妇之为谅也,自经于沟渎而莫之知也。"

公叔文子之臣大夫僎,与文子同升诸公。子闻之曰:"可以为文矣。"

子言卫灵公之无道也,康子曰:"夫如是,奚而不丧?"孔子曰:"仲叔圉治宾客,祝鲩治宗庙,王孙贾治军旅。夫如是,奚其丧?"

子曰:"其言之不怍,则为之也难。"

陈成子弑简公。孔子沐浴而朝,告于哀公曰:"陈恒弑其君,请讨之。"公曰:"告夫三子!"孔子曰:"以吾从大夫之后,不敢不告也。君曰:'告夫三子者!'"之三子告,不可。孔子曰:"以吾从大夫之后,不敢不告也。"

子路问事君。子曰:"勿欺也,而犯之。"

● 14·17

子贡说："管仲不是一个有仁德的人吧？齐桓公杀了公子纠，管仲不轻生自杀，反而去做齐桓公的得力大臣。"孔子说："管子辅助齐桓公，称霸诸侯，匡正天下，百姓到今天还蒙受他的好处。假使没有管仲，我们都会披散头发，衣襟开向左边〔，沦为落后民族的百姓〕了。他难道也要像普通人那样，守着小节小信，在山沟中自杀，还没有人知道吗？"

● 14·18

公叔文子有个家臣叫大夫僎，〔文子向朝廷推荐了他，〕便和文子一同做了大臣。孔子知道这件事，说："这样，文子自然能得到'文'的谥号了。"

● 14·19

孔子谈到卫灵公，说他荒淫，一切不合礼法。季康子说："他既然这样，为什么没有灭亡呢？"孔子说："他有仲叔圉（即孔文子，卫国大夫）接待宾客，祝鮀（卫国大夫）管理祭祀，王孙贾（卫国大夫）统率军队。像这样，怎么会灭亡？"

● 14·20

孔子说："一个人大言不惭，他实行起来就不会容易。"

● 14·21

齐国大夫陈恒杀了齐简公。孔子洗了澡，朝见鲁哀公，报告说："陈恒无理地杀了他的君主，请求您讨伐他。"鲁哀公说："你告诉季孙、仲孙、孟孙三位大臣吧！"孔子退出，说："我曾忝列大夫之官，这种可做而应做的事，不敢不报告。君主却说：'告诉那三位去吧！'"孔子又到三位那里报告请示，三位不同意。孔子说："我曾忝列大夫之官，这种可做而应做的大事，不敢不报告。"

● 14·22

子路问怎样服事国君。孔子说："不要〔阳奉阴违地〕欺骗他，

子曰："君子上达，小人下达。"

子曰："古之学者为己，今之学者为人。"

蘧（Qú）伯玉使人于孔子。孔子与之坐而问焉，曰："夫子何为？"对曰："夫子欲寡其过而未能也。"*使者出。子曰："使乎！使乎！"

*相传蘧伯玉经常检查自己过失，经常改正，力求上进，所谓"行年五十而知四十九之非"。

子曰："不在其位，不谋其政。"*
曾子曰："君子思不出其位。"
*孔子的话与《泰伯篇》8·14重复。

子曰："君子耻其言而过其行。"

子曰："君子道者三，我无能焉：仁者不忧，知者不惑，勇者不惧。"子贡曰："夫子自道也。"

子贡方人。子曰："赐也贤乎哉？夫我则不暇。"

子曰："不患人之不己知，患其不能也。"

但可以当面直言触犯他。"

● 14·23 ──────────────────────────────

　　孔子说："君子向上，通达仁义；小人向下，追求财利。"

● 14·24 ──────────────────────────────

　　孔子说："古代学者提高自己的品德，丰富自己的知识；现在的学者，却在装饰自己，给别人看。"

● 14·25 ──────────────────────────────

　　卫国大夫蘧伯玉派一位使者去访问孔子。孔子给他一个席位，问道："他老人家干些什么？"使者答道："他老人家想要减少失误，却还没能做到。"使者退了出去。孔子说："好一位使者！好一位使者！"

● 14·26 ──────────────────────────────

　　孔子说："不在那个位置，不考虑那方面的政事。"

　　曾子说："君子的思考不超越出他的职位。"

● 14·27 ──────────────────────────────

　　孔子说："说得多，做得少，君子认为可耻。"

● 14·28 ──────────────────────────────

　　孔子说："君子为人要做的有三件，我都没有能做到：仁德的人不忧愁，聪明的人不迷惑，勇敢的人不惧怕。"子贡说："这正是老师的自我表述。"

● 14·29 ──────────────────────────────

　　子贡评论别人。孔子说："端木赐，你就够好了吗？我就没有这闲工夫。"

● 14·30 ──────────────────────────────

　　孔子说："不担心别人不知道自己，只担心自己没有能力。"

◎ 14·31

子曰："不逆诈，不亿不信。抑亦先觉者，是贤乎！"

◎ 14·32

微生亩谓孔子曰："丘何为是栖栖者与？无乃为佞乎？"孔子曰："非敢为佞也，疾固也。"

◎ 14·33

子曰："骥不称其力，称其德也。"

◎ 14·34

或曰："以德报怨，何如？"子曰："何以报德？以直报怨，以德报德。"

◎ 14·35

子曰："莫我知也夫！"子贡曰："何为其莫知子也？"子曰："不怨天，不尤人，下学而上达。知我者其天乎！"

◎ 14·36

公伯寮诉子路于季孙。子服景伯以告，曰："夫子固有惑志于公伯寮，吾力犹能肆诸市朝。"子曰："道之将行也与？命也。道之将废也与？命也。公伯寮其如命何？"

◎ 14·37

子曰："贤者辟世，其次辟地，其次辟色，其次辟言。"子曰："作者七人矣。"

● 14·31

孔子说:"不预先怀疑别人欺诈,也不无根据地猜测别人不老实,却能及早察觉出来,这样的人,是位贤者吧!"

● 14·32

微生亩(可能为一隐士)对孔子说:"你为什么这样忙忙碌碌呢?不是想显示自己的能言善辩么?"孔子说:"我不敢显示能言善辩,而是痛恨那种顽固不化的人!"

● 14·33

孔子说:"称千里马叫骥,不是赞美它的力气,而是赞美它的品德。"

● 14·34

有人说:"用恩德来报答怨恨,怎么样?"孔子说:"那你又怎样来报答恩德呢?应该用正直来报答怨恨,用恩德来报答恩德。"

● 14·35

孔子说:"没有人知道我呀!"子贡说:"为什么没有人知道您呢?"孔子说:"不怨恨上天,不责怪别人,学习平常知识,透彻了解高深的道理。知道我的,只有上天吧!"

● 14·36

公伯寮(字子周,孔子弟子)在季孙面前毁谤子路。子服景伯(名何,鲁国大夫)告诉孔子,说:"他老人家已经被公伯寮迷惑了,我还有力量杀了他陈尸街头示众。"孔子说:"我的主张行得通么?听之于命运;我的主张会被废弃吗?也听之于命运。公伯寮又能把命运怎么样呢?"

● 14·37

孔子说:"贤能的人逃避恶浊社会而隐居,次一等的人逃避最坏的地方择地而处,再次一等的人避开某些人难看的脸色,再次一等的人避开难堪的恶言恶语。"孔子说:"像这样的人已经有七位了。"

子路宿于石门。晨门曰："奚自？"子路曰："自孔氏。"曰："是知其不可而为之者与？"

子击磬于卫。有荷蒉而过孔氏之门者，曰："有心哉！击磬乎！"既而曰："鄙哉！硁（kēng）硁乎！莫己知也，斯己而已矣。深则厉，浅则揭*。"子曰："果哉！末之难矣。"

*水深比喻社会非常腐败黑暗，只得听之任之；水浅比喻社会黑暗程度不深，还可以不受沾染，不妨撩起裙子而过。

子张曰："《书》云：'高宗谅阴，三年不言。'何谓也？"子曰："何必高宗？古之人皆然。君薨，百官总己以听于冢宰三年。"

子曰："上好礼，则民易使也。"

子路问君子。子曰："修己以敬。"曰："如斯而已乎？"曰："修己以安人。"曰："如斯而已乎？"曰："修己以安百姓。修己以安百姓，尧、舜其犹病诸！"

原壤*夷俟。子曰："幼而不孙弟，长而无述焉，老而不死，是为贼！"以杖叩其胫。

*孔子老友，据说他母亲死了，孔子去帮他治丧，他却站在棺材上唱起来了，孔子只好装作没有听见。大概这人另有主张，立意反对孔子。

● 14·38

子路在石门住了一宵，〔第二天清早进城，〕早上管城门的人问：
"从哪里来？"子路说："从孔家来。"那人说："是那个明知行不通
却偏要干的人么？"

● 14·39

孔子在卫国，有一天敲着磬，有个挑草筐的人在门前走过，说："敲
磬的是位有心人呀！"过一会儿，又说："磬声硁硁的，可鄙呀！〔它好像
在说，没有人知道我呀！〕没有人知道自己，这就算了。水深，索性连着
衣裳踏水过去；水浅，撩起裙子走过去。"孔子说："好坚决，没有办法
说服他了。"

● 14·40

子张说："《书经》上说：'殷高宗守孝，住在凶庐，三年不讲
话。'这是什么意思？"孔子说："哪里一定是高宗，古代人都这样。
国君死了，继承君位的人三年不问政事，各部门官员听命于宰相。"

● 14·41

孔子说："在上位的人讲究礼法，依礼而行，百姓就容易使唤。"

● 14·42

子路问怎样才是君子。孔子说："修养自己的品德学识来认真工
作。"子路说："就这样够了么？"孔子说："修养自己使上层人物安
乐。"子路说："就这样够了么？"孔子说："修养自己使百姓安乐。
修养自己使百姓安乐，就是尧、舜都还做不到呢！"

● 14·43

原壤像簸箕一样臀部贴地两腿伸长趴等着。孔子说："你小时
候不懂礼节，长大了毫无贡献，老了还不死，白吃粮食，真是个害人
精。"然后用拐杖敲他小腿。

阙党童子将命。或问之曰:"益者与?"子曰:"吾见其居于位也,见其与先生并行也。非求益者也,欲速成者也。"

● 卫灵公第十五

凡四十二章。

卫灵公问陈于孔子。孔子对曰:"俎豆之事,则尝闻之矣;军旅之事,未之学也。"明日遂行。

在陈绝粮,从者病,莫能兴。子路愠见,曰:"君子亦有穷乎?"子曰:"君子固穷,小人穷斯滥矣。"

子曰:"赐也,女以予为多学而识之者与?"对曰:"然,非与?"曰:"非也,予一以贯之。"

子曰:"由!知德者鲜矣。"

● 14·44

阙党（孔子故乡）地方的一个童子来向孔子传达信息。有人问孔子说："他是求上进的人么？"孔子说："我看见他大模大样坐在席位上，又看见他同长者并肩而行。这人不是肯求上进的人，而是急于求成的人。"

● 15·1

卫灵公向孔子请教作战的阵势。孔子答道："实行礼仪的事情，就曾经听说过；军队作战的事情，我没有学习过。"于是第二天离开了卫国。

● 15·2

孔子和跟随他的学生在陈国断绝了粮食，跟随的人饿得病倒了，爬不起来。子路不高兴地来见孔子，说："君子也有穷得毫无办法的时候么？"孔子说："君子虽穷，仍然坚持着；小人一穷，便什么都干得出来了。"

● 15·3

孔子说："端木赐，你以为我是广泛地学习而又记得住的人么？"子贡答道："对，可不是这样的么？"孔子说："不是的，我的学说是用一条忠恕之道贯串着的。"

● 15·4

孔子说："仲由！懂得道德的人可少啦！"

子曰："无为而治者，其舜也与？夫何为哉？恭己正南面而已矣。"

子张问行。子曰："言忠信，行笃敬，虽蛮貊之邦行矣；言不忠信，行不笃敬，虽州里行乎哉？立，则见其参于前也；在舆，则见其倚于衡也。夫然后行。"子张书诸绅。

子曰："直哉史鱼*！邦有道，如矢；邦无道，如矢。君子哉蘧伯玉！邦有道，则仕；邦无道，则可卷而怀之。"

*卫国大夫史鳅，字子鱼。他临死前嘱咐儿子，不要治丧正堂，殡我于室，以此劝告卫灵公进用蘧伯玉，斥退弥子瑕。古人称为尸谏。

子曰："可与言而不与之言，失人；不可与言而与之言，失言。知者不失人，亦不失言。"

子曰："志士仁人，无求生以害仁，有杀身以成仁。"

子贡问为仁。子曰："工欲善其事，必先利其器。居是邦也，事其大夫之贤者，友其士之仁者。"

● **15·5** ─────────────────────

孔子说："自己不干什么而能使天下太平的,大概只有舜吧? 他干了什么呢? 庄严端正地坐在朝廷上罢了。"

● **15·6** ─────────────────────

子张问怎样才行得通。孔子说:"言语忠诚老实,行为忠厚严肃,即使到落后部落或国家,也行得通。言语欺诈无信用,行为刻薄轻浮,就是在本乡本土,能行得通吗? 站立的时候,就〔仿佛〕看见'忠诚老实忠厚严肃'几个字出现在自己眼前;在车厢里,也〔仿佛〕看见它刻在前面的横木上。〔时时刻刻记着它,〕这样自然到处行得通。"子张把这些话写在衣带上。

● **15·7** ─────────────────────

孔子说:"史鱼真正直呀! 国家政治清平,他像箭一般直;国家腐败黑暗,也像箭一般直。蘧伯玉真是位君子呀! 国家政治清平,就出来做官;国家腐败黑暗,就把本领收卷怀藏起来。"

● **15·8** ─────────────────────

孔子说:"可以和他谈论却不谈论,这是错过了人才;不可以和他谈论却去谈论,这是浪费言语。聪明人既不错过人才,又不浪费言语。"

● **15·9** ─────────────────────

孔子说:"志士仁人,不贪生怕死去损伤仁德,而是勇于牺牲来成全仁德。"

● **15·10** ─────────────────────

子贡问怎样实行仁德。孔子说:"各种工匠想要搞好工作,一定要先有好用的工具。〔实行仁德也一样,〕住在哪里,就要事奉那里大夫中的贤者,交结士人中有仁德的人〔,因为贤者和仁人都是有用的〕。"

颜渊问为邦。子曰:"行夏之时,乘殷之辂,服周之冕,乐则《韶》、《武》。放郑声,远佞人。郑声淫,佞人殆。"

子曰:"人无远虑,必有近忧。"

子曰:"已矣乎! 吾未见好德如好色者也。"

子曰:"臧文仲其窃位者与? 知柳下惠之贤,而不与立也。"

子曰:"躬自厚而薄责于人,则远怨矣。"

子曰:"不曰'如之何,如之何'者,吾末如之何也已矣。"

子曰:"群居终日,言不及义,好行小慧,难矣哉!"

子曰:"君子义以为质,礼以行之,孙以出之,信以成之。君子哉!"

● 15·11

颜渊问怎样治理国家。孔子说："用夏朝的历法,〔因为它合乎四季的自然现象。〕乘殷朝的车子,〔因为它简朴。〕戴周朝的礼帽,〔因为它华丽。〕音乐就用舜的《韶》和周武王的《武》。舍弃郑国的乐曲,远离花言巧语谄媚的人。郑国乐曲靡曼淫荡,花言巧语谄媚的人危险。"

● 15·12

孔子说："一个人若没有长远的考虑,便一定有眼前的忧患。"

● 15·13

孔子说："算了吧! 我从来没有见过爱好美德像喜爱美貌一般的人哩。"

● 15·14

孔子说："臧文仲大概是个做官毫无责任感的人吧,他明知道柳下惠(鲁国的贤者)贤能,却不给他职位。"

● 15·15

孔子说："责备自己很重,责备别人却轻,就不致招来怨恨了。"

● 15·16

孔子说："一个人不想想怎么办、怎么办的,我也拿他不知道怎么办才好。"

● 15·17

孔子说："和大家整天在一起,一句有道理的话也没有,喜欢卖弄小聪明,这种人很难有出息呵。"

● 15·18

孔子说："君子〔对于干事业,〕以合乎情理为原则,依照礼法去实行,用谦逊的语言说出来,用诚实的态度完成它,这真是一位君子呀! "

15·19

子曰："君子病无能焉，不病人之不己知也。"

15·20

子曰："君子疾没世而名不称焉。"

15·21

子曰："君子求诸己，小人求诸人。"

15·22

子曰："君子矜而不争，群而不党。"

15·23

子曰："君子不以言举人，不以人废言。"

15·24

子贡问曰："有一言而可以终身行之者乎？"子曰："其'恕'乎！己所不欲，勿施于人。"

15·25

子曰："吾之于人也，谁毁谁誉？如有所誉者，其有所试矣。斯民也，三代之所以直道而行也。"

15·26

子曰："吾犹及史之阙文也。有马者借人乘之，今亡矣夫！"*

*"有马者"几句和上文什么关系，古今人都没有说明白的。很多人怀疑这章有阙文或者错简。

15·27

子曰："巧言乱德。小不忍，则乱大谋。"

15·28

子曰："众恶之，必察焉；众好之，必察焉。"

● 15·19

孔子说："君子只担心自己没有能力，不担心别人不知道自己。"

● 15·20

孔子说："到死自己的名声还不被别人称道，君子引以为憾事。"

● 15·21

孔子说："君子要求自己，小人要求别人。"

● 15·22

孔子说："君子庄矜而不争执，合群而不闹宗派。"

● 15·23

孔子说："君子不因别人一句话说得好便提拔他，也不因为他品德不好，虽说得对，却把对的话也废弃掉。"

● 15·24

子贡问道："有没有可以毕生奉行的话呢？"孔子说："那是'恕'道吧！自己所不想要的，不要加在别人身上。"

● 15·25

孔子说："我对于别人，诋毁了谁？称赞了谁？假若我有所称赞，那是经过了考验的。这种方法，夏、商、周三代都如此，所以他们都能走正直的道路。"

● 15·26

孔子说："我还能够看到史书中存疑的地方。有马的人先给别人使用，今天却没有了。"

● 15·27

孔子说："花言巧语败坏道德。小事情不能忍耐，就会败坏大事情。"

● 15·28

孔子说："大家都厌恶他，一定要考察一下；大家都喜欢他，也

子曰："人能弘道，非道弘人。"

子曰："过而不改，是谓过矣。"

子曰："吾尝终日不食，终夜不寝，以思，无益，不如学也。"

子曰："君子谋道不谋食。耕也，馁在其中矣；学也，禄在其中矣。君子忧道不忧贫。"

子曰："知及之，仁不能守之；虽得之，必失之。知及之，仁能守之；不庄以莅之，则民不敬。知及之，仁能守之，庄以莅之，动之不以礼，未善也。"

子曰："君子不可小知，而可大受也。小人不可大受，而可小知也。"

子曰："民之于仁也，甚于水火。水火，吾见蹈而死者矣，未见蹈仁而死者也。"

一定要考察一下。"

● 15·29

孔子说:"人能够把'道'发扬光大,不是'道'能够把人发扬光大。"

● 15·30

孔子说:"错了却不改正,便真是错误了。"

● 15·31

孔子说:"我曾经整日不吃,整晚不睡,去冥思苦想,没有什么益处,还不如去学习哩。"

● 15·32

孔子说:"君子谋求学问,不谋求衣食。耕田,常常要饿肚皮;学习,却常常得俸禄。君子只担忧得不到学问,不担忧贫穷,得不到财富。"

● 15·33

孔子说:"〔卿大夫以至君主的位置,〕靠聪明才智足以得到它,靠仁德不能保持它;纵然得到了,一定会失掉。靠聪明才智得到了位置,靠仁德也能保持它;若不庄重严肃地治理百姓,百姓就不会认真〔地生活和工作〕。靠聪明才智得到了位置,靠仁德也能保持它,又庄重严肃地治理百姓,若不用礼法去动员百姓,那也是不够好的。"

● 15·34

孔子说:"君子不可以用小事去考验他,却可以承当重大任务;小人不可以承当重大任务,却可以用小事去考验他。"

● 15·35

孔子说:"百姓需要仁德,胜过需要水火。水和火,我看见有人投赴到那里面去而死了的,却没见过遵行仁德而死了的。"

子曰："当仁，不让于师。"

子曰："君子贞而不谅。"

子曰："事君，敬其事而后其食。"

子曰："有教无类。"

子曰："道不同，不相为谋。"

子曰："辞达而已矣。"

师冕*见，及阶，子曰："阶也。"及席，子曰："席也。"皆坐，子告之曰："某在斯，某在斯。"师冕出。子张问曰："与师言之道与？"子曰："然，固相师之道也。"

*古代乐师一般用瞎子充当。

● 季氏第十六

凡十四章。

季氏将伐颛臾。冉有、季路见于孔子，曰："季氏将有事于

● 15·36

孔子说："面对着仁德的事，就是老师在前，也不谦让。"

● 15·37

孔子说："君子讲究大信用，不讲究小信用。"

● 15·38

孔子说："事奉君主，严肃认真地工作，把俸禄的事放在后头。"

● 15·39

孔子说："人人我都进行教育，平等对待，没有任何区别。"

● 15·40

孔子说："主张不同，不相互商量问题。"

● 15·41

孔子说："言辞，能够表达意思便行了。"

● 15·42

一位叫冕的乐师来进见孔子，走到阶级边，孔子说："这是阶级。"到了坐席前，又说："这是坐席。"都坐定了，孔子〔因为他是瞎子〕告诉他说："我在这里，我在这里！"乐师冕退了出去，子张问道："这是和乐师谈话的方式吗？"孔子说："对，这本是帮助乐师的方式。"

● 16·1

季氏准备攻打颛臾（鲁国的附庸）。冉有、子路两人来进见孔子，

颛臾。”孔子曰：“求！无乃尔是过与？夫颛臾，昔者先王以为东蒙主，且在邦域之中矣，是社稷之臣也。何以伐为？”冉有曰：“夫子欲之，吾二臣者皆不欲也。”孔子曰：“求！周任有言曰：‘陈力就列，不能者止。’危而不持，颠而不扶，则将焉用彼相矣？且尔言过矣。虎兕出于柙，龟玉毁于椟中，是谁之过与？”冉有曰：“今夫颛臾，固而近于费。今不取，后世必为子孙忧。”孔子曰：“求！君子疾夫舍曰‘欲之’而必为之辞。丘也闻：有国有家者，不患寡而患不均，不患贫而患不安。盖均无贫，和无寡，安无倾。夫如是，故远人不服，则修文德以来之。既来之，则安之。今由与求也相夫子，远人不服而不能来也，邦分崩离析而不能守也，而谋动干戈于邦内。吾恐季孙之忧，不在颛臾，而在萧墙之内也。”

◉ 16·2

孔子曰：“天下有道，则礼乐征伐自天子出；天下无道，则礼乐征伐自诸侯出。自诸侯出，盖十世希不失矣；自大夫出，五世希不失矣；陪臣执国命，三世希不失矣。天下有道，则政不在

说："季氏准备对颛臾使用武力。"孔子说："冉求！这难道不应该责备你么？颛臾，上代君王曾经授权给他主持东蒙山的祭祀，而且那地方早已在鲁国疆域之中，是和鲁国安危存亡与共的藩属，为什么要去攻打它呢？"冉有说："季氏要这么干的，我们两个都不同意。"孔子说："冉求！周任〔古代一史官〕有句话说：'献出自己力量，能够做到的，才去就职；不能，就不干。'譬如瞎子〔有个助手〕，遇到危险，助手不去扶持，将要摔倒了，助手也不去搀扶，那又要助手干什么呢？你的话是错了。老虎、犀牛从槛栏里跑了出来，龟壳、美玉在匣子里毁坏了，这是谁的过错呢？"冉有说："颛臾，现今城墙很坚固，而且离季氏的封地费邑很近，现在若不拿下来，日子久了，后世一定会给子孙留下祸害。"孔子说："冉求！君子就讨厌一种人，不说自己贪得无厌，却一定另找托辞。我听说过：无论诸侯或者大夫，不必担忧财富不多，只需担忧财富不平均；不必担忧人口稀少，只需担忧境内不安宁。因为，只要财富分配平均，便无所谓贫穷；境内和睦团结，便不会觉得人口稀少；境内安宁，便不会觉得有倾覆的危险。如果这样，远方的人还不归服，便得修明仁义礼教，使他们自动归服；他们已经归服了，就得使他们安心。现在仲由和冉求，你们辅助季氏，远方的人不归服，而又不能使他们自动来归；国家支离破碎，又不能保全住；反而要在国内动用武力。我担心季孙的忧患不在颛臾，而在自己宫廷中〔的勾心斗角〕哩！"

● 16·2

孔子说："天下处于太平盛世，制礼作乐以及出动军队由天子决定；天下腐败黑暗，〔天子无权，〕制礼作乐以及出动军队便由诸侯决定。由诸侯决定，大概传到十代以后，他们很少有不丧失权柄的；由大夫决定，传到五代以后，很少有不丧失权柄的；若是大夫的家臣把持国家大权，传到三代便很少有不丧失的了。处于太平盛世，国家

大夫。天下有道，则庶人不议。"

◎ 16·3

孔子曰："禄之去公室，五世矣。政逮于大夫，四世矣。故夫三桓之子孙，微矣。"

◎ 16·4

孔子曰："益者三友，损者三友。友直，友谅，友多闻，益矣。友便辟，友善柔，友便佞，损矣。"

◎ 16·5

孔子曰："益者三乐，损者三乐。乐节礼乐，乐道人之善，乐多贤友，益矣。乐骄乐，乐佚游，乐宴乐，损矣。"

◎ 16·6

孔子曰："侍于君子有三愆：言未及之而言，谓之躁；言及之而不言，谓之隐；未见颜色而言，谓之瞽。"

◎ 16·7

孔子曰："君子有三戒：少之时，血气未定，戒之在色；及其壮也，血气方刚，戒之在斗；及其老也，血气既衰，戒之在得。"

最高政治权力不会由大夫把持。处于太平盛世，百姓也就不会议论纷纷。"

● 16·3

孔子说："鲁国政权离弃鲁君，〔从鲁君来说，〕已经有宣公、成公、襄公、昭公、定公五代了。政权到卿大夫之手，〔从季氏来说〕，已经有文子、武子、平子、桓子四代了。所以，桓公的三房后代——季孙、孟孙、叔孙也衰微了。"

● 16·4

孔子说："有益的朋友有三种，有害的朋友也有三种。和正直的人交朋友，和诚实的人交朋友，和见闻广博的人交朋友，便受益了。和逢迎谄媚的人交朋友，和当面恭维、背后毁谤的人交朋友，和夸夸其谈、华而不实的人交朋友，便有害了。"

● 16·5

孔子说："有益的乐趣有三种，有害的乐趣也有三种。以得到礼乐的调节为快乐，以宣扬别人的好处为快乐，以交了不少贤明人物为快乐，这便得益了。以骄奢淫逸为快乐，以游荡忘返为快乐，以聚众大吃大喝为快乐，这便受害了。"

● 16·6

孔子说："陪侍君子容易犯三种过失：不该他说话时却急于先说，叫做急躁；该他说时却不开口，叫做隐瞒；不看别人的脸色便贸然开口，叫做瞎了眼睛。"

● 16·7

孔子说："君子有三件应该警惕戒备的事：年轻的时候，血气还没有稳定，警戒自己不要迷恋女色；到了壮年，血气正旺盛，警戒自己不要好胜逞强，同人相斗；等到老了，血气已经衰弱，警戒自己不要贪得无厌。"

◎ 16·8

孔子曰："君子有三畏：畏天命，畏大人，畏圣人之言。小人不知天命而不畏也，狎大人，侮圣人之言。"

◎ 16·9

孔子曰："生而知之者，上也；学而知之者，次也；困而学之，又其次也；困而不学，民斯为下矣。"

◎ 16·10

孔子曰："君子有九思：视思明，听思聪，色思温，貌思恭，言思忠，事思敬，疑思问，忿思难，见得思义。"

◎ 16·11

孔子曰："见善如不及，见不善如探汤。吾见其人矣，吾闻其语矣。隐居以求其志，行义以达其道。吾闻其语矣，未见其人也。"

◎ 16·12

齐景公有马千驷，死之日，民无德而称焉。伯夷、叔齐饿于首阳之下，民到于今称之。其斯之谓与！

◎ 16·13

陈亢（gāng）问于伯鱼曰："子亦有异闻乎？"对曰："未也。尝独立，鲤趋而过庭。曰：'学《诗》乎？'对曰：'未也。''不学《诗》，无以言。'鲤退而学《诗》。他日又独立，鲤

● 16·8

孔子说:"君子惧怕三件事:惧怕天命,惧怕权贵人物,惧怕圣人的言论。小人不懂得天命,因而不惧怕,亵渎权贵人物,侮慢圣人的言论。"

● 16·9

孔子说:"生下来就知道的人是上等,学了才知道的人是次等,遇到困难不得不学的人又次一等,遇到困难却不学的,这种老百姓才是下等的了。"

● 16·10

孔子说:"君子有九种事情需要考虑:看,要考虑看明白了么;听,要考虑听清楚了么;脸色,要考虑温和么;容貌,要考虑恭敬么;言语,要考虑忠实么;工作,要考虑认真么;疑惑,要考虑怎样去提问;愤怒,要考虑会不会有后患;遇见有所得,要考虑是否该得。"

● 16·11

孔子说:"看见善良的,努力追求,好像唯恐赶不上似的;看见邪恶,尽力避开,好像手将伸进沸水里似的。我遇见过这样的人,也听到过这样的话。避世隐居来保全自己的志向,做合乎正义的事来贯彻自己的主张。我听过这样的话,却没有遇见过这样的人。"

● 16·12

齐景公有马四千匹,到他死的时候,百姓都认为他没有什么德行值得称赞的。伯夷、叔齐饿死在首阳山下,百姓到今天还称赞他们。那就是这个意思吧!

● 16·13

陈亢(即子禽)向孔子的儿子伯鱼问道:"你在老师那里,也得到不同于一般人的传授吗?"伯鱼答道:"没有。他老人家曾经独自站着,我快步走过庭中,他老人家说:'学过诗么?'我答道:'没有。'他老人家说:'不学诗就不善于说话。'我退回来就学诗。过一晌,

趋而过庭。曰:'学《礼》乎?'对曰:'未也。''不学《礼》,无以立。'鲤退而学《礼》。闻斯二者。"陈亢退而喜曰:"问一得三:闻《诗》,闻《礼》,又闻君子之远其子也。"

16·14

邦君之妻,君称之曰"夫人",夫人自称曰"小童";邦人称之曰"君夫人",称诸异邦曰"寡小君";异邦人称之,亦曰"君夫人"。

● 阳货第十七

凡二十六章。

17·1

阳货欲见孔子,孔子不见*,归孔子豚。孔子时其亡也,而往拜之,遇诸涂。谓孔子曰:"来!予与尔言。"曰:"怀其宝而迷其邦,可谓仁乎?"曰:"不可。——好从事而亟失时,可谓知乎?"曰:"不可。——日月逝矣,岁不我与。"孔子曰:"诺,吾将仕矣。"

*当时的礼俗,大官送给小官礼品,小官不能在自己家中接受、拜谢,得亲自到大官家中道谢。

17·2

子曰:"性相近也,习相远也。"

他老人家又独自站着,我又快步走过庭中,他老人家说:"学了礼么?'我答道:'没有。'他老人家又说:'不学礼,便在社会上无法站稳脚跟。'我退回来,便学礼。我只听到这两件事。"陈亢回去高兴地说:"问一件事知道了三件事,听到学诗,听到学礼,还听到君子怎样严以教子。"

● 16·14

国君的妻子,国君称她为夫人,夫人自己称为小童;本国人称她为君夫人,对外国人便称她为寡小君;外国人也称她为君夫人。

● 17·1

〔以季氏家臣而把持鲁国政权的〕阳货想要孔子去看他,孔子不曾去。阳货〔因此趁孔子不在家时〕送给孔子〔一只蒸熟了的〕小猪。孔子探听到他外出时便去拜谢他,〔谁知冤家路窄,〕在路上碰到了。阳货〔走到一边,迎着〕孔子说:"来!我和你说话。"〔孔子自然从另一边走了过去。〕阳货说:"怀有一身本领,却听任国家一塌糊涂,可以叫做仁爱么?"〔孔子没吭声。〕他自己接着说:"不可以。——一个人喜欢做事情,却屡屡错过机会,可以叫做聪明么?"〔孔子又没吭声。〕他又接着说:"不可以。——时光一去不回头,岁月不会等待我们。"孔子这才说:"好吧,我准备做官了。"

● 17·2

孔子说:"人的生性本来互相接近,因为受不同环境习俗的熏

子曰："唯上知与下愚不移。"

子之武城，闻弦歌之声。夫子莞尔而笑，曰："割鸡焉用牛刀？"子游对曰："昔者偃也闻诸夫子曰：'君子学道则爱人，小人学道则易使也。'"子曰："二三子，偃之言是也。前言戏之耳。"

公山弗扰以费畔，召，子欲往。子路不说，曰："末之也已，何必公山氏之之也。"子曰："夫召我者，而岂徒哉？如有用我者，吾其为东周乎！"

子张问仁于孔子。孔子曰："能行五者于天下，为仁矣。"请问之。曰："恭，宽，信，敏，惠。恭则不侮，宽则得众，信则人任焉，敏则有功，惠则足以使人。"

佛肸（Bì Xī）召，子欲往。子路曰："昔者由也闻诸夫子曰：'亲于其身为不善者，君子不入也。'佛肸以中牟畔，子之往也，如之何？"子曰："然，有是言也。不曰坚乎，磨而不磷；不曰白乎，涅而不缁。吾岂匏瓜也哉？焉能系而不食？"

陶,便大不一样。"

● 17·3

孔子说:"只有头等聪明人和极端愚蠢的人,才是改变不了的。"

● 17·4

〔子游(姓言名偃)作武城县长,〕孔子到武城去,听到弹琴唱《诗》的声音,便微笑地说:"杀鸡,哪里用得着宰牛刀呢?〔治理这小地方,用得着如此礼乐教化么?〕"子游答道:"以前我听见老师说过:'君子学习了道理,便有仁爱之心;小人学习了道理,便容易听使唤〔。教化总有用处〕。'"孔子接着向学生们说:"你们听着,言偃的话是对的。我刚才的话不过是跟他开玩笑罢了。"

● 17·5

公山弗扰盘踞着费邑图谋造反,叫孔子去,孔子打算去。子路不高兴,说:"没地方去便算了,为什么一定要去公山氏那里呢?"孔子说:"那个叫我去的人,难道是白白叫我去吗?假若有人用我,我将使周文王、武王的德政在东方再度兴起啊!"

● 17·6

子张问孔子怎样实行仁德。孔子说:"能够在普天之下实行五种品德的,便是仁德了。"子张说:"请教哪五种?"孔子说:"庄重、宽厚、诚实、勤敏、慈惠。庄重就不会遭受侮辱,宽厚就会得到大众的拥护,诚实就会得到别人的任用,勤敏工作就有成绩,慈惠就能很好地使唤别人。"

● 17·7

佛肸叫孔子去,孔子打算去。子路说:"从前我听见老师说过:'亲自做坏事的人那里,君子是不去的。'如今佛肸盘踞中牟以抗拒赵氏,您要去,怎么说得过去呢?"孔子说:"对,我有过这话。你不知道吗?最坚固的东西,磨也磨不薄;最白的东西,染也染不黑。我难道是匏瓜吗?哪里能够只是被人悬挂着而不给人食用呢?"

子曰："由也,女闻六言六蔽矣乎?"对曰："未也。""居!
吾语女。好仁不好学,其蔽也愚;好知不好学,其蔽也荡;好信
不好学,其蔽也贼;好直不好学,其蔽也绞;好勇不好学,其蔽
也乱;好刚不好学,其蔽也狂。"

子曰："小子何莫学夫《诗》?《诗》,可以兴,可以观,可以
群,可以怨。迩之事父,远之事君。多识于鸟兽草木之名。"

子谓伯鱼曰："女为《周南》、《召南》矣乎?人而不为《周
南》、《召南》,其犹正墙面而立也与!"

子曰："礼云礼云,玉帛云乎哉?乐云乐云,钟鼓云乎哉?"

子曰："色厉而内荏,譬诸小人,其犹穿窬之盗也与?"

子曰："乡原,德之贼也。"

● 17·8

孔子说："仲由呀！你听说过六种品德会带来六种弊病吗？"子路答道："没有。"孔子说："坐下！我告诉你。爱好仁德却不喜好学问，它的弊病是容易被愚弄；爱耍聪明，却不喜好学问，它的弊病是放荡不羁，无所适从；喜爱诚实，却不喜好学问，它的弊病是〔容易被人利用，结果〕害了自己；喜爱直率，却不喜好学问，它的弊病是说话尖刻伤人；喜爱勇敢，却不喜好学问，它的弊病是捣乱闯祸；喜爱刚强，却不喜好学问，它的弊病是胆大妄为。"

● 17·9

孔子说："学生们为什么不肯学习《诗》呢？学《诗》可以培养联想力，可以提高观察力，可以锻炼合群性，可以学得讽刺方法。近可以运用其中的道理事奉父母；远可以用来服事君主；而且可以多多认识一些鸟兽草木的名称。"

● 17·10

孔子对伯鱼说："你研究过《诗经》中《周南》、《召南》两部分吗？一个人不研究《周南》、《召南》，那好比把脸面对着墙壁站立着〔，一切都见不到，一步也不能前进〕吧！"

● 17·11

孔子说："礼呀礼呀，仅仅是指玉帛等礼物说的吗？乐呀乐呀，仅仅是指钟鼓等乐器说的吗？"

● 17·12

孔子说："外表声色严厉，内心怯弱，若用坏人作比，大概像个挖洞跳墙的小偷吧。"

● 17·13

孔子说："不分是非曲直、八面玲珑的好好先生，是败坏道德的小人。"

子曰："道听而涂说,德之弃也。"

子曰："鄙夫可与事君也与哉?其未得之也,患得之;既得之,患失之。苟患失之,无所不至矣。"

子曰："古者民有三疾,今也或是之亡也。古之狂也肆,今之狂也荡;古之矜也廉,今之矜也忿戾;古之愚也直,今之愚也诈而已矣。"

子曰："巧言令色,鲜矣仁。"*

*与《学而篇》1·3重复。

子曰："恶紫之夺朱也,恶郑声*之乱雅乐也,恶利口之覆邦家者。"

*郑乐多淫乱之曲。

子曰："予欲无言。"子贡曰："子如不言,则小子何述焉?"子曰："天何言哉?四时行焉,百物生焉,天何言哉?"

孺悲欲见孔子,孔子辞以疾。将命者出户,取瑟而歌,使之闻之。

● 17·14

孔子说："在路上听到的传言就四处传播，这是背弃道德，应该革除的坏作风。"

● 17·15

孔子说："鄙陋之人，难道可以和他一道事奉君主吗？当他没有得到职位的时候，就怕得不到；已经得到了，又怕丢失它。如果怕丢失，便什么坏事都干得出来了。"

● 17·16

孔子说："古代人有三种〔值得称道的〕毛病，今天连这都没有了。古代的狂人肆意直言，如今的狂人便放荡不羁了；古代矜持自尊的人行为端正有威严，还有不可触犯之处，现在矜持自尊的人却一味恼羞成怒、无理取闹罢了；古代愚笨的人还直率，现在愚笨的人却只是欺诈耍手段罢了。"

● 17·17

孔子说："花言巧语，假冒伪善，这种人，'仁德'是不会多的。"

● 17·18

孔子说："紫色夺掉了大红色的光彩，可厌恶；郑国乐曲扰乱了典雅的乐曲，可厌恶；尖嘴利舌的人足以倾覆国家，可厌恶。"

● 17·19

孔子说："我想不说什么了。"子贡说："您假若不说，那我们拿什么传述给后代呢？"孔子说："天说了什么呢？四季照样运行，万物照样生长，天说了什么呢？"

● 17·20

孺悲（鲁国人）要进见孔子，孔子托词有病，拒绝接待。传达的人刚出房门，孔子拿起瑟，边弹边唱，故意使孺悲听到。

宰我问：“三年之丧，期已久矣。君子三年不为礼，礼必坏；三年不为乐，乐必崩。旧谷既没，新谷既升，钻燧改火，期可已矣。”子曰：“食夫稻，衣夫锦，于女安乎？”曰：“安。”“女安则为之！夫君子之居丧，食旨不甘，闻乐不乐，居处不安，故不为也。今女安，则为之！”宰我出。子曰：“予之不仁也！子生三年，然后免于父母之怀。夫三年之丧，天下之通丧也。予也有三年之爱于其父母乎？”

子曰：“饱食终日，无所用心，难矣哉！不有博弈者乎？为之，犹贤乎已。”

子路曰：“君子尚勇乎？”子曰：“君子义以为上。君子有勇而无义为乱，小人有勇而无义为盗。”

子贡曰：“君子亦有恶乎？”子曰：“有恶：恶称人之恶者，恶居下流而讪上者，恶勇而无礼者，恶果敢而窒者。”曰：“赐也亦有恶乎？”“恶徼以为知者，恶不孙以为勇者，恶讦以为直者。”

子曰：“唯女子与小人为难养也，近之则不孙，远之则怨。”

● 17·21

宰我问："父母死亡,守孝三年,时间太长了。君子有三年不去实行礼仪,礼仪一定会被破坏;有三年不去奏音乐,乐曲一定会失传。旧谷已经吃光了,新谷又已登场,取火的木头,一年一轮回,丧期一年也就可以了。"孔子说:"你父母死了不到三年,便吃稻米饭,穿锦缎衣,你心里安不安呢?"宰我说:"安。"孔子马上说:"你心安,你就去干吧!君子在守孝期间,吃美食不觉得味道好,听到好的乐曲不觉得快乐,居住坐立都不安,所以才不干。现在你心安,你就去干吧!"宰我退了出来。孔子说:"宰予真没有仁爱呀!儿子生下三年,然后才脱离父母怀抱。守孝三年,是天下通行的丧礼。宰予对他父母难道没有三年怀抱的养育恩情么?"

● 17·22

孔子说:"整天吃饱饭,不用一点心思,难得有出息呀!不是有掷采、下棋的游戏吗?干干也比闲散着强。"

● 17·23

子路说:"君子崇尚勇敢吗?"孔子说:"君子认为正义是头等要紧的。君子只讲勇敢不讲正义,就会捣乱造反;小人只讲勇敢不讲正义,就会做土匪强盗。"

● 17·24

子贡说:"君子也有憎恶的事么?"孔子说:"有憎恶的事:如憎恶专说别人坏处的人,憎恶在下位而毁谤在上位的人,憎恶勇敢却没有礼貌的人,憎恶勇敢有决断却顽固、执拗到底的人。"又说:"端木赐,你也有憎恶的事吗?"子贡说:"我憎恶偷取别人的成果却自以为聪明的人,憎恶毫不谦虚却自以为勇敢的人,憎恶攻击别人的短处却自以为正直的人。"

● 17·25

孔子说:"只有女子和小人难得和他们共处:亲近了,就会无

子曰："年四十而见恶焉，其终也已。"

● 微子第十八

此篇多记圣贤之出处，凡十一章。

微子去之，箕子为之奴，比干谏而死。孔子曰："殷有三仁焉。"

柳下惠为士师，三黜。人曰："子未可以去乎？"曰："直道而事人，焉往而不三黜？枉道而事人，何必去父母之邦？"

齐景公待孔子，曰："若季氏则吾不能，以季、孟之间待之。"曰："吾老矣，不能用也。"孔子行。

齐人归女乐，季桓子受之，三日不朝。孔子行。

楚狂接舆歌而过孔子，曰："凤兮！凤兮！何德之衰？往者不

礼；疏远了，就会怨恨。"

● 17·26

孔子说："到了四十岁还被人讨厌，他这一生也就完了。"

● 18·1

〔殷纣王昏庸残暴，〕他的胞兄微子离开了他，他的叔父箕子因进谏不听而装疯，结果做了奴隶，还有一个叔父比干劝阻他，便被剖心处死。孔子说："殷商末年有三位仁人。"

● 18·2

柳下惠做鲁国的法官，多次被撤职。有人对他说："您不可以离开这里吗？"他说："正直地事奉君主，到哪里去而不多次被撤职呢？不正直地事奉君主，为什么一定离开自己的祖国呢？"

● 18·3

齐景公讲到怎样对待孔子，说："像鲁君对待季氏那样，我就办不到。我打算用次于季氏、高于孟氏的待遇来对待他。"不久，又说："我老了，没有什么作为了。"孔子便离开了齐国。

● 18·4

齐国送鲁国不少歌姬舞女，季桓子接受了，一连三天不问政事。孔子离职而去。

● 18·5

楚国有个狂人叫接舆的，经过孔子的车前，唱道："凤凰呀，凤

可谏，来者犹可追。已而！已而！今之从政者殆而！"孔子下，欲与之言。趋而辟之，不得与之言。

长沮、桀溺耦而耕，孔子过之，使子路问津焉。长沮曰："夫执舆者为谁？"子路曰："为孔丘。"曰："是鲁孔丘与？"曰："是也。"曰："是知津矣。"问于桀溺，桀溺曰："子为谁？"曰："为仲由。"曰："是鲁孔丘之徒与？"对曰："然。"曰："滔滔者天下皆是也，而谁以易之？且而与其从辟人之士也，岂若从辟世之士哉？"耰而不辍。子路行以告。夫子怃然曰："鸟兽不可与同群，吾非斯人之徒与而谁与？天下有道，丘不与易也。"

子路从而后，遇丈人，以杖荷蓧。子路问曰："子见夫子乎？"丈人曰："四体不勤，五谷不分。孰为夫子？"植其杖而芸。子路拱而立。止子路宿，杀鸡为黍而食之，见其二子焉。明日，子路行以告。子曰："隐者也。"使子路反见之。至则行矣。子路曰："不仕无义。长幼之节，不可废也；君臣之义，如之何其废之？欲洁其身，而乱大伦。君子之仕也，行其义也。道之不行，已知之矣。"

凰呀! 为什么这样倒霉? 过去的已不能挽回, 今后的再不要执迷。算了吧, 算了吧! 今天当政的诸公危乎其危!"孔子下车, 想和他说话。他赶快避开, 孔子没法和他说。

● 18·6 ——————————————————

长沮、桀溺（此非真姓名, 系隐士）两人一同在田地里耕作, 孔子经过那里, 叫子路下去询问渡口在哪里。长沮问子路说:"那驾车子的是谁?"子路说:"是孔丘。"他又说:"是鲁国的孔丘么?"子路说:"是的。"他便说:"他么, 早知道渡口在哪里了。"子路又去问桀溺。桀溺说:"你是谁?"子路答:"我是仲由。"他又问:"你是鲁国孔丘的门徒么?"子路答道:"是的。"他便说:"到处都是像洪水一样恶浊的东西, 你们能同谁去改变它呢? 而且你与其跟着〔孔丘那种〕逃避坏人的人, 怎么不跟随〔我们这些〕逃避坏社会的人呢?"说完, 他仍旧不停地做田里的活。子路回来报告孔子。孔子失望地说:"既然我们不能和飞禽走兽它们共处, 不同人群中的你们又同谁在一起呢? 如果天下政治清平, 我就不会出来与你们一道搞改革了。"

● 18·7 ——————————————————

子路跟随孔子周游列国, 却落后很远, 遇见一个老头, 用手杖挑着除草用的工具。子路问道:"您看见我的老师吗?"老头说:"你四肢不去劳动, 五谷不能分辨, 谁是你的老师呢?"说完, 便把手杖插进泥土中去锄草。子路拱着手恭敬地站立着。他便留子路住宿, 杀了鸡, 做好黄米饭给子路吃, 而且引着他的两个儿子会见子路。第二天, 子路赶上, 报告孔子。孔子说:"这是位隐士。"叫子路回去会见他。等子路到原来的地方, 他已经搬走了。子路说:"不出来做官是不合情理的。〔您把儿子叫出来见我, 可见您懂〕长幼间的关系是不可废弃的, 那君臣间的关系又怎么可以废弃呢? 您怕玷污自己, 却搞乱了君臣间的人伦关系。君子出来做官, 为的是履行君臣间的

逸民：伯夷，叔齐，虞仲，夷逸，朱张，柳下惠，少连。子曰："不降其志，不辱其身，伯夷、叔齐与！"谓："柳下惠、少连，降志辱身矣。言中伦，行中虑，其斯而已矣。"谓："虞仲、夷逸，隐居放言，身中清，废中权。我则异于是，无可无不可。"

大师挚适齐，亚饭干适楚，三饭缭适蔡，四饭*缺适秦，鼓方叔入于河，播鼗武入于汉，少师阳、击磬襄入于海。

*古代天子诸侯用饭都得奏乐，所以乐官有"亚饭"、"三饭"、"四饭"之称。

周公谓鲁公曰："君子不施其亲，不使大臣怨乎不以。故旧无大故，则不弃也。无求备于一人。"

周有八士：伯达、伯适、仲突、仲忽、叔夜、叔夏、季随、季騧。

应尽义务。我们的主张行不通，早已知道了。"

● 18·8 ————————————————————————

古今被遗落的人才有伯夷、叔齐、虞仲、夷逸、朱张、柳下惠、少连。孔子说："不降低自己的志气，不辱没自己身份，要算伯夷、叔齐吧。"又讲："柳下惠、少连降低自己志气，辱没自己身份了，但说话合乎法度，行为经过考虑，不过就是这样罢了。"又说："虞仲、夷逸，逃世隐居，放胆直言，行为清廉，被废弃也合乎权变。我则和他们不一样，没有什么可以，也没有什么不可以。"

● 18·9 ————————————————————————

太师挚到了齐国，亚饭乐师干到了楚国，三饭乐师缭到了蔡国，四饭乐师缺到了秦国，击鼓乐师方叔入居黄河之边，摇小鼓乐师武逃居汉水之滨，少师阳和击磬的襄避居到海边。

● 18·10 ————————————————————————

周公旦对他儿子鲁公伯禽(二人孔子都视为圣人)说："君子不怠慢他的亲族，不让大臣抱怨未被信任。老臣旧友没有严重过失，就不要抛弃他们。对一个人不要求全责备。"

● 18·11 ————————————————————————

周朝有八位有教养的人：伯达、伯适、仲突、仲忽、叔夜、叔夏、季随、季騧。

● 子张第十九

此篇皆记弟子之言，而子夏为多，子贡次之。凡二十五章。

◎ 19·1

子张曰："士见危致命，见得思义，祭思敬，丧思哀，其可已矣。"

◎ 19·2

子张曰："执德不弘，信道不笃，焉能为有？焉能为亡？"

◎ 19·3

子夏之门人问交于子张。子张曰："子夏云何？"对曰："子夏曰：'可者与之，其不可者拒之。'"子张曰："异乎吾所闻：君子尊贤而容众，嘉善而矜不能。我之大贤与？于人何所不容？我之不贤与？人将拒我，如之何其拒人也？"

◎ 19·4

子夏曰："虽小道，必有可观者焉；致远恐泥，是以君子不为也。"

◎ 19·5

子夏曰："日知其所亡，月无忘其所能，可谓好学也已矣。"

◎ 19·6

子夏曰："博学而笃志，切问而近思，仁在其中矣。"

● 19·1 ────────────────────────

子张说:"一个知书识礼的人,遇见危险,便能够豁出生命;看见有所得的事,便能够考虑该得不该得;祭祀时考虑是否严肃认真;有丧事时考虑是否悲痛哀伤;那样也就可以了。"

● 19·2 ────────────────────────

子张说:"一个人,执行道德不坚强,信仰也不忠实,这种人,有他不多,没他不少。"

● 19·3 ────────────────────────

子夏的学生问子张如何交朋友。子张说:"子夏说了些什么呢?"该生答道:"子夏说:'可以交便和他交朋友,不可以交的便拒绝他。'"子张说:"我所听到的和这不同:君子尊重贤人,容纳众人,鼓励好人,同情无能的人。我是非常好的人么?对别人有什么不能容纳的呢?我是坏人么?别人会拒绝我,我怎么能拒绝别人呢?"

● 19·4 ────────────────────────

子夏说:"虽然是小小的技艺,也一定有值得一顾的地方,但恐怕对远大的事业有妨碍,所以君子不去干。"

● 19·5 ────────────────────────

子夏说:"每天知晓自己所不曾知道的,每月不忘记自己所已经能够掌握的,可以说是爱好学习了。"

● 19·6 ────────────────────────

子夏说:"广博地学习,志向专一不变;对未曾理解的事恳切向人求教,多考虑当前的问题,仁德便在这当中了。"

子夏曰："百工居肆以成其事，君子学以致其道。"

子夏曰："小人之过也必文。"

子夏曰："君子有三变：望之俨然，即之也温，听其言也厉。"

子夏曰："君子信而后劳其民，未信则以为厉己也；信而后谏，未信则以为谤己也。"

子夏曰："大德不逾闲，小德出入可也。"

子游曰："子夏之门人小子，当洒扫、应对、进退，则可矣，抑末也。本之则无。如之何？"子夏闻之，曰："噫！言游过矣！君子之道，孰先传焉？孰后倦焉？譬诸草木，区以别矣。君子之道，焉可诬也？有始有卒者，其惟圣人乎！"

子夏曰："仕而优则学，学而优则仕。"

子游曰："丧致乎哀而止。"

● 19·7

　　子夏说:"各业的工匠在工场里来完成他们的工作,君子则通过学习来获得道理和知识。"

● 19·8

　　子夏说:"小人有了过失,一定加以掩饰。"

● 19·9

　　子夏说:"对君子的印象有三种变化:远远望去,庄严可畏;向他靠拢,温和可亲;听他的话,严肃不苟。"

● 19·10

　　子夏说:"君子必须得到信任然后再去使唤百姓,没有得到信任,他们会认为你在折磨他们;也必须得到信任才去规劝上级,不然他会认为你在毁谤他。"

● 19·11

　　子夏说:"在重大节操上不能超过界限,生活小节上稍有出入倒是可以的。"

● 19·12

　　子游说:"子夏的学生们做做洒水扫地、接待客人、应对进退的事情,那是可以的;但这些只是末节小事。他们研究学术的基础却没有,怎么行呢?"子夏听到了,说:"唉!言游错了!君子的学术哪些先传授?哪些后讲述呢?比如草木,各种各类是应该区别开来。君子的学术,怎么可以歪曲呢?〔循序渐进地去传授,〕有始有终的,大概只有圣人吧!"

● 19·13

　　子夏说:"做好了官,有余力就学习;学习好了,有余力就去做官。"

● 19·14

　　子游说:"居丧,充分表现了他心中的悲哀也就够了。"

子游曰："吾友张也，为难能也，然而未仁。"

曾子曰："堂堂乎张也，难与并为仁矣。"

曾子曰："吾闻诸夫子：人未有自致者也，必也亲丧乎！"

曾子曰："吾闻诸夫子：孟庄子之孝也，其他可能也；其不改父之臣，与父之政，是难能也。"

孟氏使阳肤为士师，问于曾子。曾子曰："上失其道，民散久矣。如得其情，则哀矜而勿喜。"

子贡曰："纣之不善，不如是之甚也。是以君子恶居下流，天下之恶皆归焉。"

子贡曰："君子之过也，如日月之食焉：过也，人皆见之；更也，人皆仰之。"

卫公孙朝问于子贡曰："仲尼焉学？"子贡曰："文、武之道，未坠于地，在人。贤者识其大者，不贤者识其小者，莫不有

● 19·15 —————————————————————————

　　子游说："我的朋友子张是难能可贵的,但还没有做到仁。"

● 19·16 —————————————————————————

　　曾子说："子张的为人高不可攀,很难把别人一同带入仁德的境界。"

● 19·17 —————————————————————————

　　曾子说："我听老师说过,人在平常的时候,不可能自动地充分地表露内心的真实感情,〔如果能,〕那一定在父母逝世的时候吧!"

● 19·18 —————————————————————————

　　曾子说："我听老师说过:'孟庄子(鲁国大夫,孟献子之子,名速)的孝道,其他都可以做到;而他在职期间,留用他父亲的僚属,保持他父亲的政治措施,这是不容易做到的。'"

● 19·19 —————————————————————————

　　孟氏任命阳肤(曾子弟子)做法官,阳肤向曾子求教。曾子说："在上位的人不依规矩行事,百姓的心早就涣散了。你假若能审出罪犯的真情,就应该可怜他们,同情他们,不要自鸣得意。"

● 19·20 —————————————————————————

　　子贡说："商纣王的罪恶,并不像传说的那么厉害。所以,君子最怕沾着恶名,一沾恶名,天下什么坏事都会集中在他身上。"

● 19·21 —————————————————————————

　　子贡说："君子的过失好比日蚀月蚀一般,犯错误的时候,人人都能看得到;当改正的时候,人人都仰望着。"

● 19·22 —————————————————————————

　　卫国的公孙朝问子贡说："孔仲尼的学问是从哪里得来的?"子贡说："周文王、武王的道术并没有失传,散在人间。贤能的人抓住大节,不贤能的人只抓住小节,没有地方没有文王、武王的道术。我

文、武之道焉。夫子焉不学？而亦何常师之有？"

◎ 19·23

叔孙武叔语大夫于朝，曰："子贡贤于仲尼。"子服景伯以告子贡。子贡曰："譬之宫墙：赐之墙也及肩，窥见室家之好。夫子之墙数仞，不得其门而入，不见宗庙之美，百官之富。得其门者或寡矣。夫子之云，不亦宜乎！"

◎ 19·24

叔孙武叔毁仲尼。子贡曰："无以为也，仲尼不可毁也。他人之贤者，丘陵也，犹可逾也。仲尼，日月也，无得而逾焉。人虽欲自绝，其何伤于日月乎？多见其不知量也！"

◎ 19·25

陈子禽谓子贡曰："子为恭也，仲尼岂贤于子乎？"子贡曰："君子一言以为知，一言以为不知，言不可不慎也。夫子之不可及也，犹天之不可阶而升也。夫子之得邦家者，所谓立之斯立，道之斯行，绥之斯来，动之斯和。其生也荣，其死也哀。如之何其可及也！"

老师到哪里不能学呢？又为什么一定要有专门的老师传授呢？"

● 19·23 ————————————————————

鲁国大夫叔孙武叔在朝廷中告诉一班官员说："子贡比他老师仲尼要强。"子服景伯便把这话告诉了子贡。子贡说："拿房屋的围墙作比喻吧：我家的围墙只齐肩膀，谁都可以望见房屋的美好。我的老师的围墙有几丈高，人们找不着大门进去，就看不见他那宗庙的壮美，房舍的多种多样。能够找着大门进去的人或许不多吧。那么，叔孙武叔他老人家那么说，不也是很自然的吗？"

● 19·24 ————————————————————

叔孙武叔毁谤仲尼。子贡说："不要这样做，仲尼是毁谤不了的。别人的贤能好比小山丘，还可以超过；仲尼好比太阳和月亮一样，是没办法超过的。有人纵然想自绝于太阳、月亮，那对太阳、月亮又有什么损害呢？只是看出他太不自量罢了。"

● 19·25 ————————————————————

陈子禽对子贡说："您对仲尼那么恭敬，难道他真比您强吗？"子贡说："君子说一句话可以表现他聪明，也可以说一句话表现他不聪明，说话是不能不谨慎的。我的老师的不可赶上，如同上天不能用梯子一级级地爬上去一样。我的老师如果当上国家的君主或得到采邑成为卿大夫，他要百姓在社会上站住脚跟，百姓便都自然站住脚跟；若引导百姓前进，百姓自然都跟着前进；若安抚百姓，百姓自然都会前来投奔；若动员百姓，百姓自然会同心协力。他老人家生得光荣，死得可惜可悲。别人怎么能赶得上呢？"

● 尧曰第二十

凡三章。

尧曰:"咨!尔舜!天之历数在尔躬,允执其中。四海困穷,天禄永终。"舜亦以命禹。

曰:"予小子履,敢用玄牡,敢昭告于皇皇后帝:有罪不敢赦。帝臣不蔽,简在帝心。朕躬有罪,无以万方;万方有罪,罪在朕躬。"

周有大赉,善人是富。"虽有周亲,不如仁人。百姓有过,在予一人。"

谨权量,审法度,修废官,四方之政行焉。兴灭国,继绝世,举逸民,天下之民归心焉。

所重:民、食、丧、祭。宽则得众*,敏则有功,公则说。

*以下本有"信则民任焉"五字,今考得是后人妄加,故删去不译。

子张问于孔子曰:"何如斯可以从政矣?"子曰:"尊五美,屏四恶,斯可以从政矣。"子张曰:"何谓五美?"子曰:"君子惠而不费,劳而不怨,欲而不贪,泰而不骄,威而不猛。"子张

● **20·1**

尧〔禅位给舜的时候〕说："啧啧！你这位舜呀！上天的大任已经落到你身上了，你要真诚地保持着那正确的传统，假若天下的百姓都陷入困苦贫穷的境地，上天给你的禄位也就会永远终止了。"舜禅位时，也用同样的这番话吩咐禹。

〔商汤时，遭逢大旱，汤向上天求雨，〕说："我这小子履（相传汤又名履）谨用黑色的牡牛作祭品，明白地禀告辉煌的天帝：有罪的人〔我〕不敢擅自赦免他。您的臣仆〔的善恶〕我也不掩盖，您心里也是早就晓得的。我本人若有罪，不要牵连天下万方；天下万方若有罪，都归我一人来承担。"

周武王灭纣，大封诸侯，使善良的人都富贵起来，他说："我虽然有至亲，但不如有仁德之人。百姓有错过，由我一人来承担。"

检验并统一度量衡，审订礼乐制度，修复已废弃的衙门，全国政令就会通行了。恢复被灭亡的国家，承续已断绝的后代，选拔被遗落的人才，天下的百姓就都会心悦诚服。

所重视的是：人民、粮食、丧礼、祭祀。宽厚就会得到众人的拥护，勤快就会有功绩，公平就会使百姓高兴。

☙ **20·2**

子张问孔子说："怎样才可以治理政事呢？"孔子说："尊崇五种美德，排除四种恶政，这就可以治理政事了。"子张问："什么是五种美德？"孔子说："君子给人民以好处，自己却不耗费；使唤百姓，百姓却不怨恨；自己有所求却不贪得；安宁矜持却不骄傲；有威

曰："何谓惠而不费？"子曰："因民之所利而利之，斯不亦惠而不费乎？择可劳而劳之，又谁怨？欲仁而得仁，又焉贪？君子无众寡，无小大，无敢慢，斯不亦泰而不骄乎？君子正其衣冠，尊其瞻视，俨然人望而畏之，斯不亦威而不猛乎？"子张曰："何谓四恶？"子曰："不教而杀谓之虐；不戒视成谓之暴；慢令致期谓之贼；犹之与人也，出纳之吝，谓之有司。"

◎ 20·3

子曰："不知命，无以为君子也。不知礼，无以立也。不知言，无以知人也。"

严却不凶猛。"子张说："给人民以好处，而自己无所耗费，该怎么办呢？"孔子说："凡百姓能得到好处的便使他们得到好处，这不就是给人民以好处自己却无所耗费吗？选择可以劳动的〔时间、地点和对象〕再去叫他们劳动，又有谁会怨恨呢？自己想要仁德便得到仁德，还贪求什么呢？无论人多人少，无论势力大小，君子都不敢怠慢，这不是矜持安宁而不骄傲吗？君子衣冠整齐，目不邪视，庄严地使人望而有所畏惧，这不是有威严却不凶猛吗？"子张说："四种恶政又是什么呢？"孔子说："不先教育便加杀戮叫做虐，不先告诫便要求有成绩叫做暴；起先懈怠，突然限期完成叫做贼；同是给人以财物，出手吝啬，叫做小气。"

● 20·3 ————————————————————————

孔子说："不懂得命运，没有办法做君子。不懂得礼节，没有办法立足于社会。不善于分析人家的话语，没办法了解别人的善恶。"

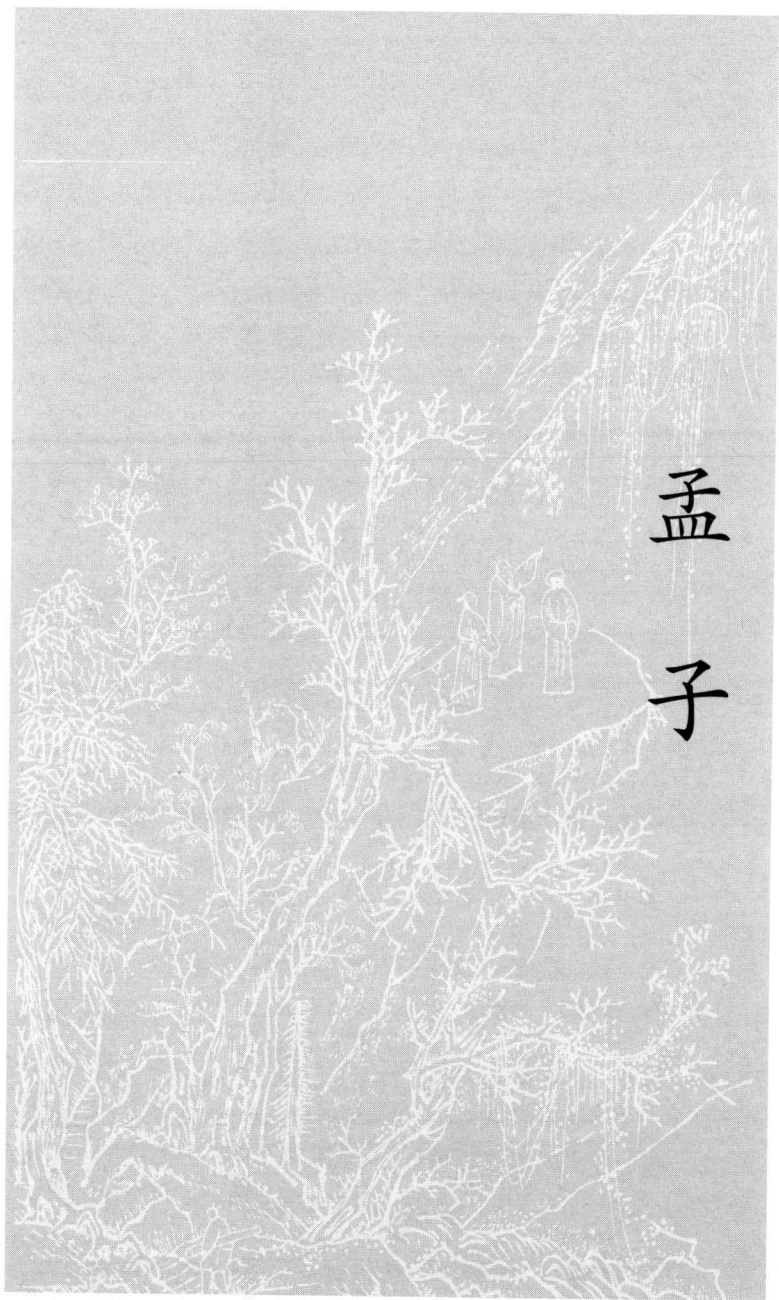

孟子

引言

　　孟子名轲，古人很重表字，如孔子名丘字仲尼，《论语》已经提过，《孟子》也说过，而孟子的字却没有传述，东汉赵岐作《孟子章句》，在《孟子题辞》中说没听说过；三国徐幹作《中论序》也说没有传下来；而王肃作《圣证论》，说孟子字"子车"；晋人傅玄作《傅子》，说他字"子舆"。东汉人所没听说的，三国和晋人怎么会知道呢？又何以各种说法不同呢？从情况推测，王肃和傅玄不过是从名"轲"各拟一个和"轲"义相关的字"车"或"舆"，权且充数罢了，这些都是不真实的。孟轲是邹国人，当时的邹国就在今天山东的邹县（现为邹城市），离鲁国都城即今天的曲阜市北不足一百里，所以孟子自己说："近圣人之居若此其甚也。"

　　据《史记·孟荀列传》，《孟子》是孟轲老而不得意，"退而与万章之徒序《诗》、《书》，述仲尼之意，作《孟子》七篇"。这话可信。现存《孟子》中，有他学生万章等人的笔墨，如《滕文公上》第一章"孟子道性善，言必称尧舜"，这便像孟子学生说的，不像孟子自己说的。

　　孟子是"乃所愿，则学孔子"（《公孙丑上》）的人，而且自命为孔子思想的继承人。孟子生卒年月虽然没有传下来，从《孟子》书中推测，大概生于周安王十四年（公元前388年）前后，可能高寿，或者活到84岁。如果可信，那就死于周赧王十一年（公元前304年）前后。有些书说他是孔子之孙子思的学生，但子思父亲伯鱼死在孔子前，见于《论语》，子思纵是高寿，也看不到孟子的出生。而且他若真是子思的学生，便不会说"予未得为孔子徒也，予私淑诸人也"（《离娄下》）。

　　孟子生前，虽不能实行其政治理想，依当时形势，那些理想和各强国诸侯称王称霸"辟土地，朝秦楚"（《梁惠王上》）的野心格格不入，自然各大国君王认为他"迂阔而远

于事情"；但他"后车数十乘，从者数百人，以传食于诸侯"（《滕文公下》），也曾显赫一时。他所见的诸侯有梁惠王、齐宣王、滕文公等人，梁惠王、滕文公死在他前，齐宣王可能迟死三两年，鲁平公可能迟死十年。

《论语》成书，孔子不曾看到；《孟子》则是他自己参加写定的。他可能有意仿效《论语》。第一，《孟子》七篇，也只是摘取开头一句两三个字做篇名，而且没有意义，更不代表各篇主要内容，如《庄子》的《逍遥游》、《齐物论》均有意义和主旨。第二，每篇之中各章之间很少逻辑联系，和《论语》相同。第三，最后一篇（《论语》的《尧曰》）和最后一章（《孟子·尽心下》第三十八章），都是从尧、舜讲到自己，似乎自己是尧、舜、禹、汤、文、武等圣王明主学说的继承人，前人叫做道统，韩愈的《原道》便提出他自己是这一道统孔、孟的继承人，孟子和韩愈都只是暗示而未明说罢了。

孟子究竟比孔子晚生一百年左右，春秋和战国的形势和风尚大有不同，孟子比孔子不能不有一些进步。

孔子虽然怀疑鬼神的存在，却重视祭祀。《论语》一万二千七百字，"祭"字出现14次；《孟子》有三万五千三百七十多字，是《论语》的2.7倍，"祭"字仅出现9次，"祭祀"连文出现2次，加在一起共11次，还少于《论语》。

孔子讲"仁"，孟子多半"仁义"并言。孔子重视人的生命，孟子更重视人民生存的权利。孟子"民贵君轻"的论点不能不说是当时可贵的理论。他甚至反对说汤放桀、武王伐纣是"臣弑君"，而说那是"诛一夫纣"。一夫，今天叫做独夫，这是对独裁者的称号。

孟子说"万物皆备于我"，后人给他戴上主观唯心主义的帽子，我认为这是误会。孟子这一"万物"只是指仁义礼智各种道德品质，他认为这本身就有"求则得之，舍则失之"的东西，至于"富贵利达"是"求之无益"、"在外"的东西。既然本身已有，自然不是虚幻境界，也不是超现实的精神作用，谈不上唯心或唯物。

孟子的政治主张是保守的，甚至是倒退的，其不能实行，是必然的。

● 梁惠王章句上

凡七章。

　　孟子见梁惠王。王曰："叟！不远千里而来，亦将有以利吾国乎？"

　　孟子对曰："王何必曰利？亦有仁义而已矣。王曰：'何以利吾国？'大夫曰：'何以利吾家？'士庶人曰：'何以利吾身？'上下交征利，而国危矣。万乘之国，弑其君者必千乘之家。千乘之国，弑其君者必百乘之家。万取千焉，千取百焉，不为不多矣。苟为后义而先利，不夺不餍。未有仁而遗其亲者也，未有义而后其君者也。王亦曰仁义而已矣，何必曰利？"

　　孟子见梁惠王。王立于沼上，顾鸿雁麋鹿，曰："贤者亦乐此乎？"

　　孟子对曰："贤者而后乐此，不贤者虽有此，不乐也。《诗》云：'经始灵台，经之营之，庶民攻之，不日成之。经始

孟子

● 1·1 —————

孟子谒见梁惠王。惠王说:"老先生!您不辞千里长途的辛苦前来,那对我国会有很大利益吧?"

孟子答道:"王!您为什么一定要说到利益呢?只要讲求仁义就行了。王假若说:'怎样才对我国有利?'大夫也说:'怎样才对我的封地有利?'那么,一般士子以至老百姓也都会说:'怎样才对我本人有利?'这样,上上下下互相追逐私利,国家便会处境危险。在拥有兵车万辆的国家里,杀掉那个国君的,一定是拥有兵车千辆的大夫;在拥有兵车千辆的国家里,杀掉那个国君的,一定是拥有兵车百辆的大夫。在兵车万辆的国家中,大夫拥有兵车千辆;在兵车千辆的国家中,大夫拥有兵车百辆;这些大夫的产业不能不说是很多的了。但是,假若轻道义,重私利,那么,大夫若不把国君的产业完全夺去,是永远不会满足的。从没有讲仁德的人却遗弃他的父母的,也没有讲道义的人却对他的君主怠慢的。王也只讲仁义就行了,为什么一定要讲利益呢?"

● 1·2 —————

孟子谒见梁惠王。王站在池塘旁边,一面顾盼着鸟兽,一面说道:"有道德的人也乐于享受这种愉快吗?"

孟子答道:"只有有道德的人才能享受这种愉快,没有道德的人纵使有这种愉快也无法享受。〔这话怎么说呢?我举出周文王和夏桀的史实来说明吧。〕《诗经·大雅·灵台》上说:'开始筑灵台,经营复经营,大家齐努力,很快便落成。王说不要急,百姓更卖力。

勿亟，庶民子来。王在灵囿，麀鹿攸伏，麀（yōu）鹿濯濯，白鸟鹤鹤。王在灵沼，於牣（rèn）鱼跃。'文王以民力为台为沼，而民欢乐之，谓其台曰灵台，谓其沼曰灵沼，乐其有麋鹿鱼鳖。古之人与民偕乐，故能乐也。《汤誓》曰：'时日害丧，予及女偕亡！'民欲与之偕亡，虽有台池鸟兽，岂能独乐哉？"

梁惠王曰："寡人之于国也，尽心焉耳矣。河内凶，则移其民于河东，移其粟于河内。河东凶亦然。察邻国之政，无如寡人之用心者。邻国之民不加少，寡人之民不加多，何也？"孟子对曰："王好战，请以战喻。填然鼓之，兵刃既接，弃甲曳兵而走，或百步而后止，或五十步而后止。以五十步笑百步，则何如？"曰："不可。直不百步耳，是亦走也。"曰："王如知此，则无望民之多于邻国也。不违农时，谷不可胜食也；数罟不入洿池，鱼鳖不可胜食也；斧斤以时入山林，材木不可胜用也。谷与鱼鳖不可胜食，材木不可胜用，是使民养生丧死无憾也。养

王到鹿苑中，母鹿正安逸。母鹿光且肥，白鸟羽毛洁。王到灵沼上，满池鱼跳跃。'〔这一段诗，便足以证明〕周文王虽然动用了百姓的力量来兴建高台深池，可是百姓非常高兴，把那个台叫'灵台'，把那个池沼叫'灵沼'，还为他有许多种类的禽兽鱼鳖而高兴。就因为他愿和老百姓同享欢乐，所以他能够得到真正的快乐。〔至于夏桀却与此相反。百姓怨恨他，他却自比为太阳，说道，太阳什么时候消灭，我才什么时候死亡。〕《汤誓》中便记载着老百姓的怨歌：'太阳呀！你什么时候消灭呢？我宁肯跟你一道死去！'作为国家的君主，竟让百姓怨恨到想和他一同死去，那他即使有高台深池，珍禽异兽，难道能够独自享乐吗？"

● 1·3 ————

梁惠王〔对孟子〕说："我对于国家，真是费尽心力了。河内地方遭了饥荒，我便把那里的部分百姓迁移到河东，同时把河东的部分粮食运到河内。河东假如遭了饥荒，也这样办。我曾经考察过邻国的政治，没有一个国家能像我这样替百姓打算的。可是，那些国家的百姓并不因此减少，我的百姓并不因此加多，这是什么缘故呢？"孟子答道："王喜欢战争，那就让我用战争来做个比喻吧。当战鼓冬冬直响，枪尖刀锋刚接触时，士兵们就抛下盔甲、拖着兵器向后逃跑，有的一口气跑了一百步停住脚，有的一口气跑了五十步停住脚。那些跑了五十步的士兵，竟耻笑跑一百步的士兵，〔说他胆子太小，〕行不行呢？"王说："不行。只不过他们没有跑到一百步罢了，但这也是逃跑呀。"孟子说："王如果懂得这个道理，那就不要再希望你的百姓比邻国多了。如果在农民耕种收获的季节，不去〔征兵派工，〕妨碍生产，那粮食便会吃不尽了。如果细密的鱼网不到大的池沼里去捕鱼，那鱼鳖也会吃不完。如果砍伐树木有一定的时节，木材也会用不尽了。粮食和鱼鳖吃不完，木材用不尽，这样便使百姓对生养死葬没有什么不满。百姓对于生养死葬都没有什么不满，就是王道

生丧死无憾，王道之始也。五亩之宅，树之以桑，五十者可以衣帛矣。鸡豚狗彘之畜，无失其时，七十者可以食肉矣。百亩之田，勿夺其时，数口之家可以无饥矣。谨庠序之教，申之以孝悌之义，颁白者不负戴于道路矣。七十者衣帛食肉，黎民不饥不寒，然而不王者，未之有也。狗彘食人食而不知检，途有饿莩而不知发；人死，则曰：'非我也，岁也。'是何异于刺人而杀之，曰：'非我也，兵也。'王无罪岁，斯天下之民至焉。"

◎ 1·4

梁惠王曰："寡人愿安承教。"孟子对曰："杀人以梃与刃，有以异乎？"曰："无以异也。""以刃与政，有以异乎？"曰："无以异也。"曰："庖有肥肉，厩有肥马，民有饥色，野有饿莩，此率兽而食人也。兽相食，且人恶之；为民父母，行政，不免于率兽而食人，恶在其为民父母也？仲尼曰：'始作俑者，其无后乎！'为其象人而用之也。如之何其使斯民饥而死也？"

的开端了。在五亩大的宅园中，种植桑树，那么，五十岁以上的人都可以穿上丝绵袄了。鸡狗与猪等等家畜家家都有饲料、有工夫去饲养，那么，七十岁以上的人都可以有肉吃了。一家人有百亩的耕地，不去妨碍他们的生产，那么，几口人的家庭可以吃得饱了。认真地办些学校，反复地用孝顺父母、尊敬兄长的大道理开导他们，那么，〔人人都会敬老尊贤，为老人服务，〕须发花白的人也就不会头顶着、背负着重物在路上行走了。七十岁以上的人有丝绵衣穿，有肉吃，一般百姓饿不着，冻不着，这样还不能使天下归服，是从来不曾有过的事。〔现在的情况却不如此。〕富贵人家的猪狗吃掉了百姓的粮食，却不加以检查和制止。道路上有饿死的人，却不曾想到应该打开仓廪加以赈救。老百姓死了，竟然说道：'这不是我的罪过，而是年成不好的缘故。'这种说法和拿着刀子杀死了人，却说：'这不是我杀的，是兵器杀的。'又有什么不同呢？王假若不去归罪于年成，〔而从政治上的根本改革着手，〕这样，别的国家的老百姓就都会来投奔了。"

● 1·4 ────────

梁惠王〔对孟子〕说："我很乐意听到您的指教。"孟子答道："用木棒打死人和用刀子杀死人，有什么不同吗？"王说："没有什么不同。""用刀子杀死人和用政治手段害死人，有什么不同吗？"王说："也没有什么不同。"孟子又说："现在您的厨房里有皮薄膘肥的肉，您的马厩里有健壮的马，可是老百姓面带饥色，野外躺着饿死的尸体，这简直是在上位的人率领着禽兽来吃人。兽类自相残杀，人尚且厌恶它；做老百姓的父母官，主持政事，却免不了率领禽兽来吃人，那又怎么能做老百姓的父母官呢？孔子说过：'第一个造作木偶土偶来殉葬的，该会绝子灭孙断绝后代吧！'〔为什么孔子这样痛恨呢？〕就是因为木偶土偶很像人形，却用来殉葬。〔用像人形的土偶木偶来殉葬，尚且不可；又怎么可以使百姓活活地饿死呢？"

　　梁惠王曰："晋国，天下莫强焉，叟之所知也。及寡人之身，东败于齐，长子死焉；西丧地于秦七百里；南辱于楚。寡人耻之，愿比死者壹洒之。如之何则可？"

　　孟子对曰："地方百里而可以王。王如施仁政于民，省刑罚，薄税敛，深耕易耨，壮者以暇日修其孝悌忠信，入以事其父兄，出以事其长上，可使制梃以挞秦楚之坚甲利兵矣。彼夺其民时，使不得耕耨以养其父母，父母冻饿，兄弟妻子离散。彼陷溺其民，王往而征之，夫谁与王敌？故曰：'仁者无敌。'王请勿疑。"

　　孟子见梁襄王，出，语人曰："望之不似人君，就之而不见所畏焉。卒然问曰：'天下恶乎定？'吾对曰：'定于一。''孰能一之？'对曰：'不嗜杀人者能一之。''孰能与之？'对曰：'天下莫不与也。王知夫苗乎？七八月之间旱，则苗槁矣。天油然作云，沛然下雨，则苗浡然兴之矣。其如是，孰能御之？今夫天

梁惠王〔对孟子〕说:"魏国的强大,当时天下没有别的国家能够赶得上,这一点,您是很清楚的。但到了我这个时候,东边和齐国打一仗,杀得我大败,连我的大儿子都牺牲了;西边又败给秦国,丧失河西之地七百里;南边又被楚国抢去了八个城池。我实在认为这是奇耻大辱,希望能够替我国所有的战死者报仇雪恨,您说要怎样办才好?"

孟子答道:"纵横百里的小国,行仁政就可以使天下归服,〔何况魏国是个大国呢?〕您假若向百姓实行仁政,减免刑罚,减轻赋税,叫百姓能够深耕细作,早除杂草,还使年轻人在闲暇时讲求孝顺父母、尊敬兄长、为人尽心竭力、待人忠诚守信的道德,而且履行这些道德,在家里侍奉父兄,在社会上尊敬长者上级,这样,就是凭着制造的木棒,也可以抗击拥有坚实盔甲、锐利刀枪的秦、楚军队了。〔这是为什么呢?〕那秦国、楚国〔无时不在征兵派工〕侵占百姓的生产时间,使他们不能够耕种来养活父母,以致父母受冻挨饿,兄弟妻子东逃西散。秦王、楚王使得他们的百姓陷在痛苦的深渊中,您去讨伐他们,那有谁能敌得过您的呢?所以老话说:'仁德的人是无敌于天下的。'您不要怀疑吧!"

孟子谒见了梁襄王,出来以后,告诉旁人说:"远远望去,不像个国君的样子;走近他,也看不到使人敬畏的威严所在。他突然问我:'天下要怎样才得安定?'我答道:'天下归于一统,就会安定。'他又问:'谁能统一天下呢?'我又答:'不喜好杀人的国君,就能统一天下。'他又问:'那有谁来跟随他呢?'我又答:'天下的人没有不跟随他的。您可懂得禾苗的情况吗?当七八月间,若是长期天旱,禾苗自然枯槁了。假若一阵乌云出现,哗啦哗啦地落起大雨来了,禾苗便又盎然茂盛地生长起来了。像这样,那有谁能够阻挡

下之人牧，未有不嗜杀人者也。如有不嗜杀人者，则天下之民皆引领而望之矣！诚如是也，民归之，由水之就下，沛然谁能御之？'"

齐宣王问曰："齐桓、晋文之事，可得闻乎？"孟子对曰："仲尼之徒无道桓、文之事者，是以后世无传焉，臣未之闻也。无以，则王乎！"曰："德何如则可以王矣？"曰："保民而王，莫之能御也。"曰："若寡人者，可以保民乎哉？"曰："可。"曰："何由知吾可也？"曰："臣闻之胡龁(hé)曰：王坐于堂上，有牵牛而过堂下者，王见之，曰：'牛何之？'对曰：'将以衅钟。'王曰：'舍之！吾不忍其觳觫(hú sù)，若无罪而就死地。'对曰：'然则废衅钟与？'曰：'何可废也？以羊易之。'不识有诸？"曰："有之。"曰："是心足以王矣。百姓皆以王为爱也，臣固知王之不忍也。"王曰："然，诚有百姓者。齐国虽褊小，吾何爱一牛？即不忍其觳觫，若无罪而就死地，故以羊易之也。"曰："王无异于百姓之以王为爱也。以小易大，彼恶知之？王若隐其无罪而就死地，则牛羊何择焉？"王笑曰："是诚何心哉？我非爱其财而易之以羊也。宜乎百姓之谓我爱

得住呢？如今各国的君王，没有一个不喜好杀人的。如果有一位不好杀人的，那么，天下的老百姓都会伸长着脖子期待他的解救了。真是这样，百姓归随他，好像水向下奔流一样，那又有谁能够阻挡得住呢？’”

● 1·7 ————————————————————————

齐宣王问孟子：“齐桓公、晋文公在春秋时代称霸的事迹，您可以讲给我听吗？”孟子答道：“孔子的学生们没有谈到齐桓公、晋文公的事迹的，所以也没有传到后代来，我也不曾听到过。王如果定要我说，便讲讲用道德的力量来统一天下的‘王’道吧！”宣王问道：“要有怎样的道德就能够统一天下呢？”孟子说：“一切努力都为了使百姓生活安定，这样来统一天下，是没有人能够阻挡的。”宣王说：“像我这样的人，能够使百姓的生活安定吗？”孟子说：“能够。”宣王说：“凭什么知道我能够呢？”孟子说：“我曾听到胡龁告诉我：有一次，王坐在大殿之上，有人牵着牛从殿下走过，王看到了，便问：‘牵着牛往哪儿去呢？’那人答道：‘准备宰了去祭钟。’王说：‘放了它吧！看它那哆嗦可怜的样子，毫无罪过，却被宰杀，我实在于心不忍。’那人说：‘既然这样，便废除祭钟这种仪式吗？’王又说：‘怎么可以废除呢？用只羊来代替吧！’——不晓得果真有这件事吗？”宣王说：“有的。”孟子说：“凭这种好心就完全可以统一天下了。老百姓都以为王是吝啬，我早就知道王是于心不忍。”宣王说：“对呀，确实有这样的百姓。齐国虽然不大，我何至于连一只牛都舍不得呢？我就是不忍心看它那种哆嗦可怜的样子，毫无罪过而被宰杀，因此才用羊来代替它。”孟子说：“百姓说王吝啬，您也不必奇怪。〔羊小牛大，〕用小的代替大的，他们哪能体会到您的深意呢？如果说可怜它毫无罪过却被宰杀，那么宰牛和宰羊又有什么不同呢？”宣王笑着说：“这个，我真连自己也不懂是什么心理了。我的确不是因为吝惜钱财才去用羊来代

也。"曰："无伤也。是乃仁术也，见牛未见羊也。君子之于禽兽也，见其生，不忍见其死；闻其声，不忍食其肉。是以君子远庖厨也。"

王说，曰："《诗》云：'他人有心，予忖度之。'夫子之谓也。夫我乃行之，反而求之，不得吾心。夫子言之，于我心有戚戚焉。此心之所以合于王者，何也？"曰："有复于王者曰'吾力足以举百钧，而不足以举一羽；明足以察秋毫之末，而不见舆薪'，则王许之乎？"曰："否。""今恩足以及禽兽，而功不至于百姓者，独何与？然则一羽之不举，为不用力焉；舆薪之不见，为不用明焉；百姓之不见保，为不用恩焉。故王之不王，不为也，非不能也。"曰："不为者与不能者之形何以异？"曰："挟太山以超北海，语人曰：'我不能。'是诚不能也。为长者折枝，语人曰：'我不能。'是不为也，非不能也。故王之不王，非挟太山以超北海之类也；王之不王，是折枝之类也。老吾老，以及人之老；幼吾幼，以及人之幼：天下可运于掌。《诗》云：'刑于寡妻，至于兄弟，以御于家邦。'言举斯心加诸彼而已。

替牛的。〔您这么一说，〕百姓说我吝啬真是理所当然的了。"孟子说："〔百姓这样误解〕没有什么关系。王这种不忍之心正是仁爱为怀。道理就在于：王亲眼看见了那只牛，却没有看见那只羊。君子对于飞禽走兽，看见它们活着，便不忍心看到它们死去；听到它们的悲鸣哀号声，便不忍心再吃它们的肉。所以，君子把厨房摆在远离自己的地方，就是这个道理。"

宣王很高兴地说："有两句诗歌：'别人存什么心，我能揣摩到。'您就是这样的。我只是这样做了，再反问自己，〔为什么要这样做呢？〕却说不出所以然来。您老人家这么一说，我的心便豁然明亮了。但我这种心情和王道恰合，又是什么道理呢？"孟子说："假定有一个人向王报告：'我的气力能够举起三千斤重，却拿不起一根羽毛；我的目力能够把秋天鸟的羽绒看得分明，而一车子的柴禾摆在眼前却瞧不见。'那么，您相信这种话吗？"宣王说："不信。"孟子马上接着说："如今王的好心好意足以使禽兽沾光，却不能使百姓得到好处，这是为什么呢？这样看来，一根羽毛都拿不起，只是不肯用力气的缘故；一车子柴禾都瞧不见，只是不肯用眼睛去看的缘故；老百姓得不到安定的生活，只是不肯施恩的缘故。所以王不行仁政以统一天下，只是不肯干，而不是不能干。"宣王说："不肯干和不能干在表现上有什么不同呢？"孟子说："把泰山夹在胳臂底下跳过北海，您告诉别人说：'这个我办不到。'这是真办不到。替老年人折取树枝，您告诉别人说：'这个我办不到。'这是不肯干，不是不能干。王的不行仁政，不是属于把泰山夹在胳臂底下跳过北海一类，而是属于替老年人折取树枝一类。尊敬我家的长辈，从而推广到尊敬别人的长辈；爱护我家的儿女，从而推广到爱护别人的儿女。〔一切政治措施都由这一原则出发，〕要统一天下，就像在手心里转动东西那么容易了。《诗经》上说：'先给妻子做榜样，再推广到兄弟，进而推广到封邑和国家。'这就是说，只要把这样的好心好意扩大到其他

故推恩足以保四海，不推恩无以保妻子。古之人所以大过人者无他焉，善推其所为而已矣。今恩足以及禽兽，而功不至于百姓者，独何与？权，然后知轻重；度，然后知长短。物皆然，心为甚。王请度之！"

"抑王兴甲兵、危士臣、构怨于诸侯，然后快于心与？"王曰："否，吾何快于是？将以求吾所大欲也！"曰："王之所大欲可得闻与？"王笑而不言。曰："为肥甘不足于口与？轻暖不足于体与？抑为采色不足视于目与？声音不足听于耳与？便嬖不足使令于前与？王之诸臣皆足以供之，而王岂为是哉？"曰："否，吾不为是也。"曰："然则王之所大欲可知已。欲辟土地，朝秦、楚，莅中国而抚四夷也。以若所为，求若所欲，犹缘木而求鱼也。"王曰："若是其甚与？"曰："殆有甚焉。缘木求鱼，虽不得鱼，无后灾。以若所为，求若所欲，尽心力而为之，后必有灾。"曰："可得闻与？"曰："邹人与楚人战，则王以为孰胜？"曰："楚人胜。"曰："然则小固不可以敌大，寡固不可以敌众，弱固不可以敌强。海内之地方千里者九，齐集有其一。

方面去就行了。所以，由近及远把恩惠推广开去，便足以安定天下；不这样，甚至连自己的妻子都保不了。古代的圣贤之所以大大地超越于一般人，没有别的诀窍，只是善于推行他们的好行为罢了。如今您的好心好意足以使禽兽沾光，而百姓却得不着好处，这是为什么呢？称一称，才晓得轻重；量一量，才晓得长短。什么东西都是如此，人的心思更为甚。王，您考虑一下吧！”

　　“难道说，动员全国军队，使将士冒着危险，去和别的国家结仇构怨，这样，您心里才痛快吗？”宣王说：“不，我为什么定要这么做才痛快呢？我之所以这样做，不过是要求满足我的最大欲望啊！”孟子说：“王的最大欲望是什么呢？可以讲给我听听吗？”宣王笑了笑，却不说话。孟子便说：“是为了肥美的食物不够吃呢？是为了轻暖的衣服不够穿呢？是为了艳丽的彩色不够看呢？是为了美妙的音乐不够听呢？还是为了伺候的人不够您使唤呢？这些，您手下的人员都能够尽量供给，难道您真是为了这些吗？”宣王说：“不，我不是为了这些。”孟子说：“那么，您的最大的欲望便可以知道了。您是想要扩张国土，使秦、楚等国都来朝贡，自己做天下的盟主，同时安抚四方周围的落后异族。不过，以您这样的做法，想要满足您这样的欲望，如同爬到树上去捉鱼一样〔，事与愿违〕。”宣王说：“果然有这样严重吗？”孟子说：“恐怕比这更严重呢。爬上树去捉鱼，虽然捉不到，却没有祸害。以您这样的做法，想满足您这样的欲望，如果费尽心力去干，〔不但达不到目的，〕而且一定会有祸害在后头。”宣王说：“〔这是什么道理呢？〕可以讲给我听听吗？”孟子说：“假定邹国和楚国打仗，您以为哪一国会打胜呢？”宣王说：“楚国会胜。”孟子说：“从这里便可以看出：小国不可以跟大国为敌，人口稀少的国家不可以跟人口众多的国家为敌，弱国不可以跟强国为敌。现在中国土地总面积约九百万平方里，齐国全部土地不过一百万平方里。以九分之一的力量跟其余的九分之八为敌，这和

以一服八，何以异于邹敌楚哉？盖亦反其本矣。今王发政施仁，使天下仕者皆欲立于王之朝，耕者皆欲耕于王之野，商贾皆欲藏于王之市，行旅皆欲出于王之涂，天下之欲疾其君者皆欲赴诉于王。其若是，孰能御之？”

王曰：“吾惛，不能进于是矣。愿夫子辅吾志，明以教我。我虽不敏，请尝试之。”曰：“无恒产而有恒心者，惟士为能。若民，则无恒产，因无恒心。苟无恒心，放辟邪侈，无不为已。及陷于罪，然后从而刑之，是罔民也。焉有仁人在位，罔民而可为也？是故明君制民之产，必使仰足以事父母，俯足以畜妻子，乐岁终身饱，凶年免于死亡。然后驱而之善，故民之从之也轻。今也制民之产，仰不足以事父母，俯不足以畜妻子，乐岁终身苦，凶年不免于死亡。此惟救死而恐不赡，奚暇治礼义哉？王欲行之，则盍反其本矣。五亩之宅，树之以桑，五十者可以衣帛矣。鸡豚狗彘之畜，无失其时，七十者可以食肉矣。百亩之田，勿夺其时，八口之家可以无饥矣。谨庠序之教，申之以孝悌之义，颁白者不负戴于道路矣。老者衣帛食肉，黎民不饥不寒，然而不王者，未之有也。”

邹国跟楚国为敌有什么分别呢？〔这条道路是走不通的，那么，〕为什么不从根本着手呢？现在王如果能改革政治，施行仁德，便会使天下的士大夫都想到齐国来做官，庄稼汉都想到齐国来种地，行商坐贾都想到齐国来做生意，来往的旅客也都想取道齐国，各国的痛恨本国君主的人们也都想到您这里来控诉。果真做到这样，又有谁能抵挡得住呢？"

宣王说："我头脑昏乱，对您的理想不能再有进一层的体会。希望您辅助我达到目的，明明白白地教诲我。我虽然不行，也无妨试一试。"孟子说："没有固定的产业收入，却有一定的道德观念和行为准则的，只有读书人才能够做到。至于一般人，如果没有一定的产业收入，便也没有一定的道德观念和行为准则。这样，就会胡作非为，违法乱纪，什么事都干得出来。等到他们犯了罪，然后加以处罚，这等于是陷害。哪有仁爱的人坐朝，陷害老百姓，却能有作为的呢？所以英明的君主规定人们的产业，一定要使他们上足以赡养父母，下足以抚养妻儿；好年成丰衣足食，坏年成也不致饿死。然后再去诱导他们走上善良的道路，老百姓也就容易听从了。现在呢，规定人们的产业，上不足以赡养父母，下不足以抚养妻儿；好年成也是艰难困苦，坏年成只有死路一条。这样，每个人用全力救活自己生命都怕来不及，哪有闲工夫学习礼义呢？王如果要施行仁政，为什么不从根本着手呢？每家给他五亩土地的住宅，四围种植着桑树，那么，五十岁以上的人都可以有丝绵袄穿了。鸡狗与猪这类家畜，人们都有力量和工夫去饲养、繁殖，那么，七十岁以上的人就都有肉可吃了。每家给他一百亩田地，并且不去妨碍他的生产，八口人的家庭便可以吃得饱饱的了。办好各类学校，反复地用孝顺父母、尊敬兄长的大道理来开导他们，那么，须发花白的人〔便会有人代劳，〕不致头顶着、背负着物件在路上行走了。老年人个个穿丝绸吃肉，一般人不冻不饿，这样还不能使天下归服，那是从来没有的事。"

梁惠王章句下

凡十六章。

庄暴见孟子，曰："暴见于王，王语暴以好乐，暴未有以对也。"曰："好乐何如？"孟子曰："王之好乐甚，则齐国其庶几乎！"

他日，见于王，曰："王尝语庄子以好乐，有诸？"王变乎色，曰："寡人非能好先王之乐也，直好世俗之乐耳。"曰："王之好乐甚，则齐其庶几乎！今之乐由古之乐也。"曰："可得闻与？"曰："独乐乐，与人乐乐，孰乐？"曰："不若与人。"曰："与少乐乐，与众乐乐，孰乐？"曰："不若与众。""臣请为王言乐。今王鼓乐于此，百姓闻王钟鼓之声、管籥之音，举疾首蹙頞（è）而相告曰：'吾王之好鼓乐，夫何使我至于此极也？父子不相见，兄弟妻子离散。'今王田猎于此，百姓闻王车马之音，见羽旄之美，举疾首蹙頞而相告曰：'吾王之好田猎，夫何使我至于此极也？父子不相见，兄弟妻子离散。'此无他，不与民同

● 2·1

　　齐国的臣子庄暴来见孟子，说："我去朝见王，王告诉我，他爱好音乐，我不知应该怎样回答。"他接着又说："爱好音乐，究竟好不好呢？"孟子说："王如果非常爱好音乐，那齐国便会很不错了。"

　　过了些时，孟子谒见齐王，问道："您曾经告诉庄暴，说您爱好音乐，有这回事吗？"齐王很不好意思地说："我并不是爱好古代音乐，只是爱好一般流行的乐曲罢了。"孟子说："只要您非常爱好音乐，那齐国便会很不错了。无论是现在流行的音乐，或者古代音乐，都是一样。"齐王说："这个道理，您可以说给我听听吗？"孟子说："一个人单独地欣赏音乐快乐，跟别人一起欣赏音乐也快乐，究竟哪一种更快乐些呢？"齐王说："当然跟别人一起欣赏音乐更快乐些。"孟子说："跟少数人欣赏音乐固然快乐，跟多数人欣赏音乐也快乐，究竟哪一种更快乐呢？"齐王说："当然跟多数人一起欣赏音乐更快乐些。"孟子马上接着说："那么，就让我向您谈谈欣赏音乐和娱乐的道理吧。假使王在这儿奏乐，老百姓听到鸣钟击鼓的声音，又听到吹箫奏笛的声音，都觉得头痛，愁眉苦脸地互相议论：'我们的国王这样爱好音乐，为什么使我苦到这般地步呢？父子不能见面，兄弟妻子东逃西散！'假使王在这儿打猎，老百姓听到车马的声音，看到仪仗的华丽，都觉得头痛，愁眉苦脸地互相议论：'我们国王这样爱好打猎，为什么使我苦到这般地步呢？父子不能见面，兄弟妻子东逃西散！'〔为什么百姓会这样呢？〕这没有别的原因，就是因为王只图自己快乐，而不和百姓同享快乐的缘故。假使王

乐也。今王鼓乐于此，百姓闻王钟鼓之声、管籥之音，举欣欣然有喜色而相告曰：'吾王庶几无疾病与，何以能鼓乐也？'今王田猎于此，百姓闻王车马之音，见羽旄之美，举欣欣然有喜色而相告曰：'吾王庶几无疾病与，何以能田猎也？'此无他，与民同乐也。今王与百姓同乐，则王矣。"

◎ 2·2

齐宣王问曰："文王之囿方七十里，有诸？"孟子对曰："于传有之。"曰："若是其大乎？"曰："民犹以为小也。"曰："寡人之囿方四十里，民犹以为大，何也？"曰："文王之囿方七十里，刍荛者往焉，雉兔者往焉，与民同之。民以为小，不亦宜乎？臣始至于境，问国之大禁，然后敢入。臣闻郊关之内，有囿方四十里，杀其麋鹿者如杀人之罪。则是方四十里为阱于国中。民以为大，不亦宜乎？"

◎ 2·3

齐宣王问曰："交邻国有道乎？"孟子对曰："有。惟仁者为能以大事小，是故汤事葛，文王事昆夷。惟智者为能以小事大，故大王事獯鬻（Xūn Yù），勾践事吴。以大事小者，乐天者也；以小事大者，畏天者也。乐天者保天下，畏天者保其国。《诗》云：

在这儿奏乐,百姓听到鸣钟击鼓的声音,又听到吹箫奏笛的声音,都眉开眼笑地互相告诉:'我们国王大概很健康吧,要不怎么能够奏乐呢?'假使王在这儿打猎,老百姓听到车马的声音,看到仪仗的华丽,都眉开眼笑地互相告诉:'我们国王大概很健康吧,要不怎么能够打猎呢?'〔为什么百姓会这样呢?〕这没有别的原因,只是因为王和百姓同享快乐罢了。如果王同百姓同享快乐,就可以使天下归服了。"

● 2·2 ————————————————

　　齐宣王〔问孟子〕道:"听说周文王有一个狩猎场,纵横各七十里,真有这回事吗?"孟子答道:"在史籍上有这样的记载。"宣王说:"真有这么大吗?"孟子说:"老百姓还觉得太小哩。"宣王说:"我的狩猎场纵横各只四十里,老百姓就认为太大了,这是为什么呢?"孟子说:"文王的狩猎场纵横各七十里,割草打柴的去,打鸟捕兽的也去,和老百姓一同享用。老百姓认为太小,这不也很自然吗?〔而您,与此相反。〕我刚到齐国边界的时候,在问明白了贵国最大的禁令后,才敢入境。我听说在齐国首都的郊外,有一个狩猎场,纵横各四十里,谁要杀害了里面的麋鹿,就等于犯了杀人罪。那么,这方圆四十里的场地,对百姓来说,等于是在国内布置了一个陷阱。他们认为太大了,不也应该吗?"

● 2·3 ————————————————

　　齐宣王问道:"和邻国相交有什么原则和方法吗?"孟子答道:"有的。只有仁爱的人才能够以大国的身份来服事小国,所以商汤能服事葛伯,文王能服事昆夷。只有聪明的人才能够以小国的身份服事大国,所以太王能服事獯鬻,勾践能服事夫差。以大国身份服事小国的,是无往而不快乐的人;以小国身份服事大国的,是谨慎畏惧的人。无往而不快乐的人足以安定天下,谨慎畏惧的人足以保护住自己的国家。这正如《诗经·周颂·我将》上说的:'害怕上帝有威

'畏天之威，于时保之。'"王曰："大哉言矣！寡人有疾，寡人好勇。"对曰："王请无好小勇。夫抚剑疾视曰：'彼恶敢当我哉！'此匹夫之勇，敌一人者也。王请大之。《诗》云：'王赫斯怒，爰整其旅。以遏徂莒，以笃周祜，以对于天下。'此文王之勇也。文王一怒而安天下之民。《书》曰：'天降下民，作之君，作之师，惟曰其助上帝宠之。四方有罪无罪惟我在。天下曷敢有越厥志？'一人衡行于天下，武王耻之。此武王之勇也。而武王亦一怒而安天下之民。今王亦一怒而安天下之民，民惟恐王之不好勇也。"

◎2·4

齐宣王见孟子于雪宫。王曰："贤者亦有此乐乎？"孟子对曰："有。人不得，则非其上矣。不得而非其上者，非也；为民上而不与民同乐者，亦非也。乐民之乐者，民亦乐其乐；忧民之忧者，民亦忧其忧。乐以天下，忧以天下，然而不王者，未之有也。昔者齐景公问于晏子，曰：'吾欲观于转附、朝儛（wǔ），遵海而南，放于琅邪，吾何修而可以比于先王观也？'晏子对曰：'善哉问也！天子适诸侯曰巡狩。巡狩者，巡所守也。诸侯

灵,〔因此谨慎小心,〕所以天下得到安定。'"宣王说:"您的话真高明呀!不过,我有个毛病,就是喜好勇武〔,因此恐怕不能够服事别国〕。"孟子答道:"那么,王就不要喜好小勇。有一种人,只是手按着刀剑瞪着眼睛说:'他怎么敢抵挡我呢!'这只是个人的勇,只能敌得住一个人。希望王能够把它加以扩大。《诗经·大雅·皇矣》上说:'我王勃然一生气,整顿军队往前去,阻止敌人侵略莒国,增强周国的威望,因以报答各国对周国的向往。'这便是文王的勇。文王一生气便使天下的百姓得到安定。《书经》上说:'天降生一般的人,也替他们降生了君主,替他们降生了师傅,这些君主和师傅的唯一责任,是帮助上帝来爱护人民。因此,四方之大,有罪者和无罪者,都由我负责。普天之下,何人敢超越自己的本分〔来胡作妄为呢〕?'当时有一个纣王在世间横行霸道,武王便认为这是奇耻大辱。这便是武王的勇。武王也一生气而使天下的人民得到安定。如今王若是也生气而使天下人民都得到安定,那么,天下的人民还生怕王不喜好勇武哩。"

● 2·4 ───────────────────────────────

齐宣王在他的别墅雪宫里接见孟子,宣王问:"贤德的人也有这种快乐吗?"孟子答道:"有的。如果他们得不到这种快乐,他们就会埋怨国王了。得不着这种快乐就埋怨国王,是不对的;可是作为一国之主,有快乐不和他的百姓同享,也是不对的。以百姓的快乐为自己的快乐,百姓也会以国王的快乐为自己的快乐;以百姓的忧愁为自己的忧愁,百姓也会以国王的忧愁为自己的忧愁。和天下的人同忧同乐,这样还不能使天下归服于他,是从来不曾有过的事。过去齐景公问晏子,说:'我想到转附、朝儛两座山上去游游,然后沿着海岸向南行,一直到琅邪。我该怎么办才能和过去的贤君巡游相比拟呢?'晏子答道:'问得好呀!天子到诸侯的国家去叫做巡狩。巡狩就是巡视各诸侯所守的疆土之意。诸侯去朝见天子

朝于天子曰述职。述职者，述所职也。无非事者。春省耕而补不足，秋省敛而助不给。夏谚曰："吾王不游，吾何以休？吾王不豫，吾何以助？一游一豫，为诸侯度。"今也不然：师行而粮食，饥者弗食，劳者弗息。睊睊（juàn）胥谗，民乃作慝。方命虐民，饮食若流，流连荒亡，为诸侯忧。从流下而忘反，谓之流；从流上而忘反，谓之连；从兽无厌，谓之荒；乐酒无厌，谓之亡。先王无流连之乐、荒亡之行。惟君所行也。'景公说，大戒于国，出舍于郊。于是始兴发补不足。召大师，曰：'为我作君臣相说之乐。'盖《徵招》、《角招》是也。其诗曰：'畜君何尤？'畜君者，好君也。"

◎ 2·5

　　齐宣王问曰："人皆谓我毁明堂，毁诸，已乎？"孟子对曰："夫明堂者，王者之堂也。王欲行王政，则勿毁之矣。"王曰："王政可得闻与？"对曰："昔者文王之治岐也，耕者九一，仕者世禄，关市讥而不征，泽梁无禁，罪人不孥。老而无妻曰鳏，

叫做述职。述职就是报告在他职责内的工作之意。这没有不和工作相结合的。春天里巡视耕种情况，对贫穷农户加以补助；秋天里考察收获情况，对缺粮农户加以补助。夏朝的谚语说："我王不出来游，我的休息向谁求？我王不出来走，我的补助哪会有？我王游游走走，足以作为诸侯的法度。"现在可不是这样了：国王一出巡，兴师动众，到处筹粮运米，饥饿的人得不到吃的，劳苦的人得不到休息。所有人员无不切齿侧目，怨声载道，而人们就要为非作歹了。〔这样出巡〕违背天意，虐待百姓，大吃大喝，浪费饮食如同流水，流连忘返，荒亡无行，使诸侯都为此而忧虑。〔怎样叫做流连荒亡呢？〕由上游向下游游玩，乐而忘归叫做流；由下游向上游游玩，乐而忘归叫做连；不知厌倦地打猎，叫做荒；不知节制地喝酒，叫做亡。过去的贤君都没有这种流连荒亡的行为。〔头一种是和工作相结合的巡行，后一种是只知自己快乐的流连荒亡，〕您选择哪一种，由您自己决定吧！'景公听了，大为高兴。先在都城内做好准备，然后驻扎郊外，拿出钱粮，救济贫穷的人。景公又把乐官长叫来，对他说：'给我创作一支君臣同乐的歌曲！'这支歌曲就是《徵招》、《角招》，歌词说：'劝止国君，有什么不对呢？'劝止国君，是爱护国君哩。"

● 2·5 ─────────────────────────────

　　齐宣王问道："别人都建议我把明堂拆毁掉，〔您说，〕是毁掉呢，还是不毁呢？"孟子答道："明堂是有道德而能统一天下的王者的殿堂。您如果要实行王政，就不要把它毁掉了。"王说："〔怎样去实行王政呢？〕您可以讲给我听听吗？"孟子答道："从前周文王治理岐周，对农民的税率是九分抽一；对做官的人给以世代承袭的俸禄；在关口和市场上，只稽查，不征税；任何人到湖泊捕鱼，不加禁止；犯罪的人，刑罚只由他本人承受，不牵连他的妻室儿女。失掉妻室的老年人叫做鳏夫，失掉丈夫的老妇人叫做寡妇，没有儿女

老而无夫曰寡，老而无子曰独，幼而无父曰孤。此四者，天下之穷民而无告者。文王发政施仁，必先斯四者。《诗》云：'哿（gě）矣富人，哀此茕独！'"王曰："善哉言乎！"曰："王如善之，则何为不行？"王曰："寡人有疾，寡人好货。"对曰："昔者公刘好货，《诗》云：'乃积乃仓，乃裹餱（hóu）粮，于橐于囊。思戢用光。弓矢斯张，干戈戚扬，爰方启行。'故居者有积仓，行者有裹粮也，然后可以爰方启行。王如好货，与百姓同之，于王何有？"王曰："寡人有疾，寡人好色。"对曰："昔者大王好色，爱厥妃。《诗》云：'古公亶父，来朝走马。率西水浒，至于岐下。爰及姜女，聿来胥宇。'当是时也，内无怨女，外无旷夫。王如好色，与百姓同之，于王何有？"

◎ 2·6

孟子谓齐宣王曰："王之臣有托其妻子于其友而之楚游者。比其反也，则冻馁其妻子，则如之何？"王曰："弃之。"曰："士师不能治士，则如之何？"王曰："已之。"曰："四境之内不治，则如之何？"王顾左右而言他。

◎ 2·7

孟子见齐宣王，曰："所谓故国者，非谓有乔木之谓也，有

的老人叫做孤独者，死了父亲的儿童叫做孤儿。这四种人是社会上穷苦无靠的人。周文王实行仁政，一定最先考虑到他们。《诗经·小雅·正月》上说：'有钱财的人是可以过得去了，可怜那些无依无靠的孤单者吧。'"宣王说："这话说得真好呀！"孟子说："您如果认为这话好，那为什么不实行呢？"宣王说："我有个毛病，我喜爱钱财〔，实行王政怕有困难〕。"孟子答道："从前公刘也喜爱钱财，《诗经·大雅·公刘》上写道：'粮食真多，外有囷，内满仓；还包裹着干粮，装满橐，装满囊。人民团结，国威发扬。箭上弦，弓开张，其他武器都上场，浩浩荡荡向前行。'因此留在家里的人有积谷，行军的人有干粮，这才能率领军队前进。王如果喜爱钱财，能跟百姓一道，那对于实行王政统一天下，有什么困难呢？"王又说："我有个毛病，我喜爱女人〔，实行王政怕有困难〕。"孟子答道："从前太王也喜爱女人，非常疼爱他的妃子。《诗经·大雅·绵》上写道：'古公亶父清早便跑着马，沿着邠地西边漆水河岸，来到岐山之下。还带领着他的妻子姜氏女，都来这里视察住处。'在这个时候，没有找不着丈夫的老处女，也没有找不着妻子的单身汉。王假若喜爱女人，能跟百姓一道，那对于实行王政统一天下，有什么困难呢？"

● 2·6 —————————————————————

　　孟子对齐宣王说："您有一个臣子把妻室儿女托付给朋友照顾，自己却游楚国去了。等他回来的时候，他的妻室儿女都在挨饿受冻。对待这样的朋友，应该怎样办呢？"王说："和他绝交。"孟子说："假若管刑罚的长官不能管理他的下级，那应该怎样办呢？"王说："撤掉他！"孟子说："假若一个国家治理得很不好，那又该怎样办呢？"齐王回过头来左右张望，把话题扯到别处去了。

● 2·7 —————————————————————

　　孟子谒见齐宣王，对他说道："我们平日所说的'故国'，并不是那个国家有高大树木的意思，而是有累世功勋的老臣的意思。

世臣之谓也。王无亲臣矣，昔者所进，今日不知其亡也。"王曰："吾何以识其不才而舍之？"曰："国君进贤，如不得已，将使卑逾尊，疏逾戚，可不慎与？左右皆曰贤，未可也；诸大夫皆曰贤，未可也；国人皆曰贤，然后察之；见贤焉，然后用之。左右皆曰不可，勿听；诸大夫皆曰不可，勿听；国人皆曰不可，然后察之；见不可焉，然后去之。左右皆曰可杀，勿听；诸大夫皆曰可杀，勿听；国人皆曰可杀，然后察之；见可杀焉，然后杀之。故曰国人杀之也。如此，然后可以为民父母。"

◎ 2·8

齐宣王问曰："汤放桀，武王伐纣，有诸？"孟子对曰："于传有之。"曰："臣弑其君可乎？"曰："贼仁者谓之'贼'，贼义者谓之'残'。残贼之人，谓之'一夫'。闻诛一夫纣矣，未闻弑君也。"

◎ 2·9

孟子见齐宣王，曰："为巨室，则必使工师求大木。工师得大木，则王喜，以为能胜其任也。匠人斫而小之，则王怒，以为不胜其任矣。夫人幼而学之，壮而欲行之，王曰：'姑舍女所学而从我。'则何如？今有璞玉于此，虽万镒，必使玉人雕琢之。至于治国家，则曰：'姑舍女所学而从我。'则何以异于教玉人

您现在没有亲信的臣子啦，过去所进用的人，到今天想不到都去职了。"王问："怎样去识别那些缺乏才能的人而不用他呢？"孟子答道："国君选拔贤才，如果迫不得已要用新人，要把卑贱者提拔在尊贵者之上，把疏远者提拔在亲近者之上，对这种事能不慎重吗？左右亲近之人都说某人好，不可轻信；众位大夫都说某人好，也不可轻信；全国的人都说某人好，然后去了解；发现他真有才干，再任用他。左右亲近之人都说某人不好，不要听信；众位大夫都说某人不好，也不要听信；全国之人都说某人不好，然后去了解；发现他真不好，再罢免他。左右亲近之人都说某人可杀，不要听信；众位大夫都说某人可杀，也不要听信；全国之人都说某人可杀，然后去了解；发现他该杀，再杀他。所以说，这是全国人杀的。这样，才可以做百姓的父母。"

● 2·8 ————

齐宣王问道："商汤流放夏桀，武王讨伐殷纣，真有这回事吗？"孟子答道："史籍上有这样的记载。"宣王说："做臣子的杀掉他的君主，这可以吗？"孟子说："破坏仁爱的人叫做'贼'，破坏道义的人叫做'残'。这样的人，我们叫他作'独夫'。我只听说过周武王诛杀了独夫殷纣，没有听说过他是以臣弑君的。"

● 2·9 ————

孟子谒见齐宣王，说："建筑一所大房子，那一定要派主管工匠的工师去寻找大的木料。工师得到了大木料，王就高兴，认为他能够尽到他的责任。如果木匠把那木料砍小了，王就会发怒，认为他承担不了这个责任。〔可见专门技术是很需要的。〕有些人，从小学习一门专业，长大了便想运用实行，可是王却对他说：'把你所学的暂时放下，听从我的话吧！'这怎么行呢？假定王有一块未经雕琢的玉石，虽然它价值很高，也一定要请玉匠来雕琢它。可是，一说到治理国家，您却〔对政治家〕说：'把你所学的暂时放下，听从我

雕琢玉哉？"

齐人伐燕，胜之。宣王问曰："或谓寡人勿取，或谓寡人取之。以万乘之国伐万乘之国，五旬而举之，人力不至于此。不取必有天殃，取之何如？"

孟子对曰："取之而燕民悦，则取之。古之人有行之者，武王是也。取之而燕民不悦，则勿取。古之人有行之者，文王是也。以万乘之国伐万乘之国，箪食壶浆以迎王师，岂有他哉？避水火也。如水益深，如火益热，亦运而已矣。"

齐人伐燕，取之。诸侯将谋救燕。宣王曰："诸侯多谋伐寡人者，何以待之？"

孟子对曰："臣闻七十里为政于天下者，汤是也。未闻以千里畏人者也。《书》曰：'汤一征，自葛始。'天下信之，东面而征，西夷怨，南面而征，北狄怨，曰：'奚为后我？'民望之，若大旱之望云霓也。归市者不止，耕者不变。诛其君而吊其民，

的话吧！'这跟您要让玉匠按照您的办法去雕琢玉石，又有什么两样呢？"

● 2·10

齐宣王攻打燕国，大获全胜。齐宣王问道："有些人劝我不要吞并燕国，也有些人劝我吞并它。〔我想：〕以一个拥有兵车万辆的大国去攻打同样拥有兵车万辆的大国，只用五十天便打下来了，光凭人力是做不到的呀〔，一定是天意如此〕。如果我们不吞并它，上天会〔认为我们违反了他的意旨，因而〕降下灾害来。吞并它，怎么样？"

孟子答道："如果吞并它，燕国百姓很高兴，便吞并它。古人曾这样做过的，周武王便是。如果吞并它，燕国百姓不高兴，那就不要吞并它。古人曾这样做过的，周文王便是。以齐国这样拥有兵车万辆的大国来攻打燕国这样拥有兵车万辆的大国，燕国的百姓却用竹筐盛着干饭，用壶盛着酒浆来欢迎您的军队，难道会有别的意思吗？只不过是想逃离那水深火热的苦难生活罢了。如果他们的灾难更加深了，那只是统治者由燕转为齐罢了。"

● 2·11

齐国攻打燕国，吞并了它。别的国家在计议着救助燕国。宣王便问道："很多国家正在商议着来攻打我，要怎样对待呢？"

孟子答道："我听说过，有凭借着纵横各七十里的国土来统一天下的，商汤就是，但没有听说过拥有纵横各一千里的国土而害怕别国的。《尚书》上说过：'商汤征伐，从葛国开始。'天下人都相信他，因此，向东方进军，西方国家的百姓便不高兴，向南方进军，北方国家的百姓便不高兴，都说：'为什么把我们放到后面呢？'人们盼望他，正好像久旱盼望乌云和霓虹一样。〔汤的征伐，一点也不惊扰百姓，〕做买卖的照常来往，种庄稼的照常下地。只是诛杀那些暴虐的国君，以慰抚那些被残害的百姓。他的来到，正好像天上及时

若时雨降，民大悦。《书》曰：'徯我后，后来其苏！'今燕虐其民，王往而征之，民以为将拯己于水火之中也，箪食壶浆以迎王师。若杀其父兄，系累其子弟，毁其宗庙，迁其重器，如之何其可也？天下固畏齐之强也，今又倍地而不行仁政，是动天下之兵也。王速出令，反其旄倪，止其重器，谋于燕众，置君而后去之，则犹可及止也。"

◎ 2·12

邹与鲁哄。穆公问曰："吾有司死者三十三人，而民莫之死也。诛之，则不可胜诛；不诛，则疾视其长上之死而不救。如之何则可也？"

孟子对曰："凶年饥岁，君之民老弱转乎沟壑，壮者散而之四方者几千人矣；而君之仓廪实、府库充，有司莫以告，是上慢而残下也。曾子曰：'戒之，戒之！出乎尔者，反乎尔者也。'夫民今而后得反之也。君无尤焉！君行仁政，斯民亲其上、死其长矣。"

◎ 2·13

滕文公问曰："滕，小国也，间于齐、楚。事齐乎，事楚乎？"

孟子对曰："是谋非吾所能及也。无已，则有一焉：凿斯池

降下甘霖一样，老百姓非常高兴。《尚书》上又说：'等待我们的王，他到了，我们也就复活了！'如今燕国的君主虐待百姓，您去征伐他，那里的百姓认为您是要把他们从水深火热的苦难中解救出来，因此都用筐盛着干饭，用壶盛着酒浆来欢迎您的军队。而您呢，却杀掉他们的父兄，掳掠他们的子弟，毁坏他们的宗庙祠堂，搬走他们的宝器，这怎么可以呢？天下各国本来就害怕齐国强大，现在齐国的土地又扩大了一倍，而且还暴虐无道，这自然会招致各国兴兵动武。您赶快发布命令，遣回老老小小的俘虏，停止搬运燕国的宝器，再和燕国的人士协商，选立一位燕王，然后自己从燕国撤退，这样做，要使各国停止兴兵，还是来得及的。"

● 2·12 ———————————————

邹国同鲁国发生了冲突。邹穆公问孟子说："这一次冲突，我的官吏牺牲了三十三个，老百姓却没有一个为官吏死难的。杀了他们罢，杀不了那么多；不杀罢，他们瞪着两眼看着长官被杀却不去营救，实在可恨。〔您说，〕怎样办才好呢？"

孟子答道："当灾荒年岁，您的百姓，年老体弱的弃尸于山沟荒野之中，年轻力壮的便四处逃荒，这样的人有千把个；而您的谷仓中堆满了粮食，库房里装满了财宝，这种情形，您的有关官吏谁也不来报告，这就是在上位的人不关心老百姓，并且还残害他们。曾子曾经说过：'提高警惕，提高警惕！你怎样去对待人家，人家将怎样回报你。'现在，您的百姓可以得到报复的机会了。您不要责备他们吧！您如果实行仁政，您的百姓自然就会爱护他们的上级，情愿为他们的长官牺牲了。"

● 2·13 ———————————————

滕文公问道："滕国是一个弱小的国家，处在齐国和楚国的中间，是服事齐国呢，还是服事楚国呢？"

孟子答道："这个问题不是我的能力所能解决的。如果您定要

也，筑斯城也，与民守之，效死而民弗去，则是可为也。”

◎ 2·14

滕文公问曰：“齐人将筑薛，吾甚恐。如之何则可？”

孟子对曰：“昔者大王居邠，狄人侵之，去之岐山之下居焉。非择而取之，不得已也。苟为善，后世子孙必有王者矣。君子创业垂统，为可继也。若夫成功，则天也。君如彼何哉？强为善而已矣。”

◎ 2·15

滕文公问曰：“滕，小国也，竭力以事大国，则不得免焉，如之何则可？”

孟子对曰：“昔者大王居邠，狄人侵之。事之以皮币，不得免焉；事之以犬马，不得免焉；事之以珠玉，不得免焉。乃属其耆老而告之曰：‘狄人之所欲者，吾土地也。吾闻之也：君子不以其所以养人者害人。二三子何患乎无君？我将去之！’去邠，逾梁山，邑于岐山之下居焉。邠人曰：‘仁人也，不可失也。’从之者如归市。或曰：‘世守也，非身之所能为也，效死勿去。’君请择于斯二者。”

我来谈，那就只有一个主意：把护城河挖深，把城墙筑坚固，同老百姓一道来保卫它，这样，百姓宁肯献出生命，都不离开，那就有办法了。"

● 2·14

滕文公问道："齐国人准备加强薛地的城池，我很害怕，您说怎么办才好？"

孟子答道："从前，太王居于邠地，狄人来侵犯，他便避开，搬到岐山之下定居。这不是太王主动选择而采取的办法，实在是不得已呀！要是一个君主能实行仁政，〔即使他本人没有成功，〕他的后代子孙一定会有成为帝王的。有道德的君子创立功业，传之子孙，正是为着可以一代一代地承继下去。至于能不能成功，还得依靠天命。您怎样去对付齐人呢？只有努力实行仁政罢了。"

● 2·15

滕文公问道："滕是个弱小的国家，尽心竭力地服事大国，仍然难免于祸害，应该怎么办才行？"

孟子答道："古时候，太王居于邠地，狄人来侵犯他。太王用皮裘和丝绸去孝敬他，敌人没有停止侵犯；又用好狗骏马去孝敬他，狄人也没有停止侵犯；又用珍珠宝玉去孝敬他，狄人还是没有停止侵犯。太王便召集邠地的长老，向他们宣布：'狄人所要的是我们的土地。〔土地只是养人之物，〕我听说过：有道德的人不能为了养人之物反而使人遭到祸害。你们何必害怕没有君主呢？〔狄人不也可以做你们的君主吗？〕我准备离开这儿〔，免得你们受害〕。'于是离开邠地，越过梁山，在岐山之下重新建筑一个城邑，定居下来。邠地的百姓说：'这是一位仁德的人呀，不可以抛弃他。'追随而去的好像赶集一样的踊跃。也有人这么说：'这是祖宗传下来教我们子孙代代应该保守的基业，不是我本人所能擅自作主把它舍弃的。我宁可献出生命，也不要离开。'以上两条道路，您可以择取其中的

　　鲁平公将出，嬖人臧仓者请曰："他日君出，则必命有司所之。今乘舆已驾矣，有司未知所之，敢请。"公曰："将见孟子。"曰："何哉，君所为轻身以先于匹夫者？以为贤乎？礼义由贤者出，而孟子之后丧逾前丧。君无见焉！"公曰："诺。"乐正子入见，曰："君奚为不见孟轲也？"曰："或告寡人曰：'孟子之后丧逾前丧。'是以不往见也。"曰："何哉，君所谓逾者？前以士，后以大夫；前以三鼎，而后以五鼎与？"曰："否，谓棺椁衣衾之美也。"曰："非所谓逾也，贫富不同也。"乐正子见孟子，曰："克告于君，君为来见也。嬖人有臧仓者沮君，君是以不果来也。"曰："行或使之，止或尼之。行、止，非人所能也。吾之不遇鲁侯，天也。臧氏之子，焉能使予不遇哉？"

任何一条。"

鲁平公准备外出,他所宠幸的小臣臧仓请示道:"平日您出外,一定把要去的地方通知管事的人。现在车马已经都预备好了,管事的人还不知道您要往哪里去,因此特来请示。"平公说:"我要去拜访孟子。"臧仓说:"您不尊重自己的身份,却先去拜访一个普通人,为的什么呢?您以为孟子是贤德之人吗?贤德之人的行为应该合乎礼义,而孟子给他母亲办丧事,排场大大超过他以前给父亲办丧事,〔他未必是贤德之人吧,〕您不要去看望他!"平公说:"好吧。"乐正子去见平公,问道:"您为什么不去看望孟轲呢?"平公说:"有人告诉我:'孟子给他母亲办丧事,排场大大超过他以前给父亲办丧事。'所以不去看他了。"乐正子说:"您所说的'超过',是什么意思呢?是给父亲办丧事用士礼,给母亲办丧事用大夫之礼吗?是给父亲办丧事用三个鼎摆设供品,给母亲办丧事用五个鼎摆设供品吗?"平公说:"不,我指的是棺椁衣衾的精美。"乐正子说:"那便不能说'超过',只是前后贫富不同罢了。"乐正子去见孟子,说道:"我同鲁君讲了,他打算来看您。可是他所宠幸的小臣臧仓阻止了他,他因此就不来了。"孟子说:"一个人要干件事情,是有一种力量在指使他;不干,也有一种力量在阻止他。干与不干,不是单凭人力所能做到的。我不能与鲁侯遇合,是由于天命。臧家那个小子,他怎么能使我不和鲁侯相遇合呢?"

● 公孙丑章句上

凡九章。

公孙丑问曰:"夫子当路于齐,管仲、晏子之功,可复许乎?"孟子曰:"子诚齐人也,知管仲、晏子而已矣。或问乎曾西曰:'吾子与子路孰贤?'曾西蹵然曰:'吾先子之所畏也。'曰:'然则吾子与管仲孰贤?'曾西艴(fú)然不悦,曰:'尔何曾比予于管仲?管仲得君如彼其专也,行乎国政如彼其久也,功烈如彼其卑也,尔何曾比予于是?'"曰:"管仲,曾西之所不为也,而子为我愿之乎?"曰:"管仲以其君霸,晏子以其君显。管仲、晏子犹不足为与?"曰:"以齐王,由反手也。"曰:"若是,则弟子之惑滋甚。且以文王之德,百年而后崩,犹未洽于天下;武王、周公继之,然后大行。今言王若易然,则文王不足法与?"曰:"文王何可当也?由汤至于武丁,贤圣之君六七作,天下归殷久矣,久则难变也。武丁朝诸侯、有天下,犹运之掌也。纣之去武丁未久也,其故家遗俗、流风善政犹有存者,又有微子、微仲、王子比干、箕子、胶鬲——皆贤人也——相与辅相

● 3·1 ─────────────

　　弟子公孙丑问孟子："您如果在齐国当权，管仲、晏子的功业可以再度兴起来吗？"孟子说："你真是个齐国人，只晓得管仲、晏子。曾经有人问曾西（曾参之孙）：'你和子路相比，谁强？'曾西不安地说道：'子路是我祖父所敬畏的人〔，我哪敢和他相比〕。'那人又说：'那么，你和管仲相比，谁强？'曾西马上不高兴起来，说道：'你为什么竟拿我跟管仲相比呢？管仲得到齐桓公的信赖是那样地专一，行使国家的政权是那样地长久，而功绩却那样地低下，你为什么竟拿我跟他相比呢？'"停了一会儿，孟子又说："管仲是曾西都不愿跟他相比的人，你以为我愿意学他吗？"公孙丑说："管仲辅助桓公，使他称霸天下；晏子辅助景公，使他名扬诸侯。管仲、晏子难道还不值得学习吗？"孟子说："用齐国来统一天下，易如反掌。"公孙丑说："照您这样说来，我就更加不懂了。像文王那样的德行，而且活了将近一百岁，他推行的德政，还没有遍及天下；武王、周公继承了他的事业，然后才大大地推行了王道〔，统一了天下〕。现在，你把统一天下说得那样容易，那么，文王也不值得效法了吗？"孟子说："文王怎么能够比得上现在呢？〔拿当时的历史情况来说吧，〕从汤到武丁，贤明的君主总有六七位，天下的人归服殷朝已经很久了，时间一久便很难变动。武丁使得诸侯来朝，把天下治理好，就像在手掌转运东西一样。纣王距武丁的年代并不很久，当时的勋旧世家、善良习俗、先民遗风、仁爱政教有些还保存着，又有微子、微仲、王子比干、箕子、胶鬲——他们都是贤德的人——共同来辅助他，

之，故久而后失之也。尺地莫非其有也，一民莫非其臣也，然而文王犹方百里起，是以难也。齐人有言曰：'虽有智慧，不如乘势；虽有镃基，不如待时。'今时则易然也：夏后、殷、周之盛，地未有过千里者也，而齐有其地矣；鸡鸣狗吠相闻，而达乎四境，而齐有其民矣。地不改辟矣，民不改聚矣，行仁政而王，莫之能御也。且王者之不作，未有疏于此时者也；民之憔悴于虐政，未有甚于此时者也。饥者易为食，渴者易为饮。孔子曰：'德之流行，速于置邮而传命。'当今之时，万乘之国行仁政，民之悦之，犹解倒悬也。故事半古之人，功必倍之，惟此时为然。"

3·2

公孙丑问曰："夫子加齐之卿相，得行道焉，虽由此霸王，不异矣。如此则动心否乎？"孟子曰："否，我四十不动心。"曰："若是，则夫子过孟贲（bēn）远矣。"曰："是不难，告子先我不动心。"曰："不动心有道乎？"曰："有。北宫黝之养勇也，不肤挠，不目逃。思以一毫挫于人，若挞之于市朝。不受于褐宽博，亦不受于万乘之君。视刺万乘之君，若刺褐夫。无严诸侯，恶声至，必反之。孟施舍之所养勇也，曰：'视不胜犹胜

所以经历相当长的时间才衰亡了。当时没有一尺土地不是纣王所有，没有一个百姓不归纣王所管，然而文王还能凭借纵横百里的小国以创立丰功伟业，这自然是很困难的。齐国有句俗话：'纵使有聪明，还得把握形势；纵使有锄头，还得等待耕种季节。'现时要推行王政，就容易了：因为纵使在夏、商、周最兴盛的年代里，任何国家的土地也没有超过纵横千里的，现在齐国却有这么广阔的土地，且〔人烟如此稠密，〕鸡鸣狗叫的声音可互相听见，从首都一直到四方的边境，齐国有这么多的百姓。国土不必再开拓，百姓也不必再增加，只要实行仁政来统一天下，就没有人能够阻止得了。而且统一天下的贤君没有出现，在历史上为时从来没有这样长久过；老百姓被暴虐的政治所折磨，历史上也从来没有这样厉害过。肚子饥饿的人不挑择食物，口渴的人不挑择饮料。孔子说过：'德政的流行，比驿站传达政令还要迅速。'现时拥有兵车万辆的大国实行仁政，老百姓的高兴程度，正好像被人倒挂着而给解救了一般。所以，'事半功倍'超过古人，只有在这个时代才行。"

● 3·2 ————————————————————————

公孙丑问道："老师假若做了齐国的卿相，能够实现自己的主张，从此小则可以成霸业，大则可以成王业，那是不足奇怪的。如果遇到这种情况，您是不是有所恐惧疑惑而动心呢？"孟子说："不，我从四十岁以后，就不再动心了。"公孙丑说："这么看来，老师比古代勇士孟贲强多了。"孟子说："这个不难，告子不动心比我还早呢。"公孙丑说："不动心有什么方法么？"孟子说："有。北宫黝培养勇气，即使肌肤被刺，毫不颤动；眼睛被戳，都不眨一眨。他以为受一点点挫折，就好像在大庭广众之中挨了鞭打一样。他既不能忍受卑贱的人的侮辱，也不能忍受大国君主的侮辱。把刺杀大国的君主看成刺杀卑贱的人一样。对各国的君主毫不畏惧，挨了骂一定回击。孟施舍培养勇气又有所不同，他说：'我对待不能战胜的敌人，

也。量敌而后进，虑胜而后会，是畏三军者也。舍岂能为必胜哉？能无惧而已矣。'孟施舍似曾子，北宫黝似子夏。夫二子之勇，未知其孰贤，然而孟施舍守约也。昔者曾子谓子襄曰：'子好勇乎？吾尝闻大勇于夫子矣：自反而不缩，虽褐宽博，吾不惴焉；自反而缩，虽千万人，吾往矣。'孟施舍之守气，又不如曾子之守约也。"曰："敢问夫子之不动心与告子之不动心，可得闻与？""告子曰：'不得于言，勿求于心；不得于心，勿求于气。'不得于心，勿求于气，可；不得于言，勿求于心，不可。夫志，气之帅也；气，体之充也。夫志至焉，气次焉。故曰：'持其志，无暴其气。'""既曰'志至焉，气次焉'，又曰'持其志，无暴其气'者，何也？"曰："志壹则动气，气壹则动志也。今夫蹶者趋者，是气也，而反动其心。"

"敢问夫子恶乎长？"曰："我知言，我善养吾浩然之

跟对待足以战胜的敌人一样。如果先估量敌人的力量才前进，先考虑胜败才交锋，这种人若碰到众多的军队，一定会害怕。我哪能一定打胜仗呢？不过能够无所畏惧罢了。'孟施舍培养勇气像曾子，北宫黝培养勇气像子夏。这两个人的勇气，我也不知道谁强谁弱，〔但从培养方法而论，〕孟施舍比较简易可行。从前曾子对子襄说："你喜好勇武吗？我曾经从孔老师那里听到过关于大勇的理论：即反躬自问，正义不在我，对方纵是卑贱的人，我不去恐吓他；反躬自问，正义确在我，对方纵是千军万马，我也勇往直前。'孟施舍培养勇气只是保持一股无所畏惧的锐气，〔曾子却以义理的曲直为断，〕孟施舍自然又不如曾子这个方法简易可行。"公孙丑说："我大胆地问问您：老师的不动心和告子的不动心〔有何不同〕，可以讲给我听听吗？"孟子说："告子曾经讲过：'假若不能在言语上得到胜利，便不必求助于思想；假若不能在思想上得到胜利，便不必求助于意气。'〔我认为，〕不能在思想上得到胜利，便不去求助于意气，是对的；不能在言语上得到胜利，便不去求助于思想，是不对的。〔为什么呢？〕因为思想意志是意气感情的主帅，意气感情是充满体内的力量。思想意志到了哪里，意气感情也就在哪里表现出来。所以我说：'既要坚定自己的思想意志，也不要滥用自己的意气感情。'"公孙丑说："您既然说：'思想意志到了哪里，意气感情也就在哪里表现出来。'但是您又说：'既要坚定自己的思想意志，又不要滥用自己的意气感情。'这是什么道理呢？"孟子说："〔它们之间是可以互相影响的。〕思想意志若专注于某一方面，意气感情自然必为之转移〔，这是一般的情况〕。意气感情假若专注于某一方面，也一定会影响到思想意志，不能不为之动荡。譬如跌倒和奔跑，这只是体气专注于某一方面的作用，然而也不能不影响到思想，造成内心的浮动。"

公孙丑问道："请问老师长于哪一方面？"孟子说："我善于分

气。”“敢问何谓浩然之气？”曰：“难言也。其为气也，至大至刚，以直养而无害，则塞于天地之间。其为气也，配义与道；无是，馁也。是集义所生者，非义袭而取之也。行有不慊（qiè）于心，则馁矣。我故曰：告子未尝知义，以其外之也。必有事焉而勿正，心勿忘，勿助长也。无若宋人然。宋人有闵其苗之不长而揠之者，芒芒然归，谓其人曰：‘今日病矣，予助苗长矣。’其子趋而往视之，苗则槁矣。天下之不助苗长者寡矣。以为无益而舍之者，不耘苗者也；助之长者，揠苗者也，非徒无益，而又害之。”“何谓知言？”曰：“诐（bì）辞知其所蔽，淫辞知其所陷，邪辞知其所离，遁辞知其所穷。生于其心，害于其政；发于其政，害于其事。圣人复起，必从吾言矣。”

“宰我、子贡善为说辞，冉牛、闵子、颜渊善言德行，孔子兼之，曰：‘我于辞命，则不能也。’然则夫子既圣矣乎？”曰：“恶！是何言也！昔者子贡问于孔子，曰：‘夫子圣矣乎？’孔子曰：‘圣则吾不能，我学不厌而教不倦也。’子贡曰：‘学不

析别人的言词，也善于培养我的浩然之气。"公孙丑又问道："请问什么叫做浩然之气呢？"孟子说："这就难说得明白了。那一种气，最伟大，最刚强。用正当方法去培养它，一点不加伤害，就会充满上下四方，无所不在。那种气，必须与正义和圣道配合；缺乏它，就没有力量了。那一种气，是经常集正义行为所产生的，不是偶然的正义行为所能取得的。只要做一件于心有愧的事，那种气就会疲萎了。所以我说，告子不曾懂得义，因为他把义看成心外之物。〔我们必须把义看成心内之物，〕一定要培养它，但不要有特定的目的；时时刻刻地记住它，但也不能违背客观规律去帮助它生长。不要学宋国人那样。宋国有一个担心禾苗不长而去把它拔高的人，他十分疲倦地回去，对家里人说：'今天累坏了！我帮助禾苗生长了！'他儿子赶快跑去一看，禾苗都枯槁了。其实天下不帮助禾苗生长的人是很少的。认为培养工作没有益处而放弃不干的，就等于是种庄稼不锄草的懒汉；违背客观规律地去帮助它生长的就是拔苗的人，这种助长的行为，不但没有益处，反而是伤害了它。"公孙丑问："怎么样才算善于分析别人的言词呢？"孟子答道："不全面的言词，我知道它片面性之所在；过分的言词，我知道它失足之所在；不合正道的言词，我知道它与正道分歧之所在；躲闪的言词，我知道它理屈之所在。这四种言词，从思想中产生，必然会在政治上带来危害；如果把它体现于政治措施，一定会危害国家的各种具体工作。如果圣人再出现，也一定会承认我的话是对的。"

公孙丑说："宰我、子贡善于讲话，冉牛、闵子、颜渊善于阐述道德品行，孔子则兼有这两种长处，但是他还说：'我对于辞令，则不擅长。'〔而您既善于分析别人的言词，又善于养浩然之气，言语、道德兼而有之，〕那么，您已经是圣人了吗？"孟子说："哎！这是什么话！从前子贡问孔子，说：'老师已经是圣人了吗？'孔子说：'圣人，我做不到；我不过学习不知厌倦，教人不辞疲劳罢

厌，智也；教不倦，仁也。仁且智，夫子既圣矣。'夫圣，孔子不居——是何言也！'"昔者窃闻之：子夏、子游、子张皆有圣人之一体，冉牛、闵子、颜渊则具体而微。敢问所安？"曰："姑舍是。"曰："伯夷、伊尹何如？"曰："不同道。非其君不事，非其民不使；治则进，乱则退：伯夷也。何事非君，何使非民；治亦进，乱亦进：伊尹也。可以仕则仕，可以止则止，可以久则久，可以速则速：孔子也。皆古圣人也，吾未能有行焉；乃所愿，则学孔子也。""伯夷、伊尹于孔子，若是班乎？"曰："否。自有生民以来，未有孔子也。"曰："然则有同与？"曰："有。得百里之地而君之，皆能以朝诸侯、有天下；行一不义、杀一不辜而得天下，皆不为也。是则同。"曰："敢问其所以异。"曰："宰我、子贡、有若，智足以知圣人；污不至阿其所好。宰我曰：'以予观于夫子，贤于尧、舜远矣。'子贡曰：'见其礼而知其政，闻其乐而知其德，由百世之后，等百世之王，莫之能违也。自生民以来，未有夫子也。'有若曰：'岂惟民哉？麒麟之于走兽，凤凰之于飞鸟，泰山之于丘垤（dié），河海之于行潦，类也。圣人之

了。'子贡便说:'学习不知厌倦,这是智;教人不辞疲劳,这是仁。既仁且智,老师已经是圣人了。'圣人,连孔子都不敢自居,〔你却加在我的头上,〕这是什么话呢!"公孙丑说:"从前我曾听说过,子夏、子游、子张都各有孔子的一部分长处;冉牛、闵子、颜渊大体接近于孔子,却不如他那样博大精深。请问老师:您居于哪一种人?"孟子说:"暂且不谈这个。"公孙丑又问:"伯夷和伊尹怎么样?"孟子答道:"不相同。不是他理想的君主他不去服事,不是他理想的百姓他不去使唤;天下太平就出来做官,天下昏乱就退而隐居:伯夷是这样的。任何君主都可以去服事,任何百姓可以去使唤;天下太平做官,天下不太平也做官:伊尹是这样的。应该做官就做官,应该辞职就辞职,应该继续干就继续干,应该马上走就马上走:孔子是这样的。他们都是古代的圣人,〔可惜〕我都没有做到;至于我所希望的,是学习孔子。"公孙丑问:"伯夷、伊尹与孔子不是一样的吗?"孟子答道:"不!从有人类以来,没有能比得上孔子的。"公孙丑又问:"那么,在这三位圣人中,有相同的地方吗?"孟子答道:"有。如果得着纵横百里的土地,而让他们做君王,他们都能够使诸侯来朝觐,统一天下;如果叫他们做一件不合道义的事,杀一个没有犯罪的人,因而能得到天下,他们都是不会做的。这就是他们相同的地方。"公孙丑说:"请问,他们不同的地方又在哪里呢?"孟子说:"宰我、子贡、有若三人,他们的聪明才智足以了解圣人,〔即使〕他们不好,也不致偏袒他们所喜好的人。〔我们且看他们如何称赞孔子吧。〕宰我说:'以我来看老师,比尧、舜都强多了。'子贡说:'看到一国的礼制,就了解它的政治;听到一国的音乐,就知道它的德教。即使从百代以后去评价百代以来的君王,任何一个君王都不能背离孔子之道。从有人类以来,是没有一个能和他老人家相比的。'有若说:'难道仅只人类有高下的不同吗?麒麟对于走兽,凤凰对于飞鸟,泰山对于土堆,河海对于小溪,何尝不

于民，亦类也。出于其类，拔乎其萃，自生民以来，未有盛于孔子也。'"

◎ **3·3**

孟子曰："以力假人者霸，霸必有大国。以德行仁者王，王不待大，汤以七十里，文王以百里。以力服人者，非心服也，力不赡也。以德服人者，中心悦而诚服也，如七十子之服孔子也。《诗》云：'自西自东，自南自北，无思不服。'此之谓也。"

◎ **3·4**

孟子曰："仁则荣，不仁则辱。今恶辱而居不仁，是犹恶湿而居下也。如恶之，莫如贵德而尊士，贤者在位，能者在职。国家闲暇，及是时明其政刑，虽大国必畏之矣。《诗》云：'迨天之未阴雨，彻彼桑土，绸缪牖户。今此下民，或敢侮予？'孔子曰：'为此诗者，其知道乎？能治其国家，谁敢侮之？'今国家闲暇，及是时，般（pán）乐怠敖，是自求祸也。祸福无不自己求之者。《诗》云：'永言配命，自求多福。'《太甲》曰：'天作孽，犹可违；自作孽，不可活。'此之谓也。"

是同类。圣人对于百姓，也是同类，但远远超出了他那同类，大大高出了他那一群，从有人类以来，没有人能赶得上孔子的伟大。'"

● 3·3 ————————————

孟子说："倚仗实力并且假借仁爱之名号召征伐的人，可以称霸于诸侯，称霸一定要凭借国力的强大。依靠道德来实行仁政的，可以使天下归服，这样不必以强大国力为基础——汤就仅用他纵横七十里的土地，文王也就仅用他纵横百里的土地〔实行了仁政，而使人心归服〕。倚仗实力来使人服从的，人家不会心悦诚服，只是因为他本身的实力不够罢了。依靠道德来使人佩服的，人家才会心悦诚服，像七十多位大弟子归服孔子一样。《诗经·大雅·文王有声》上说过：'从东到西，从南到北，无不心悦诚服。'正是这个意思。"

● 3·4 ————————————

孟子说："〔诸侯卿相〕如果实行仁政，就会得到荣耀；如果实行不仁之政，就会遭受屈辱。如今这些人，非常厌恶屈辱，但仍然处于不仁之境地，这正好比一方面厌恶潮湿，一方面又自处于低洼之地一样。假若真的厌恶屈辱，最好是以德为贵从而尊敬士人，使有德行的人居于相当的官位，有才能的人担任一定的职务。国家无内忧外患，趁这个时候修明政治、法典，纵使强大的邻国也一定会畏惧它了。《诗经·豳风·鸱鸮》上说：'趁着雨没下来云没起，桑树根上剥些皮，门儿窗儿都得修理。下面的人们，谁敢把我欺？'孔子说：'做这篇诗的人懂得道理呀！能够治理他的国家，谁敢侮辱他呢？'如今国家没有内忧外患，人们追求享乐，怠惰游玩，这等于自找祸害。祸害或幸福无不是自己找来的。《诗经·大雅·文王》上又说：'我们永远要与天命相配，自己去寻求更多的幸福。'《太甲》上也说过：'天降的灾害还可以躲避，自己作的罪孽，逃也逃不了。'正是这个意思。"

孟子曰："尊贤使能，俊杰在位，则天下之士皆悦而愿立于其朝矣。市，廛而不征，法而不廛，则天下之商皆悦而愿藏于其市矣。关，讥而不征，则天下之旅皆悦而愿出于其路矣。耕者助而不税，则天下之农皆悦而愿耕于其野矣。廛，无夫、里之布，则天下之民皆悦而愿为之氓矣。信能行此五者，则邻国之民仰之若父母矣。率其子弟，攻其父母，自生民以来未有能济者也。如此，则无敌于天下。无敌于天下者，天吏也。然而不王者，未之有也。"

孟子曰："人皆有不忍人之心。先王有不忍人之心，斯有不忍人之政矣。以不忍人之心，行不忍人之政，治天下可运之掌上。所以谓'人皆有不忍人之心'者，今人乍见孺子将入于井，皆有怵惕、恻隐之心，非所以内交于孺子之父母也，非所以要誉于乡党朋友也，非恶其声而然也。由是观之，无恻隐之心，非人也；无羞恶之心，非人也；无辞让之心，非人也；无是非之心，非人也。恻隐之心，仁之端也；羞恶之心，义之端也；辞让之心，礼之端也；是非之心，智之端也。人之有是四端也，犹其

● 3·5 ──────────

孟子说："尊重贤德的人，使用有能力的人，让杰出的人物都有官位，那么，天下的士子都会高兴，愿意到那个朝廷找个一官半职了。在市场上，给予空地以储藏货物，却不征收货物税，如果滞销，依法征购，不让它长久积压，那么，天下的商人都会高兴，愿意把货物存放在那市场上了。关卡，只稽查而不征税，那么，天下的旅客都会高兴，愿意经过那里的道路了。对耕田的人，实行井田制，只助耕公田，不再征税，那么，天下的农夫都会高兴，愿意在那里的田野上种庄稼了。人们居住的地方，没有那一些额外的雇役钱和地税，那么，天下的百姓都会高兴，愿意在那里侨居了。真正能够做到这五项，那么，邻近国家的老百姓都会像对待爹娘一样地爱慕他了。〔如果邻国之君要率领这样的人民来攻打他，便好比〕率领他的儿女来攻打他们的父母一样，自有人类以来，这种事是没有能够成功的。像这样，就会天下无敌。天下无敌的人就叫做'天吏'。如此而不能统一天下的，是从来不曾有过的。"

● 3·6 ──────────

孟子说："每个人都有怜悯别人的心情。先王因为有怜悯别人的心情，这就有怜悯别人的政治了。凭着怜悯别人的心情来实施怜悯别人的政治，治理天下可以像运转小物件于手掌上一样的容易。我之所以说，每个人都有怜悯别人的心情，道理就在于：现在有人突然看到一个小孩要跌进井里去了，任何人都会有惊骇同情的心理。这种心情的产生，不是为着要和这小孩的爹娘攀结交情，不是为着要在乡里朋友中间博取美誉，也不是厌恶那小孩的哭声才如此的。从这事看来，一个人，如果没有同情之心，简直不是个人；如果没有羞耻之心，简直不是个人；如果没有推让之心，简直不是个人；如果没有是非之心，简直不是个人。同情之心是仁的开端，羞耻之心是义的开端，推让之心是礼的开端，是非之心是智的开端。一个人有这四

有四体也。有是四端而自谓不能者，自贼者也；谓其君不能者，贼其君者也。凡有四端于我者，知皆扩而充之矣，若火之始然、泉之始达。苟能充之，足以保四海；苟不充之，不足以事父母。"

◎ 3·7

孟子曰："矢人岂不仁于函人哉？矢人唯恐不伤人，函人唯恐伤人。巫、匠亦然。故术不可不慎也。孔子曰：'里仁为美。择不处仁，焉得智？'夫仁，天之尊爵也，人之安宅也。莫之御而不仁，是不智也。不仁、不智，无礼、无义，人役也。人役而耻为役，由弓人而耻为弓，矢人而耻为矢也。如耻之，莫如为仁。仁者如射：射者正己而后发；发而不中，不怨胜己者，反求诸己而已矣。"

◎ 3·8

孟子曰："子路，人告之以有过则喜。禹闻善言则拜。大舜有大焉：善与人同，舍己从人，乐取于人以为善；自耕稼、陶、渔以至为帝，无非取于人者。取诸人以为善，是与人为善者也。

种开端，正好比他有四肢一样〔，是自然而然的〕。有这四种开端却自己认为不行的人，这是自暴自弃的人；认为他的君主不行的人，便是暴弃他的君主的人。凡具备这四种开端的人，如果晓得把它们扩充起来，便会像刚刚烧燃的火，〔终必不可扑灭；〕刚刚流出的泉水〔，终必汇成江河〕。假若能够扩充，便足以安定天下；假若不扩充，〔让它消灭，〕便连赡养爹娘都不可能。"

● 3·7 ————————

孟子说："造箭的人难道比造铠甲的人本性要残忍些吗？〔如果不是这样，为什么〕造箭的人生怕他的箭不能伤害人，而造铠甲的人却生怕他的甲不能抵御刀箭呢？做巫医的和做木匠的也如此〔，巫医唯恐自己的法术不灵，病人不得痊愈；木匠唯恐病人好了，棺材销不出去〕。可见一个人选择谋生之术不可不谨慎。孔子说：'与仁德共处是好的。由自己选择，却不与仁德共处，怎么能说是聪明呢？'仁是天最尊重的爵位，是人最安逸的住宅。没有人来阻挡你，你却不仁，这是愚蠢。不仁、不智、无礼、无义，这种人只能做别人的仆役。本应该是仆役，却自以为耻，正好比造弓的人以造弓为耻，造箭的人以造箭为耻一般。如果真以为耻，不如好好地去实行仁德。实行仁德的人如同赛箭的人一样：射箭的人先端正自己的姿态而后放箭；如果没有射中，不埋怨那些胜过自己的人，只是反躬自问罢了。"

● 3·8 ————————

孟子说："子路，别人指出他的错误，他便高兴。禹听到对他有益的话，他就给人敬礼。伟大的舜更是了不起：他对于做有益他人的事，没有别人和自己的区分，抛弃自己的不是，接受别人的是，非常快乐地吸取别人的优点来做有益的事；从他种庄稼、做瓦器、做渔夫一直到做天子，没有一处优点不是从别人那里吸取来的。吸取别人的优点来做有益的事，这就是偕同别人一道做有益的事。所以

故君子莫大乎与人为善。"

孟子曰："伯夷，非其君不事，非其友不友。不立于恶人之朝，不与恶人言；立于恶人之朝，与恶人言，如以朝衣朝冠坐于涂炭。推恶恶之心，思与乡人立，其冠不正，望望然去之，若将浼（měi）焉。是故诸侯虽有善其辞命而至者，不受也。不受也者，是亦不屑就已。柳下惠不羞污君，不卑小官；进不隐贤，必以其道；遗佚而不怨，厄穷而不悯。故曰：'尔为尔，我为我。虽袒裼（xī）裸裎（chéng）于我侧，尔焉能浼我哉！'故由由然与之偕而不自失焉，援而止之而止。援而止之而止者，是亦不屑去已。"孟子曰："伯夷隘，柳下惠不恭。隘与不恭，君子不由也。"

● 公孙丑章句下

凡十四章。自第二章以下，记孟子出处、行实为详。

孟子曰："天时不如地利，地利不如人和。三里之城，七里

君子最高的德行就是偕同别人一道做有益的事。"

孟子说："伯夷,不是他理想的君主,不去侍奉;不是他理想的朋友,不去交结。不站在坏人的朝廷里,不同坏人说话;站在坏人的朝廷里,同坏人说话,好比穿戴着礼服礼帽坐在泥路或炭灰之上。把这种厌恶坏人坏事的心情推而广之,他便这样想,同乡里人一块站着,如果那人帽子没有戴正,便将不高兴地走开,好像自己会沾染肮脏似的。所以当时的各国君主虽然有好言好语来招致他,他也不接受。他之所以不接受,就是因为自己不屑于去接近他们。柳下惠却不以侍奉坏君为可耻,不以自己官职小为卑下;入朝做官,不隐没自己的才能,但一定按照他的原则办事;自己被遗弃,也不怨恨,自己穷困,也不忧愁。所以他说:'你是你,我是我,你纵然在我旁边赤身露体,怎么能玷污我呢?'所以无论什么人他都高兴地同他一道,并且一点不失常态。牵住他,叫他留住就留住。他能叫他留住就留住,也就是因为他不屑于离开的缘故。"孟子又说:"伯夷器量太小,柳下惠不太严肃。器量小和不严肃,君子是不这样做的。"

孟子说:"天气的种种变化条件赶不上地势的有利于我,地势的有利于我赶不上人们的团结。譬如有一座小城,每边长仅三里,

之郭，环而攻之而不胜。夫环而攻之，必有得天时者矣；然而不胜者，是天时不如地利也。城非不高也，池非不深也，兵革非不坚利也，米粟非不多也，委而去之，是地利不如人和也。故曰：域民不以封疆之界，固国不以山溪之险，威天下不以兵革之利。得道者多助，失道者寡助。寡助之至，亲戚畔之；多助之至，天下顺之。以天下之所顺，攻亲戚之所畔，故君子有不战，战必胜矣。"

◎ 4·2

孟子将朝王，王使人来，曰："寡人如就见者也，有寒疾，不可以风。朝，将视朝，不识可使寡人得见乎？"对曰："不幸而有疾，不能造朝。"明日，出吊于东郭氏。公孙丑曰："昔者辞以病，今日吊，或者不可乎？"曰："昔者疾，今日愈，如之何不吊？"王使人问疾，医来。孟仲子对曰："昔者有王命，有采薪之忧，不能造朝。今病小愈，趋造于朝，我不识能至否乎？"使数人要于路，曰："请必无归而造于朝。"不得已而之景丑氏宿焉。景子曰："内则父子，外则君臣，人之大伦也。父子主恩，君臣主敬。丑见王之敬子也，未见所以敬王也。"曰："恶！是何

它的外郭也仅七里,敌人围攻它,而不能取胜。在长期围攻中,一定有合于战机的天气,然而不能取胜,这就是因为天气的变化条件赶不上所占的有利地势。〔又譬如,另一守城者,〕城墙不是不高,护城河不是不深,兵器和甲胄不是不锐利坚固,粮食不是不多;〔然而敌人一来〕便弃城逃走,这就是因为所占的有利地势赶不上人的团结。所以我说,限制人民不必用国家的疆界,保卫国家不必靠山川的险阻,威行天下不必凭兵器的锐利。行仁政,帮助他的人就多;不行仁政,帮助他的人就少。帮助的人少到极点时,连亲戚都反对他;帮助的人多到极点时,全天下都顺从他。拿全天下顺从的力量来攻打连亲戚都反对的人,那么,仁君圣主或者不必用战争,若用战争,必定是胜利的了。"

● 4·2

　　孟子准备去朝见齐王,恰巧齐王派了个人来,说道:"我本应该来看你,但是感冒了,不能吹风。如果你肯来朝,我便也临朝办公,不晓得我能够看到你吗?"孟子答道:"不幸得很,我也有病,不能到朝廷里来。"第二天,孟子要到东郭大夫家里去吊丧。公孙丑说:"昨天您托辞有病谢绝齐王的召见,今天又去吊丧,大概不可以吧?"孟子说:"昨天生了病,今天好了,为什么不去吊丧呢?"齐王打发人来探病,并且有医生同来。孟仲子(孟子弟子)应付说:"昨天齐王有命令来,孟子得了小病,不能奉命上朝廷去。今天刚好一点,已经上朝廷里去了,但是我不晓得能不能够到达。"接着孟仲子派了好几个人,分别在孟子归家的路上拦截他,说:"您无论如何不要回家,一定要赶快上朝廷去!"孟子没有办法,只得躲到景丑(齐国大夫)的家中歇宿。景丑说:"在家庭里有父子,在家庭外有君臣,这是人与人之间最重要的关系。父子之间以慈爱为主,君臣之间以恭敬为主。我只看见齐王对你很尊敬,却没有看见你对王是怎样恭敬的。"孟子说:"哎!这是什么话!在齐国人之中,没有一个用仁义的

言也! 齐人无以仁义与王言者, 岂以仁义为不美也? 其心曰'是何足与言仁义也'云尔, 则不敬莫大乎是。我非尧舜之道不敢以陈于王前, 故齐人莫如我敬王也。"景子曰: "否, 非此之谓也。《礼》曰: '父召, 无诺。''君命召, 不俟驾。'固将朝也, 闻王命而遂不果, 宜与夫礼若不相似然。"曰: "岂谓是与? 曾子曰: '晋、楚之富, 不可及也。彼以其富, 我以吾仁; 彼以其爵, 我以吾义。吾何慊乎哉?'夫岂不义而曾子言之? 是或一道也。天下有达尊三: 爵一, 齿一, 德一。朝廷莫如爵, 乡党莫如齿, 辅世长民莫如德。恶得有其一以慢其二哉? 故将大有为之君, 必有所不召之臣; 欲有谋焉, 则就之。其尊德乐道, 不如是不足与有为也。故汤之于伊尹, 学焉而后臣之, 故不劳而王; 桓公之于管仲, 学焉而后臣之, 故不劳而霸。今天下地丑德齐, 莫能相尚, 无他, 好臣其所教, 而不好臣其所受教。汤之于伊尹, 桓公之于管仲, 则不敢召。管仲且犹不可召, 而况不为管仲者乎?"

◎ 4·3

陈臻问曰: "前日于齐, 王馈兼金一百而不受; 于宋, 馈七十镒而受; 于薛, 馈五十镒而受。前日之不受是, 则今日之受

道理向王进言的，他们难道就以为仁义不好吗？〔不是的。〕他们的心里是这样想的：'这个王哪能够得上和他谈仁义呢？'他们对王就是这样的，这才是最大的不恭敬哩。我呢，不是尧舜之道不敢拿来向王陈述，所以在齐国人之中，没有一个比得上我这样对王恭敬的。"景丑说："不，我所说的不是指这个。《礼记》上说过：'父亲召唤，"唯"一声就起身，不说"诺"。''君主召唤，不等车马驾好就先走。'你呢，本来准备朝见王，一听到王来召见，反而不去了，似乎和《礼记》所说有点不相合。"孟子说："原来你说的是这个呀。曾子说过：'晋国和楚国的财富，我们赶不上。但是，他有他的财富，我有我的仁德；他有他的爵位，我有我的道义。我为什么觉得比他少了什么呢？'这些话如果没有道理，曾子难道肯说吗？这大概是有点道理的。天下公认为尊贵的东西有三样：爵位是一个，年龄是一个，道德是一个。在朝廷中，先论爵位；在乡里中，先论年龄；至于辅助君主统治百姓，自然以道德为最重要。他哪能凭着爵位来轻视我的年龄和道德呢？所以大有作为的君主，一定有他的不受召唤的臣子；若有什么事要商量，就亲自到臣子那里去。要尊崇道德和乐于行仁政，如果不这样，便不足以和他一起有所作为。因此，商汤对于伊尹，先向伊尹学习，然后任他为臣，因此不大费力气便统一了天下；桓公对于管仲，也是先向他学习，然后任他为臣，因此不大费力气便称霸于诸侯。现在，各个大国，土地的大小是同样的，行为作风也不相上下，彼此之间谁也不能驾凌在谁之上，这没有别的缘故，正是因为他们只喜欢用听他的话的人为臣，却不喜欢用能教导他的人为臣。商汤对于伊尹，桓公对于管仲，就不敢召唤。管仲还不可以召唤，何况连管仲都不愿做的人呢？"

● 4·3

孟子弟子陈臻问道："过去在齐国，齐王送您上等好金一百镒，您不接受；后来在宋国，宋君送您七十镒，您受了；在薛，薛君送您

非也；今日之受是，则前日之不受非也：夫子必居一于此矣。"

孟子曰："皆是也。当在宋也，予将有远行，行者必以赆
（jìn），辞曰：'馈赆。'予何为不受？当在薛也，予有戒心，辞曰：
'闻戒，故为兵馈之。'予何为不受？若于齐，则未有处也。无
处而馈之，是货之也。焉有君子而可以货取乎？"

◎ 4·4

孟子之平陆，谓其大夫曰："子之持戟之士，一日而三失
伍，则去之否乎？"曰："不待三。""然则子之失伍也亦多矣。
凶年饥岁，子之民老羸转于沟壑，壮者散而之四方者几千人
矣。"曰："此非距心之所得为也。"曰："今有受人之牛羊而为
之牧之者，则必为之求牧与刍矣。求牧与刍而不得，则反诸其
人乎，抑亦立而视其死与？"曰："此则距心之罪也。"他日，见
于王，曰："王之为都者，臣知五人焉。知其罪者，惟孔距心。"
为王诵之。王曰："此则寡人之罪也。"

◎ 4·5

孟子谓蚳（Chí）蛙曰："子之辞灵丘而请士师，似也，为其
可以言也。今既数月矣，未可以言与？"蚳蛙谏于王而不用，致
为臣而去。齐人曰："所以为蚳蛙则善矣；所以自为，则吾不知

五十镒，您也受了。如果过去不接受是正确的，那今天接受便错了；如果今天接受是正确的，那过去不接受便错了。二者之中，老师一定有一个是错了。"

孟子说："都是正确的。当在宋国的时候，我准备远行，他们对远行的人一定要送些盘缠，因此宋君说：'送上一点盘缠吧。'我为什么不受呢？当在薛的时候，我听说路上有危险，须要戒备，因此薛君说：'听说您需要戒备，送点钱给您买兵器吧。'我为什么不受呢？至于在齐国，就没有什么理由。没有什么理由却要送钱给我，这等于用金钱收买我。哪有君子可以拿钱收买的呢？"

● 4·4 ————————————————

孟子到了平陆（齐国的城邑），对当地的长官孔距心说："如果你的战士，一天三次失职，你开除他吗？"孔距心答道："不必等待三次，我就开除他了。"孟子说："那么，你自己失职的地方也很多。灾荒年成，你的百姓年老体弱抛尸露骨于山沟中的、年轻力壮逃亡于四方的已将近千人了。"孔距心答道："这不是我的力量所能做到的。"孟子说："譬如现在有一个人，接收别人的牛羊，替他牧放，那一定要替牛羊寻找牧场和草料。如果牧场和草料都找不到，是把它退还原主呢，还是站在那里看着牛羊一个个死去呢？"孔距心答道："这就是我的罪过了。"另一天，孟子朝见齐王，说："王的地方长官，我认识了五位。明白自己罪过的，只有孔距心一人。"于是把过去的问答复述一遍。王说："这也是我的罪过呢！"

● 4·5 ————————————————

孟子对蚳蛙（齐国大夫）说："你辞去灵丘县长，却要做法官，似乎很有道理，因为可以向王进言。现在，你做了法官已经几个月了，还不能向王进言吗？"蚳蛙向王进谏，王不听，因之辞职而去。齐国有人便说："孟子替蚳蛙考虑得不错了，但是他替自己考虑得怎样呢，那我还不知道。"公都子（孟子弟子）把这话告诉孟子。孟子说：

也。"公都子以告。曰："吾闻之也：有官守者，不得其职则去；有言责者，不得其言则去。我无官守，我无言责也，则吾进退岂不绰绰然有余裕哉？"

孟子为卿于齐，出吊于滕，王使盖（Gě）大夫王驩为辅行。王驩朝暮见，反齐、滕之路，未尝与之言行事也。公孙丑曰："齐卿之位，不为小矣；齐、滕之路，不为近矣；反之而未尝与言行事，何也？"曰："夫既或治之，予何言哉？"

孟子自齐葬于鲁，反于齐，止于嬴。充虞请曰："前日不知虞之不肖，使虞敦匠事，严，虞不敢请。今愿窃有请也：木若以美然。"曰："古者棺椁无度；中古棺七寸，椁称之。自天子达于庶人，非直为观美也，然后尽于人心。不得，不可以为悦；无财，不可以为悦。得之为有财，古之人皆用之，吾何为独不然？且比化者，无使土亲肤，于人心独无恔（xiào）乎？吾闻之也：君子不以天下俭其亲。"

沈同以其私问曰："燕可伐与？"孟子曰："可。子哙不得与人燕，子之不得受燕于子哙。有仕于此，而子悦之，不告于

"我听说过：有固定职务的，如果无法尽其职责，就可以不干；有进言责任的，如果言不听，计不从，也就可以不干。我既没有固定的职务，又没有进言的责任，那我的行动怎么不是有无限的回旋余地呢？"

● 4·6

孟子在齐国做卿，奉使到滕国去吊丧，齐王还派盖邑的县长王驩作为副使同行。王驩同孟子两人成天在一起，来回于齐、滕两国的旅途，孟子却不曾同他一道谈过公事。公孙丑问道："齐卿的官位，不算小了；齐、滕两国间的距离，不算近了；但来回一趟，却不曾同王驩谈过公事，这是为什么呢？"孟子答道："他既然一个人独断专行，我还说什么呢？"

● 4·7

孟子从齐国到鲁国去埋葬母亲，又回到齐国，到了嬴县，停留下来。充虞（孟子弟子）请问道："承您看得起我，派我监理棺椁的制造事务，当时大家都忙碌，我虽有疑问，不敢请教。今日才来请教：棺木似乎太好了。"孟子答道："上古对于棺椁的尺寸，没有一定规矩；到了中古，才规定棺厚七寸，椁厚以相称为准。从天子一直到老百姓，讲究棺椁，不仅为着美观，而是要这样才算尽了孝子之心。为法制所限，不能用上等木料，当然不称心；用上等木料，没有财力，也还是不称心。有用上等木料的地位，财力又能买得起，古人都这样做了，我为什么独独不这样呢？而且，为了不使死者的尸体和泥土相挨，对孝子说来，难道就完全能够称心了吗？我听说过：在任何情况下，都不应该在父母身上省钱。"

● 4·8

沈同（齐国臣子）用个人身份问孟子说："燕国可以讨伐吗？"孟子答道："可以。燕王子哙不能够〔任意〕把燕国交给别人，他的相国子之也不能够〔就这样〕从子哙那里接受燕国。譬如有这么个人，你

王而私与之吾子之禄爵；夫士也，亦无王命而私受之于子。则可乎？何以异于是？"齐人伐燕。或问曰："劝齐伐燕，有诸？"曰："未也。沈同问：'燕可伐与？'吾应之曰：'可。'彼然而伐之也。彼如曰：'孰可以伐之？'则将应之曰：'为天吏，则可以伐之。'今有杀人者，或问之曰：'人可杀与？'则将应之曰：'可。'彼如曰：'孰可以杀之？'则将应之曰：'为士师，则可以杀之。'今以燕伐燕，何为劝之哉？"

◎ 4·9

燕人畔。王曰："吾甚惭于孟子。"陈贾曰："王无患焉。王自以为与周公孰仁且智？"王曰："恶！是何言也！"曰："周公使管叔监殷，管叔以殷畔；知而使之，是不仁也；不知而使之，是不智也。仁、智，周公未之尽也，而况于王乎？贾请见而解之。"见孟子，问曰："周公何人也？"曰："古圣人也。"曰："使管叔监殷，管叔以殷畔也，有诸？"曰："然。"曰："周公知其将畔而使之与？"曰："不知也。""然则圣人且有过与？"曰："周公，弟也；管叔，兄也。周公之过，不亦宜乎！且古之君子，过则改之；今之君子，过则顺之。古之君子，其过也如日月之食，

很喜欢他，便不向王请示，自作主张把你的俸禄官位都让给他；他也没有国王的任命，便私自从你那里接受了俸禄官位。这样可以吗？子哙、子之私相授受的事，和这个例子有什么不同呢？"齐国果然去讨伐燕国。有人问孟子说："齐国讨伐燕国，你曾经劝止过，有这回事吗？"孟子答道："没有。沈同曾经用他个人的名义问我，说：'燕国可以讨伐吗？'我答应说：'可以。'他们就这样地去攻打燕国了。他假若再问：'谁可以去讨伐他呢？'那我便会说：'只有奉行天命的天吏才可以去讨伐它。'譬如这里有一个杀人犯，有人问道：'这犯人该杀吗？'那我会说：'该杀。'假若他再问：'谁可以杀他呢？'那我就会回答：'只有法官才可以去杀他。'如今以一个同燕国一样暴虐的齐国去讨伐燕国，我为什么要劝止呢？"

● 4·9 ───────────────────────────────

　　燕国人群起反抗齐国。齐王〔过去未听孟子的劝导〕便说："我对孟子感到非常惭愧。"陈贾（齐国大夫）说："王不要难过。在仁和智的方面，王和周公比较，您自己说，哪个强一些？"齐王说："哎！这是什么话！〔我哪敢同周公相比！〕"陈贾说："周公派管叔（名鲜，周公兄，武王弟）去监督殷国，管叔却率领殷国遗民来造反；如果周公早已预见到这一结果，却仍然派管叔去监督，那是他的不仁；如果周公未曾预见到，便是他的不智。仁和智，周公都没有完全做到，何况您呢？我愿意去见见孟子，向他解释解释。"于是陈贾来见孟子，问："周公是怎样的人？"孟子答道："古代的圣人。"陈贾说："他派管叔去监督殷国，管叔却率领殷国遗民造反，有这回事吗？"孟子答道："有的。"陈贾问："周公是预见到管叔会造反，偏要派他去的吗？"孟子答道："周公不曾预见到。"陈贾说："这样说来，圣人也会有过错吗？"孟子答道："周公是弟弟，管叔是哥哥，〔难道弟弟能疑心哥哥会造反吗？〕周公的过错不也合乎情理吗？而且，古代的君子，有了过错，随即改正；今天的君子，有了过错，竟将错就错。古代

民皆见之；及其更也，民皆仰之。今之君子，岂徒顺之，又从为之辞。”

孟子致为臣而归。王就见孟子，曰："前日愿见而不可得；得侍同朝，甚喜；今又弃寡人而归，不识可以继此而得见乎？"对曰："不敢请耳，固所愿也。"他日，王谓时子曰："我欲中国而授孟子室，养弟子以万钟，使诸大夫国人皆有所矜式，子盍为我言之？"时子因陈子而以告孟子，陈子以时子之言告孟子。孟子曰："然。夫时子恶知其不可也？如使予欲富，辞十万而受万，是为欲富乎？季孙曰：'异哉子叔疑！使己为政，不用，则亦已矣，又使其子弟为卿。人亦孰不欲富贵？而独于富贵之中有私龙断焉。'古之为市也，以其所有易其所无者，有司者治之耳。有贱丈夫焉，必求龙断而登之，以左右望而罔市利。人皆以为贱，故从而征之。征商自此贱丈夫始矣。"

孟子去齐，宿于昼。有欲为王留行者，坐而言。不应，隐几而卧。客不悦，曰："弟子齐宿而后敢言，夫子卧而不听，请勿复敢见矣。"曰："坐。我明语子。昔者鲁缪公无人乎子思之

的君子，他的过错好像日蚀月蚀一般，老百姓个个都看得到；当他改正了，个个都抬头望着表示敬仰。今天的君子，不仅仅将错就错，并且还编造一番歪道理来为错误辩护。"

● 4·10 ———

孟子辞去齐国的官职准备回乡。齐王到孟子家中相见，说道："过去希望看到您，却不可能；后来能够同在一起，我很高兴；现在您又将抛开我回去了，不知道我们以后还可以相见吗？"孟子答道："这个，我只是不敢请求罢了，本来是很希望的。"过了一些时，齐王对时子〔齐国大臣〕说："我想在临淄城中给孟子一幢房屋，用万钟之粟来养活他的门徒，让我国的官吏和人民都有所效法。你何不替我向孟子谈谈！"时子便托陈子〔即陈臻〕把这话转告孟子，陈子也就把时子的话告诉了孟子。孟子说："嗯。那时子哪晓得这事情做不得呢？假若我贪图财富，怎会辞去十万钟的俸禄来接受这一万钟的赐予，这是为了贪图财富吗？季孙说过：'子叔疑〔季孙、子叔疑不知何时人〕真奇怪！自己要做官，别人不用，也就罢了，却又使起自己的儿子兄弟来做卿大夫。谁不想做官发财？但是他在做官发财之中搞垄断行为。'〔怎样叫做'垄断'呢？〕古代做买卖，用自己有的东西去交换自己所没有的，这种事情，由相关的部门管理它罢了。有那么一个下贱汉子，一定要找一个独立的高地登上去，左边望望，右边望望，恨不得把所有买卖的好处由他一网打尽。别人都觉得这人下贱，因此抽他的税。向商人抽税便从此开始了。"

● 4·11 ———

孟子离开齐国，在昼县〔齐国西南附近〕过夜。有一位想替齐王挽留孟子的人，恭敬地坐着，同孟子说话。孟子不加理会，伏在靠几上睡起来。那人很不高兴，说道："我在准备见您的头一天，便斋戒沐浴，整洁身心，今天同您说话，您却装睡觉，不听我的，以后我再也不敢同您相见了。"〔说着，起身要走。〕孟子说："坐下来！我明白

侧，则不能安子思；泄柳、申详无人乎缪公之侧，则不能安其身。子为长者虑，而不及子思；子绝长者乎，长者绝子乎？"

孟子去齐，尹士语人曰："不识王之不可以为汤、武，则是不明也；识其不可，然且至，则是干泽也。千里而见王，不遇故去，三宿而后出昼，是何濡滞也？士则兹不悦。"高子以告。曰："夫尹士恶知予哉？千里而见王，是予所欲也；不遇故去，岂予所欲哉？予不得已也。予三宿而出昼，于予心犹以为速，王庶几改之；王如改诸，则必反予。夫出昼而王不予追也，予然后浩然有归志。予虽然，岂舍王哉？王由足用为善。王如用予，则岂徒齐民安？天下之民举安。王庶几改之，予日望之。予岂若是小丈夫然哉？谏于其君而不受，则怒，悻悻然见于其面，去则穷日之力而后宿哉？"尹士闻之，曰："士诚小人也。"

孟子去齐，充虞路问曰："夫子若有不豫色然。前日虞闻诸夫子曰：'君子不怨天，不尤人。'"

曰："彼一时，此一时也。五百年必有王者兴，其间必有

告诉你。过去，〔鲁缪公怎样对待贤人呢？〕他如果没有人在子思身边，就不能够令子思安心；泄柳（鲁国人）、申详（子张的儿子）如果见没有人在鲁缪公身边，也就不能令自己安心。你替我这老头考虑，连子思怎样被鲁缪公对待都比不上，〔你不去劝说齐王改变态度，却用空话挽留我，〕这样，是你跟我决绝呢，还是我跟你决绝呢？"

● 4·12 ————————————————————————————

孟子离开齐国，尹士（齐国人）对别人说："不认识到齐王不能够做商汤、周武王这样的国君，那便是孟子的糊涂；认识到他不行，然而还要来，那便是孟子贪求富贵。他老远地跑来，不被赏识而去，在昼县歇了三夜才离开，为什么这样慢腾腾的呢？我对这很不高兴。"高子（齐国人，孟子弟子）便把这话告诉给孟子。孟子说："那尹士哪能了解我呢？我老远地来会见齐王，这是我的愿望；不被赏识而去，难道也是我的愿望吗？只是我出于不得已。我在昼县歇宿了三夜才离开，在我思想上还以为太快了，〔我这么想：〕王也许会改变态度；王假若改变态度，那一定会把我召回。我离开昼县，王还没有追回我，我才毫无留恋地有回乡的念头。纵是这样，我难道肯抛弃齐王吗？齐王〔虽然不能成为商汤、周武，〕也还可以好好地干一番。齐王假若用我，何止只齐国的百姓得到太平，天下的百姓都可以得到太平。王也许会改变态度的，我天天盼望着呀！我难道像这种小气人一样吗？向王进谏，王不接受，便大发脾气，满脸不高兴；一旦离开，就非得走到精疲力竭不肯住脚吗？"尹士听了这番话以后，说："我真是个小人。"

● 4·13 ————————————————————————————

孟子离开齐国，在路上，充虞问道："您似乎有点不愉快的样子。但是，从前我听您说过，'君子不抱怨上天，不责怪别人。'〔今天又为什么如此呢？〕"

孟子说："那是那时，这是这时。〔情况不同啦。从历史上看

名世者。由周而来，七百有余岁矣。以其数，则过矣；以其时考之，则可矣。夫天未欲平治天下也；如欲平治天下，当今之世，舍我其谁也？吾何为不豫哉！"

◎ 4·14

孟子去齐，居休。公孙丑问曰："仕而不受禄，古之道乎？"

曰："非也。于崇，吾得见王，退而有去志，不欲变，故不受也。继而有师命，不可以请。久于齐，非我志也。"

● 滕文公章句上

凡五章。

◎ 5·1

滕文公为世子，将之楚，过宋而见孟子。孟子道性善，言必称尧舜。世子自楚反，复见孟子。孟子曰："世子疑吾言乎？夫道一而已矣。成覸（jiàn）谓齐景公曰：'彼丈夫也，我丈夫也，吾何畏彼哉？'颜渊曰：'舜何人也，予何人也，有为者亦若是。'公明仪曰：'文王，我师也。周公岂欺我哉？'今滕，绝长补短，将五十里也，犹可以为善国。《书》曰：'若药不瞑眩，厥疾不瘳。'"

来,〕每过五百年一定有位圣君兴起,而且还会有闻名于世的人才从中涌现出来。从周武王以来,到现在已经有七百多年了。论年数,超过了五百;论时势,现在正该是圣君贤臣出来的时候了。上苍不想使天下太平罢了;如果想使天下太平,在今日的世界上,除开我,还有谁呢?我为什么不愉快呢?"

● 4·14

孟子离开齐国,居住在休地(今山东滕州市北十五里)。公孙丑问道:"做官却不接受俸禄,合乎古道吗?"

孟子说:"不。在崇地(今不可考),我看到了齐王,回来便有离开的意思,不想改变,所以不接受俸禄。不久,齐国有战事,不可以请求离开。但长久地留在齐国,不是我的心愿。"

● 5·1

滕文公在做太子时候,要到楚国去,经过宋国,会见了孟子。孟子开口不离尧舜,同他讲了人性本是善良的道理。太子从楚国回来,又来看孟子。孟子说:"太子怀疑我的话吗?天下的真理就这么一个。成覸对齐景公说:'他是个男子汉,我也是个男子汉,我为什么怕他呢?'颜渊说:'舜是什么样的人,我也是什么样的人,有作为的人也会像他那样。'公明仪说:'文王是我的老师,周公也是应该信赖的。'现在,滕国假若把土地截长补短,拼成正方形,每边之长也将近五十里,还可以治理成一个好的国家。《书经》上

滕定公薨，世子谓然友曰："昔者孟子尝与我言于宋，于心终不忘。今也不幸至于大故，吾欲使子问于孟子，然后行事。"然友之邹，问于孟子。孟子曰："不亦善乎！亲丧，固所自尽也。曾子曰：'生，事之以礼；死，葬之以礼，祭之以礼：可谓孝矣。'诸侯之礼，吾未之学也；虽然，吾尝闻之矣。三年之丧，齐疏之服，飦（zhān）粥之食，自天子达于庶人，三代共之。"然友反命，定为三年之丧。父兄百官皆不欲，曰："吾宗国鲁先君莫之行，吾先君亦莫之行也，至于子之身而反之，不可。且《志》曰：'丧祭从先祖。'曰：'吾有所受之也。'"谓然友曰："吾他日未尝学问，好驰马试剑。今也父兄百官不我足也，恐其不能尽于大事，子为我问孟子。"然友复之邹问孟子。孟子问："然，不可以他求者也。孔子曰：'君薨，听于冢宰，歠（chuò）粥，面深墨，即位而哭，百官有司莫敢不哀，先之也。'上有好者，下必有甚焉者矣。君子之德，风也；小人之德，草也。草尚之风必偃。是在世子。"然友反命。世子曰："然，是诚在我。"五月居庐，未有命戒。百官族人可，谓曰知。及至葬，四方来观之，颜色之戚，哭泣之哀，吊者大悦。

说过：'如果药物不能使人吃得头晕脑转，那病是不会痊愈的。'〔治大病要用重药；治小国，也要彻底改变政策。〕"

● 5·2 ————————————————————

滕文公死了，太子对他的师傅然友说："过去在宋国，孟子曾给我谈了许多，我心里一直没有忘记。今日不幸得很，遭了父丧，我想请你问问孟子，然后再办丧事。"然友便到邹国，去问孟子。孟子说："好得很呀！父母的丧事，本应该自动尽心竭力地办的。曾子说过：'当他们在世的时候，依礼节去奉侍，他们去世了，依礼节去埋葬，依礼节去祭祀，这可以说是尽孝了。'诸侯的礼节，我虽然不曾学习过，但也听说过。实行三年的丧礼，穿着粗布缝边的孝服，吃着稀粥，从天子一直到老百姓，夏、商、周三代都是这样的。"然友回国复命，太子便决定行三年的丧礼。滕国的父老官吏都不愿意，说道："我们宗国鲁国的历代君主没有实行过，我们历代的祖先也没有实行过，到你这一代便改变了祖先的做法，这是不应该的。而且《志》上说过：'丧礼祭礼一律依从祖宗的规矩。'道理就在于我们是从这一传统继承下来的。"太子便对然友说："我过去不曾搞过学问，只喜欢跑马舞剑。今日，我要实行三年之丧，父老、官吏们都对我不满，恐怕我对这一丧礼不能尽心竭力，你再替我去问问孟子吧！"然友又到邹国去问孟子。孟子说："嗯！这是不能求之于别人的。孔子说过：'君主死了，太子把一切政务交给首相，喝着粥，面色深黑，临孝子之位便哭，大小官吏没有人敢不悲哀，因为太子亲身带头的缘故。'在上位的有什么爱好，在下面的人一定爱好得更厉害。君子的行为好像风，小人的行为好像草，风向哪边吹，草就向哪边倒。这一件事完全由太子决定。"然友向太子回报。太子说："对，这确实应当由我决定。"于是太子住在丧庐中五个月，不曾颁布过任何命令和禁令。官吏和同族们都很赞成，认为知礼。等待举行葬礼的时候，四面八方的人都来观礼，太子容颜的悲戚，哭泣的哀痛，使来吊丧的人都

滕文公问为国。孟子曰："民事不可缓也。《诗》云：'昼尔于茅，宵尔索绹；亟其乘屋，其始播百谷。'民之为道也，有恒产者有恒心，无恒产者无恒心。苟无恒心，放辟邪侈，无不为已。及陷乎罪，然后从而刑之，是罔民也。焉有仁人在位，罔民而可为也？是故贤君必恭俭、礼下，取于民有制。阳虎曰：'为富不仁矣，为仁不富矣。'夏后氏五十而贡，殷人七十而助，周人百亩而彻，其实皆什一也。彻者，彻也；助者，藉也。龙子曰：'治地莫善于助，莫不善于贡。'贡者，校数岁之中以为常。乐岁，粒米狼戾，多取之而不为虐，则寡取之；凶年，粪其田而不足，则必取盈焉。为民父母，使民盻盻(xì)然，将终岁勤动，不得以养其父母，又称贷而益之，使老稚转乎沟壑，恶在其为民父母也？夫世禄，滕固行之矣。《诗》云：'雨我公田，遂及我

很满意。

● 5·3 ────────────────────────────────

　　滕文公问孟子治理国家的事情。孟子说:"关心人民是最为急
迫的任务。《诗经》上说:'白天割取茅草,晚上绞成绳索,赶紧修
缮房屋,到时播种五谷。'人民有一个基本情况:有一定的财产收入
的人才有一定的道德观念和行为准则,没有一定的财产收入的人便
不会有一定的道德观念和行为准则。假若没有一定的道德观念和行
为准则,就会胡作非为,违法乱纪,什么坏事都干得出来。等到他们
犯了罪,然后加以惩罚,这等于陷害百姓。哪有仁爱的人坐朝,却做
出陷害百姓的事呢? 所以贤明的君主一定认真办事、节省费用、有
礼貌地对待部下,尤其是征收赋税,要有一定的制度。阳虎(即阳货,
鲁季氏家臣)曾经说过:'要发财致富,便不能仁爱了;要仁爱,便不能
发财致富了。'〔古代的税收制度大致如此:〕夏代每家五十亩地而
行'贡'法,商朝每家七十亩地而行'助'法,周朝每家一百亩地而
行'彻'法。〔三种税制虽然不同,〕税率其实都是十分抽一。'彻'
是通的意思,〔因为那是在通盘计算不同情况下贯彻十分之一的税
率;〕'助'是借助的意思〔,因为要借助于人民的劳力来耕种公有土
地〕。古代一位贤者龙子说过:'田税最好是用助法,最不好是用贡
法。'贡法是比较若干年的收成得一个定数〔,不分丰收和灾荒,都
按这一定数来征收〕。丰收年成,到处是谷物,多征收一点也不算苛
刻,但并不多收;灾荒年成,每家的收获量甚至还不够第二年肥田的
用费,也非收满那一定数不可。一国的君主号称百姓的父母,却使百
姓整年地辛勤劳动,结果连养活爹娘都不能够,还得借高利贷来凑
足纳税数字,终于使一家老小抛尸露骨于山沟中,那么作为百姓父
母的作用又在哪儿呢? 做大官的人都有一定的田租收入,子孙相传,
这一办法,滕国早就实行了。〔为什么百姓不能有一定的田地收入
呢?〕《诗经·小雅·大田》上说:'雨先下到公田里,然后洒落到私

私。'惟助为有公田，由此观之，虽周亦助也。设为庠序学校以教之：庠者，养也；校者，教也；序者，射也。夏曰校，殷曰序，周曰庠，学则三代共之，皆所以明人伦也。人伦明于上，小民亲于下。有王者起，必来取法，是为王者师也。《诗》云：'周虽旧邦，其命维新。'文王之谓也。子力行之，亦以新子之国。"

　　使毕战问井地。孟子曰："子之君将行仁政，选择而使子，子必勉之！夫仁政，必自经界始。经界不正，井地不钧，谷禄不平，是故暴君污吏必慢其经界。经界既正，分田制禄可坐而定也。夫滕，壤地褊小，将为君子焉，将为野人焉。无君子莫治野人，无野人莫养君子。请野九一而助，国中什一使自赋。卿以下必有圭田，圭田五十亩，余夫二十五亩。死徙无出乡，乡田同井，出入相友，守望相助，疾病相扶持，则百姓亲睦。方里而井，井九百亩，其中为公田，八家皆私百亩，同养公田，公事毕，然后敢治私事，所以别野人也。此其大略也。若夫润泽之，则在君与子矣。"

田。'只有助法才有公田，从这点看来，就是周朝，也是实行助法的。〔人民的生活有着落了，〕便要兴办'庠'、'序'、'学'、'校'来教育他们。'庠'是教养的意思，'校'是教导的意思，'序'是陈列的意思〔，陈列实物以便进行实物教育〕。〔地方学校，〕夏代叫'校'，商代叫'序'，周代叫'庠'，至于大学，三个朝代都叫'学'，其目的都是为了阐明人与人之间的各种道德关系以及相关的行为准则。人与人的道德关系和行为准则，诸侯、卿大夫、士都明白了，小百姓自然会亲密地团结在一起。如果有圣王兴起，一定会来学习仿效，这样便做了圣王的老师了。《诗经·大雅·文王》上又说：'岐周虽然是一个古老的国家，国运却充满着新气象。'这是赞美文王的诗句。你努力实行吧，也来使你的国家气象一新！"

滕文公派毕战向孟子问井田制。孟子说："你的君主准备实行仁政，选择你来问我，你一定要好好干！实行仁政，一定要从划分整理田界开始。田界划分得不正确，井田的大小就不均匀，作为俸禄的田租收入也就不会公平合理，所以暴虐的君主以及贪官污吏一定要打乱正确的田界。田界正确了，分配人民以田地、制定官吏的俸禄都可以毫不费力地作出决定了。滕国的土地狭小，却也得有官吏和劳动人民。没有官吏，便没有人管理劳动人民；没有劳动人民，也没有人养活官吏。我建议：郊野用九分抽一的助法，城市用十分抽一的贡法。公卿以下的官吏，一定有供祭祀的圭田，每家五十亩，如果他家还有剩余的劳动力，便每一劳动力再给二十五亩。无论埋葬或者搬家，都不离开本乡本土，共一井田的各家，平日出入互相友爱，防御盗贼互相帮助，一有疾病互相照顾，那么百姓之间便亲爱和睦了。办法是：每一方里的土地为一个井田，每一井田有九百亩，当中一百亩是公田，以外八百亩分给八家做私田，这八家共同来耕种公田，先把公田耕种完毕，再来料理私人的事务，这就是区别官吏与劳动人民的办法。这不过是个大概。至于怎样去修饰调度，那就在于你的君

有为神农之言者许行，自楚之滕，踵门而告文公曰："远方之人，闻君行仁政，愿受一廛而为氓。"文公与之处。其徒数十人，皆衣褐，捆屦、织席以为食。陈良之徒陈相与其弟辛负耒耜而自宋之滕，曰："闻君行圣人之政，是亦圣人也。愿为圣人氓。"陈相见许行而大悦，尽弃其学而学焉。陈相见孟子，道许行之言曰："滕君则诚贤君也，虽然，未闻道也。贤者与民并耕而食，饔飧而治。今也滕有仓廪府库，则是厉民而以自养也，恶得贤？"孟子曰："许子必种粟而后食乎？"曰："然。""许子必织布而后衣乎？"曰："否，许子衣褐。""许子冠乎？"曰："冠。"曰："奚冠？"曰："冠素。"曰："自织之与？"曰："否，以粟易之。"曰："许子奚为不自织？"曰："害于耕。"曰："许子以釜甑爨，以铁耕乎？"曰："然。""自为之与？"曰："否，以粟易之。""以粟易械器者，不为厉陶冶；陶冶亦以其械器易粟者，岂为厉农夫哉？且许子何不为陶冶，舍皆取诸其宫中而用之？何为纷纷然与百工交易？何许子之不惮烦？"曰："百工之事，固不可耕且为也。""然则治天下独可耕且为与？有大人之事，有小

主和你本人了。"

● 5·4 ────────────

有一位研究神农氏学说的人叫做许行的，从楚国到了滕国，亲自谒见滕文公，告诉他说："我这个由远方来的人，听说您实行仁政，希望得到一个住所，做您的百姓。"滕文公给了他房屋。他的门徒几十个，都穿着粗麻织成的衣服，以打草鞋、织席子谋生。陈良（楚国的儒者）的门徒陈相和他弟弟陈辛背着农具，从宋国到了滕国，也对滕文公说："听说您实行圣人的德政，那么，您也是圣人了。我愿意做圣人的百姓。"陈相见了许行，非常高兴，完全抛弃以前的学说，向许行学习。陈相来看孟子，转述许行的话，说道："滕君确实是个贤明的君主，虽然如此，但是也还不真懂得道理。贤明的人要和人民一道耕种，才来谋食；自己做饭菜，而且还要替百姓办事。如今滕国有储谷米的仓廪，存财物的府库，这是损害百姓来奉养自己，怎么能叫做贤明呢？"孟子说："许子一定是自己种庄稼然后才吃饭吗？"陈相说："对。""许子一定是自己织布然后才穿衣吗？""不，许子只穿粗麻织成的衣服。""许子戴帽子吗？"答道："戴。"孟子问："戴什么帽子？"答道："戴白绸帽子。"孟子问："是自己织的吗？"答道："不，用谷米换来的。"孟子问："许子为什么不自己织呢？"答道："因为妨碍干庄稼活。"孟子问："许子也用锅甑做饭，用铁器耕田吗？"答道："对。""是自己做的吗？"答道："不，用谷米换来的。""农夫用谷米换取锅甑和农具，不能说是损害了瓦匠铁匠，那么，瓦匠铁匠用锅甑和农具来换取谷米，难道说是损害了农夫吗？况且许子为什么不亲自烧窑炼铁，做成各种器械，什么东西都储备在家中而随时取用呢？为什么许子要一桩桩一件件地和各种工匠做交易呢？为什么许子这样不怕麻烦呢？"陈相答道："各种工匠的工作，本来不是既耕种又同时兼干得了的。""那么，管理国家难

人之事。且一人之身，而百工之所为备，如必自为而后用之，是率天下而路也。故曰：或劳心，或劳力；劳心者治人，劳力者治于人；治于人者食人，治人者食于人。天下之通义也。当尧之时，天下犹未平，洪水横流，泛滥于天下；草木畅茂，禽兽繁殖，五谷不登；禽兽逼人，兽蹄鸟迹之道交于中国。尧独忧之，举舜而敷治焉。舜使益掌火，益烈山泽而焚之，禽兽逃匿。禹疏九河，瀹济、漯（Tà）而注诸海，决汝、汉，排淮、泗而注之江，然后中国可得而食也。当是时也，禹八年于外，三过其门而不入，虽欲耕，得乎？后稷教民稼穑，树艺五谷，五谷熟而民人育。人之有道也，饱食、暖衣、逸居而无教，则近于禽兽。圣人有忧之，使契（Xiè）为司徒，教以人伦：父子有亲，君臣有义，夫妇有别，长幼有序，朋友有信。放勋曰：'劳之来之，匡之直之，辅之翼之，使自得之，又从而振德之。'圣人之忧民如此，而暇耕乎？尧以不得舜为己忧，舜以不得禹、皋陶（Gāo yáo）为己忧。夫以百亩之不易为己忧者，农夫也。分人以财谓之惠，教人以善谓之忠，为天下得人者谓之仁。是故以天下与人易，为天下得人难。孔子曰：'大哉尧之

道就能既耕种又同时兼干得了的吗？〔可见必须分工。〕有官吏的工作，有小民的工作。只要是一个人，各种工匠的产品对他都是不可缺少的，如果每件东西都要自己制造出来才去用它，这是率领天下的人疲于奔命。所以我说，有的人干脑力劳动，有的人干体力劳动；干脑力劳动的人统治人，干体力劳动的人被人统治；被统治的人养活别人，统治的人靠人养活。这是通行天下的共同义理。当尧的时候，天下还不安定，洪水为灾，四处泛滥；草木密密麻麻地生长，鸟兽成群地繁殖，谷物却没有收成；飞禽走兽危害人类，到处都是它们的足迹。尧一个人为此忧虑，把舜选拔出来总领治理工作。舜命令伯益掌管火政，伯益便用烈火烧毁山野沼泽地带的草木，使鸟兽逃的逃躲的躲。禹又疏浚九河，治理济水、漯水，引流入海，挖掘汝水、汉水，疏通淮水、泗水，引导流入长江，中国这才可以耕种，人民才得到足食。在这个时候，禹有八年在外，三次经过自己的家门都不进去，纵使他们想亲自种地，可能吗？后稷教导百姓种庄稼，栽培谷物，谷物成熟了，便可以养育百姓。人之所以为人，吃饱了，穿暖了，住得安逸了，如果没有受教育，也和禽兽差不多。圣人又为此忧虑，便派契做司徒官，主管教育，用人与人之间道德关系的大道理以及行为准则来教育人民：父子之间有骨肉之亲，君臣之间有礼义之道，夫妻之间挚爱而有内外之别，老少之间有尊卑之序，朋友之间有诚信之德。尧说道：'督促他们，纠正他们，帮助他们，使他们各得其所，然后加以提携和教诲。'圣人为百姓考虑得如此周到而不厌倦，还有闲暇去耕种吗？尧把得不着舜这样的人作为自己的忧虑，舜把得不着禹和皋陶这样的人作为自己的忧虑。因自己的田地耕种得不好为之忧虑的，那是农夫。把钱财分给别人叫做惠，把行好的道理教诲别人叫做忠，替天下人民找到出色人才的便叫做仁。〔在我看来，〕把天下让给别人比较容易，替天下人民找到出色人才却困难。所以孔子说：'尧作为君主真是伟大！只有天最

为君！惟天为大，惟尧则之。荡荡乎，民无能名焉。君哉舜也！巍巍乎，有天下而不与焉。'尧、舜之治天下，岂无所用其心哉？亦不用于耕耳。吾闻用夏变夷者，未闻变于夷者也。陈良，楚产也，悦周公、仲尼之道，北学于中国。北方之学者，未能或之先也。彼所谓豪杰之士也。子之兄弟事之数十年，师死而遂倍之。昔者孔子没，三年之外，门人治任将归，入揖于子贡，相向而哭，皆失声，然后归。子贡反，筑室于场，独居三年，然后归。他日，子夏、子张、子游以有若似圣人，欲以所事孔子事之，强曾子。曾子曰：'不可。江汉以濯之，秋阳以暴之，皜皜乎不可尚已！'今也南蛮鴃（jué）舌之人非先王之道，子倍子之师而学之，亦异于曾子矣。吾闻出于幽谷迁于乔木者，未闻下乔木而入于幽谷者。《鲁颂》曰：'戎狄是膺，荆舒是惩。'周公方且膺之，子是之学，亦为不善变矣。""从许子之道，则市贾不贰，国中无伪。虽使五尺之童适市，莫之或欺。布帛长短同，则贾相若；麻缕丝絮轻重同，则贾相若；五谷多寡同，则贾相若；屦大小同，则贾相若。"曰："夫物之不齐，物之情也。或相倍蓰（xǐ），或相什伯，或相千万，子比而同之，是乱天下也，巨屦小屦同贾，人岂为之哉？从许子

伟大，也只有尧能够效法天。尧的圣德广阔无边呀，竟使人民找不到恰当的词语来赞美他。舜也是了不得的天子！他多么的崇高，坐了天下，自己却不享受它，占有它。'尧、舜治理天下，难道没有用心思吗？只是不用在庄稼上罢了。我只听说过用中国的一切来同化落后国家的，没有听说过用落后国家的一切来同化中国的。陈良本来是楚国的土著，却喜爱周公、孔子的学说，由南到北来中国学习，北方的读书人还没有能够超过他的，他真是所谓豪杰之士啊！你们兄弟向他学习了几十年，他一死，就完全背叛他。从前，孔子死了，〔他的门徒都给他守孝三年，〕三年之后，各人收拾行李准备回去，走进子贡的住处作揖告别，相对而哭，都泣不成声，这才回去。子贡又回到墓地重新筑屋，独自住了三年〔守孝〕，然后回去。过了些时，子夏、子张、子游认为有若有点像孔子，便想要用尊敬孔子之礼来尊敬他，勉强要曾子同意。曾子说：'不行。譬如曾经用江汉之水洗濯过，曾经在夏天的太阳里曝晒过，〔他老人家〕真是洁白得无以复加了。〔谁能比得上孔子呢？〕'如今许行这南方蛮子，说话怪腔怪调，也来指责我们祖先圣王的规矩，你们却背叛你们的老师去向他学，那和曾子的态度便相反了。〔譬如鸟，〕我只听说过飞出深暗山沟迁往高大树木上的，没有听说过离开高大树木飞进深暗山沟的。《鲁颂》中说过：'攻击戎狄，痛惩荆舒。'〔楚国这样的国家，〕周公还要攻击它，你却向他学习，这简直是越变越坏了。"陈相说："如果听从许子的学说，那市场上的物价就会一致，人人没有欺假。即令打发小孩子去市场，也没有人来欺骗他。布匹丝绸的长短一样，价钱便一样；麻线丝线的轻重一样，价钱便一样；谷米的多少一样，价钱便一样；鞋的大小一样，价钱便一样。"孟子说："货物的品种、质量不一致，这是常情。〔它们的价格，〕有的相差一倍至五倍，有的相差十倍至百倍，有的相差千倍至万倍；你要〔不分精粗优劣，〕完全使它们一致，这只是扰乱天下罢了。

之道，相率而为伪者也，恶能治国家？"

5·5

　　墨者夷之因徐辟而求见孟子。孟子曰："吾固愿见。今吾尚病，病愈，我且往见，夷子不来！"他日，又求见孟子。孟子曰："吾今则可以见矣。不直，则道不见；我且直之。吾闻夷子墨者，墨之治丧也，以薄为其道也；夷子思以易天下，岂以为非是而不贵也？然而夷子葬其亲厚，则是以所贱事亲也。"徐子以告夷子。夷子曰："儒者之道，古之人'若保赤子'，此言何谓也？之则以为爱无差等，施由亲始。"徐子以告孟子。孟子曰："夫夷子，信以为人之亲其兄之子，为若亲其邻之赤子乎？彼有取尔也。赤子匍匐将入井，非赤子之罪也。且天之生物也，使之一本，而夷子二本故也。盖上世尝有不葬其亲者，其亲死，则举而委之于壑。他日过之，狐狸食之，蝇蚋（ruì）姑嘬（chuài）之。其颡有泚（cǐ），睨而不视。夫泚也，非为人泚，中心达于面目，盖归反蔂梩（léi lí）而掩之。掩之诚是也，则孝子仁人之掩

好鞋和坏鞋一个价钱，人们难道会肯干吗？听从许子的学说，是率领大家走向虚伪，哪能用来治理国家呢？"

● 5·5 ────────────────────────────

墨家的信徒夷之借着徐辟（孟子弟子）的关系要求拜见孟子。孟子说："我本来愿意接见，不过我现在还在生病，病好了，我打算去看他，他不必来！"过了一些时候，他又要求来见孟子。孟子说："现在可以相见了。不过，不说直话，真理就表现不出来，我姑且说说直话吧。我听说夷子是墨家信徒，墨家办理丧葬，以薄葬为合理，夷子也想用薄葬来改革天下风尚，难道认为不薄葬就是不尊贵吗？但是他埋葬自己的父母却相当丰厚，那便是拿他所轻贱所否定的事情来对待父母亲了。"徐子把这话告诉了夷子。夷子说："儒家的学说认为，古代的君王爱护百姓好像爱护婴儿一般，这句话是什么意思呢？我认为是，人与人之间的爱，并没有亲疏厚薄的区别，只是实行起来从父母亲开始。〔那么，墨家的兼爱之说很有道理，而我的厚葬父母，也有着解说了。〕"徐子又把这话告诉了孟子。孟子说："夷子真以为人们爱他的侄儿，和爱他邻人的婴儿是一样的吗？夷子不过抓住了这一点：婴儿在地上爬行，快要跌到井里去了，这自然不是婴儿自己的罪过。〔这时候，不管是谁家的孩子，无论谁看见了，都会去救的。夷子以为这就是爱无等次，其实，这是人的恻隐之心。〕况且天生万物，只有一个根源，〔就人来说，只有父母，所以儒家主张'老吾老以及人之老'，〕夷子却说有两个根源，〔因此认为我的父母和人家的父母，没有分别，主张爱无等次，〕道理就在这里。大概上古曾经有不埋葬父母的人，父母死了，抬了他抛弃在山沟中。过了一些时候，经过那里，狐狸在咬吃着他，苍蝇蚊子在咀咂着他，那个人额头上不禁流着悔恨的汗，斜着眼睛望望，不敢正视。这种流汗，不是流给别人看的，实是由于内心悔恨而表达在面貌上的，大概他回家也去取了锄头畚箕把尸体

其亲，亦必有道矣。"徐子以告夷子。夷子怃然为间，曰："命之矣！"

● 滕文公章句下

凡十章。

◎ 6·1

陈代曰："不见诸侯，宜若小然；今一见之，大则以王，小则以霸。且《志》曰'枉尺而直寻'，宜若可为也。"

孟子曰："昔齐景公田，招虞人以旌，不至，将杀之。志士不忘在沟壑，勇士不忘丧其元。孔子奚取焉？取非其招不往也。如不待其招而往，何哉？且夫枉尺而直寻者，以利言也。如以利，则枉寻直尺而利，亦可为与？昔者赵简子使王良与嬖奚乘，终日而不获一禽。嬖奚反命曰：'天下之贱工也。'或以告王良。良曰：

埋葬了。埋葬尸体诚然是对的，那么，孝子仁人埋葬他的父母，也一定有他的道理了。"徐子把这话告诉了夷子。夷子茫然地停了一会，说道："我懂得了。"

● 6·1

孟子弟子陈代说："不去谒见诸侯，似乎只是拘泥于小节吧；如今一去谒见诸侯，大呢，可以实行仁政，统一天下，小呢，可以改革局面，称霸中国。而且《志》上说'所屈折的只有一尺，而所伸直的却有八尺了'，似乎可以干一干。"

孟子说："从前齐景公田猎，用有羽毛装饰的旌旗来召唤猎场管理员，管理员不去，景公便准备杀他。〔可是他并不因此而畏惧，曾经得到孔子的称赞。〕因为有志之士〔坚守节操，〕不怕〔死无葬身之地，〕弃尸山沟；勇敢的人〔见义而为，〕不怕丢失脑袋。对于这一猎场管理员孔子取法他哪一点呢？就是取法他不是自己应该接受的召唤，他硬是不去。假如我竟不等诸侯召唤便去，那又是怎样的呢？而且你说所屈折的只有一尺，伸直的却有八尺，这完全是从利益的观点考虑的。如果专从利益来考虑，那么，所屈折的有八尺，伸直的却只一尺，也有利益，也可以干么？从前，赵简子（晋国大夫赵鞅）命令王良（善驾车者）替他的一个叫奚的宠幸小臣驾车去打猎，整天打不着一只鸟。奚向简子回报说：'王良是个拙劣的驾车人。'有人

'请复之。'强而后可，一朝而获十禽。嬖奚反命曰：'天下之良工也。'简子曰：'我使掌与女乘。'谓王良，良不可，曰：'吾为之范我驰驱，终日不获一；为之诡遇，一朝而获十。《诗》云："不失其驰，舍矢如破。"我不贯与小人乘，请辞。'御者且羞与射者比，比而得禽兽，虽若丘陵，弗为也。如枉道而从彼，何也？且子过矣，枉己者，未有能直人者也。"

◎ 6·2

景春曰："公孙衍、张仪岂不诚大丈夫哉？一怒而诸侯惧，安居而天下熄。"

孟子曰："是焉得为大丈夫乎？子未学礼乎？丈夫之冠也，父命之；女子之嫁也，母命之，往送之门，戒之曰：'往之女家，必敬必戒，无违夫子。'以顺为正者，妾妇之道也。居天下之广居，立天下之正位，行天下之大道；得志，与民由之；不得志，独行其道。富贵不能淫，贫贱不能移，威武不能屈，此之谓大丈夫。"

◎ 6·3

周霄问曰："古之君子仕乎？"孟子曰："仕。《传》曰：'孔子三月无君，则皇皇如也，出疆必载质。'公明仪曰：'古之人

便把这话告诉了王良，王良说：'希望再来一次。'奚在勉强之下才答应，一个早晨便打中十只鸟。他又回报说：'王良是个高明的驾车人。'赵简子说：'那么，我就叫他专门替你驾车。'于是同王良说，王良不答应，说：'我为他按规矩驱车奔驰，整天打不着一只；我为他违背规矩驾车，一个早晨便打中了十只。可是《诗经·小雅·车攻》上说过："按照规矩驱车奔驰，箭一放出便射中。"我不习惯于替小人驾车，这差事我不能担任。'驾车人尚且以同坏射手合作为可耻，这种合作获得的禽兽即使堆集如山，也不肯干。假如我们先辱没自己的志向和主张，去追随诸侯，那又是为了什么呢？尚且你错了，自己不正直的人，从来没有能够使别人正直的。"

● 6·2 —————————

有个叫景春的问孟子说："公孙衍和张仪（皆魏国人）难道不是真正的大丈夫吗？一发脾气，诸侯便都害怕；安静下来，天下便太平无战事。"

孟子说："这个怎能叫做大丈夫呢？你没有学过礼仪吗？男子到成年的时候，父亲给以训导；女子在出嫁的时候，母亲给以训导，送她到门口，告诫她说：'到了你的夫家，一定要恭敬，一定要警惕，不要违背丈夫的意思。'以顺从为最大原则的，乃是妇女之道。〔至于男子，〕应住在天下最宽广的住宅——仁——里面，站在天下最正确的位置——礼——上面，走着天下最光明的正路——义；得志的时候，偕同百姓循着正道前进；不得志的时候，也独自坚持自己的原则。富裕尊贵不能乱我之心，贫穷卑贱不能变我之志，权势武力不能屈我之节，这样才叫做大丈夫。"

● 6·3 —————————

魏国人周霄问道："古代的君子做官吗？"孟子答道："做官。《传记》上说：'孔子要是三个月没有被君主任用，就非常焦急不安，离开一个国家，一定带着准备和别国君主初次见面的礼物。'公

三月无君则吊。’”“三月无君则吊，不以急乎？”曰：“士之失位也，犹诸侯之失国家也。《礼》曰：‘诸侯耕助，以供粢盛；夫人蚕缫，以为衣服。牺牲不成，粢盛不洁，衣服不备，不敢以祭。惟士无田，则亦不祭。’牲杀、器皿、衣服不备，不敢以祭，则不敢以宴，亦不足吊乎？”“出疆必载质，何也？”曰：“士之仕也，犹农夫之耕也；农夫岂为出疆舍其耒耜哉？”曰：“晋国亦仕国也，未尝闻仕如此其急。仕如此其急也，君子之难仕，何也？”曰：“丈夫生而愿为之有室，女子生而愿为之有家。父母之心，人皆有之。不待父母之命、媒妁之言，钻穴隙相窥，逾墙相从，则父母、国人皆贱之。古之人未尝不欲仕也，又恶不由其道。不由其道而往者，与钻穴隙之类也。”

◎ 6·4

彭更问曰：“后车数十乘，从者数百人，以传食于诸侯，不以泰乎？”孟子曰：“非其道，则一箪食不可受于人；如其道，则舜受尧之天下，不以为泰。子以为泰乎？”曰：“否。士无事而食，不可也。”曰：“子不通功易事，以羡补不足，则农有余粟，女有余布；子如通之，则梓、匠、轮、舆皆得食于子。于此

明仪也说过：'古代的人三个月没有被君主任用，就要去安慰他，给以同情。'"周霄便问："三个月没有找到君主便去安慰他，不也太急了吗？"孟子答道："士人失掉了官位，正好比诸侯失掉了国家。《礼记》上说过：'诸侯亲自参加耕种，就是用来提供祭品；夫人亲自养蚕缫丝，就是用来提供祭服。牛羊不肥壮，谷物不洁净，祭服不完备，不敢用来祭祀。士人若没有〔提供祭祀的〕田地，那也不能祭祀。'牛羊、祭具、祭服不完备，不敢用来祭祀，也就不能举行宴会，那也不应该去安慰他吗？"周霄又问："离开国界一定带着见面的礼物，又是什么缘故呢？"孟子答道："士人做官，就好比农民耕田；农民难道因为离开国界便舍弃他的农具吗？"周霄说："魏国也是一个有官可做的国家，我却不曾听说过找官位是这样的急迫。找官位既是这样急迫，君子却不轻易做官，又是什么缘故呢？"孟子说："男孩子一生下来，父母便希望给他找妻室；女孩子一生下来，父母希望给她找婆家。爹娘这种心情，个个都有。但是，若不等爹娘开口，不经媒人介绍，自己便钻洞扒门缝来互相偷看，爬过墙去私自会面，那么，爹娘和社会人士都会看不起他。古代的人不是不想做官，但是又讨厌不经正道来找官做。不经正道找官做的，便跟男女之间钻洞扒门缝偷看是一样的。"

● 6·4 ————————————————————————

孟子弟子彭更问道："跟随的车子几十辆，跟从的人几百，由这一国吃到那一国，〔您这样做，〕不也太过分了吗？"孟子答道："如果不合理，就是一筐饭也不可以接受；如果合理，舜接受了尧的天下，都不以为过分。你以为过分了吗？"彭更说："不是这样说，〔我认为〕读书人不工作，吃白饭，是不可以的。"孟子说："你如果不互相沟通各人的成果，交换各业的产品，用多余的来弥补不够的，那么，就会使农民有多余的米，〔别人吃不着，〕妇女有多余的布〔，别人穿不着〕；如果能互通有无，木匠车工就都能够从你那里得到吃

有人焉，入则孝，出则悌，守先王之道，以待后之学者，而不得食于子；子何尊梓、匠、轮、舆而轻为仁义者哉？”曰："梓、匠、轮、舆，其志将以求食也；君子之为道也，其志亦将以求食与？"曰："子何以其志为哉？其有功于子，可食而食之矣。且子食志乎，食功乎？"曰："食志。"曰："有人于此，毁瓦画墁（màn），其志将以求食也，则子食之乎？"曰："否。"曰："然则子非食志也，食功也。"

万章问曰："宋，小国也；今将行王政，齐、楚恶而伐之，则如之何？"

孟子曰："汤居亳，与葛为邻，葛伯放而不祀。汤使人问之曰：'何为不祀？'曰：'无以供牺牲也。'汤使遗之牛羊。葛伯食之，又不以祀。汤又使人问之曰：'何为不祀？'曰：'无以供粢盛也。'汤使亳众往为之耕，老弱馈食。葛伯率其民，要其有酒食黍稻者夺之，不授者杀之。有童子以黍肉饷，杀而夺之。《书》曰：'葛伯仇饷。'此之谓也。为其杀是童子而征之，四海之内皆曰：'非富天下也，为匹夫匹妇复仇也。'汤始征，自葛载，十一征而无敌于天下。东面而征，西夷怨，南面而征，北狄怨，曰：'奚为后我？'民之望之，若大旱之望雨也。归市者

的。假定这里有个人，在家孝顺父母，出外尊敬长辈，严守古代圣王的礼法道义，并用来扶植后代学者，然而不能从你这里得到吃的；那么，你为什么尊重木匠车工却轻视仁义之士呢？"彭更说："木匠车工，他们的动机本是谋饭吃的；君子研究学问，推行王道，那动机也是谋饭吃吗？"孟子说："你为什么要论动机呢？他们对你有功劳，可以给他吃的便给以吃的。尚且，你是论动机给食呢，还是论功劳给食呢？"彭更说："论动机。"孟子说："这里有个人，把屋瓦打碎，在新刷的墙壁上乱画，他的动机也是谋饭吃，你给他吃的吗？"彭更说："不给。"孟子说："这样，你就不是论动机，而是论功劳行赏的了。"

● 6·5 ————

孟子弟子万章问道："宋国是个小国家，如今想实行仁政，齐、楚两个大国却因此怀恨，出兵攻击它，怎么办呢？"

孟子道："汤居住在亳地，同葛国为邻，葛伯放肆得很，不守礼法，不祭祀鬼神。汤派人去问：'为什么不祭祀呢？'回答道：'没有牛羊做祭品。'汤便给他牛羊。葛伯把牛羊吃了，却不用来祭祀。汤又派人去问：'为什么不祭祀呢？'回答道：'没有谷米做祭物。'汤便派亳地的百姓去替他们耕种，老弱的人给耕田的人送饭。葛伯却带领着他的百姓，拦住并抢夺那些拿着酒饭的送饭者，不肯交出来的便杀掉他。有一个小孩去送饭和肉，葛伯竟把他杀掉了，抢去他的饭和肉。《尚书》上说：'葛伯仇视送饭者。'正是这个意思。汤就为着这个小孩的被杀来讨伐葛伯，天下的人都说：'汤不是贪图天下的财富，而是为老百姓报仇。'汤的征伐，便从葛伯开始，他出征十一次，没有能抵抗他的。出征东方，西方的人便不高兴，出征南方，北方的人便不高兴，说道：'为什么不先打我们这里呢？'老百姓盼望他，正和大旱年岁盼望雨水一样。〔汤进行征伐的时候，〕做买卖的不曾停止过，锄地的不曾躲避过。杀掉那暴虐的君主，安慰

弗止，芸者不变。诛其君，吊其民，如时雨降，民大悦。《书》曰：'徯我后，后来其无罚。''有攸不惟臣，东征，绥厥士女，匪厥玄黄，绍我周王见休，惟臣附于大邑周。'其君子实玄黄于匪以迎其君子，其小人箪食壶浆以迎其小人，救民于水火之中，取其残而已矣。《太誓》曰：'我武惟扬，侵于之疆，则取于残，杀伐用张，于汤有光。'不行王政云尔；苟行王政，四海之内皆举首而望之，欲以为君；齐、楚虽大，何畏焉？"

孟子谓戴不胜曰："子欲子之王之善与？我明告子。有楚大夫于此，欲其子之齐语也，则使齐人傅诸，使楚人傅诸？"曰："使齐人傅之。"曰："一齐人傅之，众楚人咻之，虽日挞而求其齐也，不可得矣；引而置之庄岳之闲数年，虽日挞而求其楚，亦不可得矣。子谓'薛居州，善士也'，使之居于王所。在于王所者，长幼卑尊皆薛居州也，王谁与为不善？在王所者，长幼卑尊皆非薛居州也，王谁与为善？一薛居州，独如宋王何？"

公孙丑问曰："不见诸侯何义？"

孟子曰："古者不为臣不见。段干木逾垣而辟之，泄柳闭

那可怜的百姓，这也和及时雨落下来一样，老百姓非常高兴。《尚书》也说过：'等待我的王！王来了，我们便不再受罪了！'又说：'攸国不服，周王便东行讨伐，来安定那些男男女女，他们也把黑色和黄色的绸帛捆好放在筐子里，请求介绍和周王相见，得到光荣，做大周国的臣民。'这说明了周朝初年东征攸国的情况，官员们把那黑色和黄色的束帛装满筐子来迎接官员，老百姓也用竹筐盛饭，用壶盛酒浆来迎接士兵，可见周王的出师，只是把老百姓从水火之中拯救出来，杀掉残暴的君主罢了。《泰誓》上说：'我们的威武要发扬，攻到邢国的疆土上，杀掉那残暴的君王，还有一些该死的都得砍光，这样的功绩比商汤还辉煌。'不实行仁政便罢了；如果实行仁政，天下的人都会抬起头盼望着，要拥护他来做君主；齐国、楚国纵是强大，有什么可怕的呢？"

● 6·6 —————————————

孟子对宋国大夫戴不胜说："你想要你的君王学好吗？我明白告诉你。这里有位楚国的官员，想要他的儿子学会说齐国话，那么，是找齐国人来教呢，还是找楚国人来教呢？"戴不胜答道："找齐国人来教。"孟子说："一个齐国人来教他，却有许多楚国人在打扰，即使每天鞭挞他，逼他说齐国话，也是做不到的；假若带领他去齐国临淄庄街岳里的闹市住上几年，即使每天鞭挞他，逼他说楚国话，也是做不到的〔因为他天天听到的是齐国话〕。你说薛居州是个好人，要他住在王宫中。如果在王宫中年龄大的小的、地位低的高的，都是薛居州这样的好人，那王会同谁干出坏事来呢？如果在王宫中年龄大的小的、地位低的高的，都不是薛居州这样的好人，那王又同谁干出好事来呢？只一个薛居州能把宋王怎么样呢？"

● 6·7 —————————————

公孙丑问道："您不主动地去谒见诸侯，是什么道理呢？"

孟子说："在古代，〔一个人〕如果不是诸侯的臣属，便不去谒

门而不纳,是皆已甚;迫,斯可以见矣。阳货欲见孔子,而恶无礼。大夫有赐于士,不得受于其家,则往拜其门。阳货瞰孔子之亡也,而馈孔子蒸豚;孔子亦瞰其亡也,而往拜之。当是时,阳货先,岂得不见?曾子曰:'胁肩谄笑,病于夏畦。'子路曰:'未同而言,观其色赧赧然,非由之所知也。'由是观之,则君子之所养,可知已矣。"

◎ 6·8

戴盈之曰:"什一,去关市之征,今兹未能,请轻之,以待来年然后已,何如?"

孟子曰:"今有人日攘其邻之鸡者,或告之曰:'是非君子之道。'曰:'请损之,月攘一鸡,以待来年然后已。'——如知其非义,斯速已矣,何待来年?"

◎ 6·9

公都子曰:"外人皆称夫子好辩,敢问何也?"

孟子曰:"予岂好辩哉?予不得已也。天下之生久矣,一治一乱。当尧之时,水逆行,泛滥于中国,蛇龙居之,民无所定;下者为巢,上者为营窟。《书》曰:'洚水警余。'洚水者,洪水也。使禹治之。禹掘地而注之海,驱蛇龙而放之菹(jǔ),水由地

见。〔从前魏文侯去看段干木，〕段干木却跳过墙躲开了，〔鲁穆公去看泄柳，〕泄柳关着大门不予接待，这都做得过分；如果逼着要见，也就可以会见。阳货想要孔子来看他，又不愿自己失礼，〔径行召唤。按照礼节，〕大夫对士人有所赏赐，当时士人如果不在家，不能亲自接受，便得去大夫家里拜谢。因此阳货在探听到孔子外出时，给他送去一个蒸熟的小猪；孔子也探听到阳货不在家，才去答谢。在这个时候，阳货若是〔不耍花招，〕先去看孔子，孔子哪会不去看他呢？曾子说：'耸起两肩，做着讨好的笑脸，这比夏天在菜地里工作还要累。'子路说：'分明不愿意同这个人交谈，却勉强和他说话，脸上又表现出惭愧的颜色，这种人，我是不能理解的。'从这里看来，君子怎样来培养自己的品德和节操，就可以知道了。"

● 6·8

宋国大夫戴盈之问孟子说："税率十分抽一，免除关卡和商品的赋税，今年还办不到，预备先减轻一些，等到明年然后完全实行，怎么样？"

孟子说："现在有一个人每天偷邻人一只鸡，有人告诉他说：'这不是正派人的行为。'他便说：'预备减少一些，先每个月偷一只，等到明年然后完全不偷。'——如果晓得这种行为不正当，便赶快停止算了，为什么要等到明年呢？"

● 6·9

公都子说："别人都说您喜欢辩论，请问，为什么呢？"

孟子说："我难道喜欢辩论吗？我是不能不辩论呀。人类社会产生很久了，太平一时，又动乱一时。当唐尧的时候，洪水横流，到处泛滥，大地上成为蛇和龙的居处，人们无处安身；低地的人在树上搭巢，高地的人便挖掘相连的洞穴。《尚书》上说：'洚水警戒我们。'洚水是什么呢？就是洪水。舜命令禹来治理。禹疏通河道，使水都流到大海里，把蛇和龙赶到草泽里，水顺着河床流动，长江、淮

中行，江、淮、河、汉是也。险阻既远，鸟兽之害人者消，然后人得平土而居之。尧、舜既没，圣人之道衰，暴君代作，坏宫室以为污池，民无所安息；弃田以为园囿，使民不得衣食。邪说暴行又作，园囿、污池、沛泽多而禽兽至。及纣之身，天下又大乱。周公相武王诛纣，伐奄三年讨其君，驱飞廉于海隅而戮之，灭国者五十，驱虎豹犀象而远之，天下大悦。《书》曰：'丕显哉，文王谟！丕承哉，武王烈！佑启我后人，咸以正无缺。'世衰道微，邪说暴行有作，臣弑其君者有之，子弑其父者有之。孔子惧，作《春秋》。《春秋》，天子之事也。是故孔子曰：'知我者其惟《春秋》乎！罪我者其惟《春秋》乎！'圣王不作，诸侯放恣，处士横议，杨朱、墨翟之言盈天下。天下之言，不归杨，则归墨。杨氏为我，是无君也；墨氏兼爱，是无父也。无父无君，是禽兽也。公明仪曰：'庖有肥肉，厩有肥马，民有饥色，野有饿莩，此率兽而食人也。'杨墨之道不息，孔子之道不著，是邪说诬民，充塞仁义也。仁义充塞，则率兽食人，人将相食。吾为此惧，闲先圣之道，距杨墨，放淫辞，邪说者不得作。作于其

河、黄河、汉水便是这样治理的。危险既已消除，害人的鸟兽也没有了，人才能够在平原居住。尧、舜死了以后，圣人之道逐渐衰落，残暴的君主不断出现，他们毁坏民居来做深池，使百姓无地安身；破坏农田来做园林，使百姓不能得到衣食。荒谬的学说、残暴的行为随之兴起，园林、深池、草泽多了起来，禽兽也就来了。到商纣的时候，天下又大乱。周公辅助武王，把纣王杀了，又讨伐奄国，三年之后又把奄君杀掉了，并把飞廉赶到海边，也杀戮了他，被灭的国家一共五十个，把老虎、豹子、犀牛、大象赶到远方，天下的百姓非常高兴。《尚书》上说过：'文王的谋略多么光明！武王的功烈多么伟大！帮助我们，启发我们，直到后代，使大家都纯正而没有缺点。'太平之世和仁义之道逐渐衰微，荒谬的学说、残暴的行为又起来了，有臣子杀死君主的，也有儿子杀死父亲的。孔子深为忧虑，写作了《春秋》这部历史书。写历史，〔有所赞扬和指谪，〕这本来是天子的职权〔，孔子不得已而做了〕。所以孔子说：'了解我的，怕只在于《春秋》这部著作吧！责骂我的，也怕只在于《春秋》这部著作吧！'〔自那以后〕圣王也不再出现，诸侯无所忌惮，一般士人也乱发议论，杨朱、墨翟的学说充满天下。于是，所有的主张不属于杨朱派，便属于墨翟派。杨派主张个人第一，这便否定对君上的尽忠，就是目无君上；墨派主张人人一样，不分亲疏，这便将否定对父亲的尽孝，就是目无父母。目无君上，目无父母，那就成为禽兽了。公明仪说过：'厨房里有肥肉，马厩里有壮马，但是老百姓脸上有饥饿的颜色，野外躺着饿死的尸体，这就是率领着禽兽来吃人。'杨朱、墨翟的学说不消灭，孔子的学说就无法发扬，这是荒谬的学说欺骗了百姓，而阻塞了仁义的道路。仁义的道路被阻塞，也就等于率领禽兽来吃人，人与人也将互相残杀。我因而深为忧虑，便出来捍卫古代圣人的学说，反对杨、墨的学说，驳斥荒唐的言论，使发表荒谬议论的人不能抬头。〔那种荒谬的学说，〕从心里产生出来，便会危害工作；危害

心，害于其事；作于其事，害于其政。圣人复起，不易吾言矣。昔者禹抑洪水而天下平，周公兼夷狄、驱猛兽而百姓宁，孔子成《春秋》而乱臣贼子惧。《诗》云：'戎狄是膺，荆舒是惩，则莫我敢承。'无父无君，是周公所膺也。我亦欲正人心，息邪说，距诐行，放淫辞，以承三圣者，岂好辩哉？予不得已也。能言距杨、墨者，圣人之徒也。"

◎ 6·10

匡章曰："陈仲子岂不诚廉士哉？居於（wū）陵，三日不食，耳无闻，目无见也。井上有李，螬食实者过半矣，匍匐往，将食之，三咽，然后耳有闻，目有见。"孟子曰："于齐国之士，吾必以仲子为巨擘焉。虽然，仲子恶能廉？充仲子之操，则蚓而后可者也。夫蚓，上食槁壤，下饮黄泉。仲子所居之室，伯夷之所筑与，抑亦盗跖之所筑与？所食之粟，伯夷之所树与，抑亦盗跖之所树与？是未可知也。"曰："是何伤哉？彼身织屦，妻辟纑，以易之也。"曰："仲子，齐之世家也。兄戴，盖禄万钟。以兄之禄为不义之禄而不食也，以兄之室为不义之室而不居也，辟兄离母，处于於陵。他日归，则有馈其兄生鹅者，己频顣（cù）曰：'恶用是鶃鶃

了工作，也就危害了政局。即使圣人再度兴起，也是会同意我这番话的。从前大禹制服了洪水，天下才得到太平；周公兼并了夷狄，赶跑了猛兽，百姓才得到安宁；孔子写成了《春秋》，叛乱的臣子和不孝的儿子便有所害怕。《诗经·鲁颂·闷宫》上说过：'攻击戎狄，痛惩荆舒，就没有人敢于抗拒我。'像杨、墨这样目无君上、目无父母的人，正是周公所要惩罚的。我也要端正人心，消灭邪说，反对偏激的行为，驳斥荒唐的言论，来继承大禹、周公、孔子三位圣人的事业，难道这是喜欢辩论吗？我是不能不辩论的呀。能够以言论来反对杨、墨的，也就是圣人的门徒了。"

● 6·10 ————

齐国人匡章对孟子说："陈仲子难道不是一个真正廉洁的人吗？住在於陵这地方，三天没有吃东西，耳朵听不见了，眼睛也看不见了。正好井上有个李子，金龟子已经吃掉了大半，他爬过去，拿来吃，吞下三口，耳朵才有了听觉，眼睛才有了视觉。"孟子说："在齐国士人中间，我一定把仲子比作大拇指。但是，他怎么能叫做廉洁呢？要推广仲子的所作所为，那只有把人变成蚯蚓之后才能办到。蚯蚓，在地面上便吃干土，在地下便喝泉水。〔真是廉洁之至，无求于人。仲子还不能和它比。为什么呢？〕他所住的房屋，是像伯夷那样廉洁的人建筑的呢，还是像盗跖那样的强盗建筑的呢？他吃的谷米，是像伯夷那样廉洁的人种植的呢，还是像盗跖那样的强盗种植的呢？这是不可能知道的。"匡章说："那有什么关系呢？他亲自编草鞋，他妻子绩麻练麻用以交换来的〔，这就行了〕。"孟子说："仲子是齐国世代做官的人家，享有世代相传的禄田。他哥哥陈戴，从盖邑收入的俸禄便有几万石之多。他却把他哥哥的俸禄视为不义之物，不去吃它，把他哥哥的房屋视为不义之室，不去住它，避开哥哥，离开母亲，住在於陵这地方。有一天，他回到家里，恰巧有一个人送给他哥哥一只活鹅，他皱着眉头说：'要这种呃呃叫的东西做

（yì）者为哉？'他日，其母杀是鹅也，与之食之。其兄自外至，曰：'是鶃鶃之肉也。'出而哇之。以母则不食，以妻则食之；以兄之室则弗居，以於陵则居之：是尚为能充其类也乎？若仲子也，蚓而后充其操者也。"

● 离娄章句上

凡二十八章。

◎ 7·1

孟子曰："离娄之明，公输子之巧，不以规矩，不能成方圆；师旷之聪，不以六律，不能正五音；尧舜之道，不以仁政，不能平治天下。今有仁心仁闻，而民不被其泽，不可法于后世者，不行先王之道也。故曰：徒善不足以为政，徒法不能以自行。《诗》云：'不愆不忘，率由旧章。'遵先王之法而过者，未之有也。圣人既竭目力焉，继之以规矩准绳，以为方圆平直，不可胜用也；既竭耳力焉，继之以六律正五音，不可胜用也；既竭心思焉，继之以不忍人之政，而仁覆天下矣。故曰：为高

什么呢？'过了些时，他母亲杀了这只鹅，给他吃了。恰巧他哥哥从外面回来，便说：'这就是那呃呃叫的东西的肉呀。'他便跑出门去，用手指抵着舌根，把所吃的都呕了出来。母亲的食物不吃，却吃妻子的；哥哥的房屋不住，却住在於陵：这还能算是推行廉洁到顶点吗？像仲子这样的行为，如果推行到顶点，只有把人变成蚯蚓之后才能办到。"

● 7·1

孟子说："就是有古时明目者离娄的眼力，巧匠公输般的技巧，如果不用圆规和曲尺，也不能正确地画出方形和圆形；就是有师旷审音的听力，如果不用六律，便不能校正五音；就是有尧舜之道，如果不行仁政，也不能管理好天下。现在有些诸侯，虽有仁爱的心肠和仁爱的声誉，但老百姓受不到他的恩泽，他的政绩也不能成为后代的模范，这就是因为他不去实行前代圣王之道。所以说，光有好心，不足以治理政事；光有好办法，好办法自己也实行不起来〔；好心和好法必须配合而行〕。《诗经·大雅·假乐》上说过：'不要出偏差，不要遗忘，一切都依循传统的规章。'依循前代圣王的法度犯错误的，从来没有过。圣人既已竭尽了目力，又用圆规、曲尺、水准器、绳墨来制作方、圆、平、直的东西，那些东西便使用之不尽了；圣人既已竭尽了耳力，又用六律来校正五音，各种音阶也就运用无穷了；圣人既已竭尽了心思，又实行仁政，那么，仁德便遍覆于天下了。

必因丘陵，为下必因川泽；为政不因先王之道，可谓智乎？是以惟仁者宜在高位；不仁而在高位，是播其恶于众也。上无道揆也，下无法守也，朝不信道，工不信度，君子犯义，小人犯刑，国之所存者幸也。故曰：城郭不完，兵甲不多，非国之灾也；田野不辟，货财不聚，非国之害也；上无礼，下无学，贼民兴，丧无日矣。《诗》曰：'天之方蹶，无然泄泄。'泄泄，犹沓沓也。事君无义，进退无礼，言则非先王之道者，犹沓沓也。故曰：责难于君谓之恭，陈善闭邪谓之敬，吾君不能谓之贼。"

◎ 7·2

孟子曰："规矩，方圆之至也；圣人，人伦之至也。欲为君，尽君道；欲为臣，尽臣道。二者皆法尧、舜而已矣。不以舜之所以事尧事君，不敬其君者也；不以尧之所以治民治民，贼其民者也。孔子曰：'道二，仁与不仁而已矣。'暴其民甚，则身弑国亡；不甚，则身危国削。名之曰'幽'、'厉'，虽孝子慈孙，百世不能改也。《诗》云：'殷鉴不远，在夏后之世。'此之谓也。"

◎ 7·3

孟子曰："三代之得天下也以仁，其失天下也以不仁。国之所以废兴存亡者亦然。天子不仁，不保四海；诸侯不仁，不保社

所以说，筑高台一定要凭借山陵，挖深池一定要凭借沼泽；如果管理政事不凭借前代圣王之道，能说是聪明吗？因此，只有仁德的人才应该处于统治地位；不仁德的人处于统治地位，就会把他的恶行播散给群众。在上位的人没有道德规范，在下层的人便没有法律制度，朝廷不相信道义，工匠不相信尺度，官吏触犯义理，百姓触犯刑法，国家能够生存下来，那真是太侥幸了。所以说，城墙不坚固，军备不充足，不是国家的灾难；田野没开辟，经济不富裕，不是国家的祸害；如果在上位的人没有礼义，在下层的人没有受教育，违法乱纪的人都出来了，国家的灭亡也就快了。《诗经·大雅·板》上说：'上天正在动乱，不要这样多言。'多言即啰嗦。事奉君主不讲道义，应对进退没有礼貌，说话便诋毁前代圣人的规矩，这就是'喋喋多言'。所以说，用仁政来要求君主才叫做'恭'；向君主讲述仁义，堵塞异端，这才叫'敬'；如果认为君主不能为善，这便是'贼'。"

● 7·2 ————————————

孟子说："圆规和曲尺是方圆的标准，圣人的言行是做人的标准。作为君主，就要尽君主之道；作为臣子，就要尽臣子之道。这两种，只要都效法尧和舜便行了。不用舜服事尧的态度和方法来服事君主，便是对这位君主的不敬；不用尧治理百姓的态度和方法来治理百姓，便是对百姓的残害。孔子说：'治理国家的方法有两种，行仁政和不行仁政罢了。'虐待百姓太厉害，君主本身就会被杀，国家会灭亡；不太厉害，君主本身就会危险，国力会削弱。死了的谥号叫做'幽'，叫做'厉'，纵使他有孝子慈孙，经历一百代也是更改不了的。《诗经·大雅·荡》上说过：'殷商的明镜并不远，就是前代的夏桀。'说的正是这个意思。"

● 7·3 ————————————

孟子说："夏、商、周三代获得天下是由于行仁政，他们的丧失天下是由于不仁。国家的兴衰、存亡也是这个道理。天子如果不仁，

稷；卿大夫不仁，不保宗庙；士庶人不仁，不保四体。今恶死亡而乐不仁，是犹恶醉而强酒。"

◎ 7·4

孟子曰："爱人，不亲，反其仁；治人，不治，反其智；礼人，不答，反其敬。行有不得者，皆反求诸己，其身正而天下归之。《诗》云：'永言配命，自求多福。'"

◎ 7·5

孟子曰："人有恒言，皆曰：'天下国家。'天下之本在国，国之本在家，家之本在身。"

◎ 7·6

孟子曰："为政不难，不得罪于巨室。巨室之所慕，一国慕之；一国之所慕，天下慕之：故沛然德教溢乎四海。"

◎ 7·7

孟子曰："天下有道，小德役大德，小贤役大贤；天下无道，小役大，弱役强。斯二者，天也。顺天者存，逆天者亡。齐景公曰：'既不能令，又不受命，是绝物也。'涕出而女于吴。今也小国师大国而耻受命焉，是犹弟子而耻受命于先师也。

便不能保持他的天下；诸侯如果不仁，便不能保持他的国家；卿大夫如果不仁，便不能保持他的封地；士人和老百姓如果不仁，便不能保全自己的身体。现在有些人害怕死亡，却乐于不讲仁德，这好比害怕醉偏要多喝酒一样。"

● 7·4 ────────────────────────

孟子说："我爱别人，可是别人不亲近我，那得反省自己仁爱是不是深厚；我管理别人，可是没管好，那得反省自己智慧和知识够不够；我有礼貌地对待别人，可是得不到相应的回答，那得反省自己恭敬得够不够。任何行为如果没有得到预期的效果，都要反躬自省，自己的确端正了，天下的人自然会归向他。《诗经·大雅·文王》上说过：'常顺天意不相违，幸福都得自己求。'"

● 7·5 ────────────────────────

孟子说："大家都有句口头禅，都这么说：'天下国家。'可见天下的根本是国，国的根本是家，而家的根本则是个人。"

● 7·6 ────────────────────────

孟子说："搞政治并不难，只要不得罪那些有影响而又贤明的卿大夫就行了。因为他们所敬慕的，一国的人都会敬慕；一国人所敬慕的，天下的人都会敬慕：因此德教就可以浩浩荡荡地洋溢于天下。"

● 7·7 ────────────────────────

孟子说："政治清平的时候，道德不高尚的人被道德高尚的人所役使，不太贤能的人被非常贤能的人所役使；政治腐败黑暗的时候，力量小的被力量大的所役使，弱的被强的所役使。这两种情况，都是由当时大势决定的。顺应大势的生存，违背大势的灭亡。齐景公曾经说过：'既然不能命令别人，又不能接受别人的命令，只有绝路一条。'因而流着眼泪把女儿嫁到吴国去。如今弱小国家以强大国家为师，却以接受命令为耻，这好比学生以接受老师命令为耻一

如耻之，莫若师文王。师文王，大国五年，小国七年，必为政于天下矣。《诗》云：'商之孙子，其丽不亿。上帝既命，侯于周服。侯服于周，天命靡常。殷士肤敏，裸将于京。'孔子曰：'仁不可为众也。夫国君好仁，天下无敌。'今也欲无敌于天下而不以仁，是犹执热而不以濯也。《诗》云：'谁能执热，逝不以濯？'"

◎ 7·8

孟子曰："不仁者可与言哉？安其危而利其菑，乐其所以亡者。不仁而可与言，则何亡国败家之有？有孺子歌曰：'沧浪之水清兮，可以濯我缨；沧浪之水浊兮，可以濯我足。'孔子曰：'小子听之：清斯濯缨，浊斯濯足矣，自取之也。'夫人必自侮，然后人侮之；家必自毁，而后人毁之；国必自伐，而后人伐之。《太甲》曰：'天作孽，犹可违；自作孽，不可活。'此之谓也。"

◎ 7·9

孟子曰："桀纣之失天下也，失其民也；失其民者，失其心也。得天下有道：得其民，斯得天下矣。得其民有道：得其心，斯得民矣。得其心有道：所欲与之聚之，所恶勿施尔也。民之

样。如果真以为耻，最好以文王为师。以文王为师，强大国家只需要五年，较小的国家也只需要七年，一定可以掌握天下的政事。《诗经·大雅·文王》中说过：'商代的子孙，数目何止十万。上帝既已授命于文王，他们便都臣服于周朝。他们都臣服于周朝，可见天意没有一定。殷代的臣子都漂亮聪明，执行灌酒的礼节助祭于周京。'孔子也说过：'仁德的力量，是不能拿人多人少来衡量的。君主如果爱好仁德，天下就不会有敌手。'如今一些诸侯想要天下没有敌手，却又不行仁政，这好比苦于炎热的人却不肯洗澡一样。《诗经·大雅·桑柔》中说过：'谁能不以炎热为苦，却又不去沐浴？'"

● 7·8 ————————————————————

孟子说："不仁德的人难道同他可以商谈吗？他们眼见别人陷入危险，无动于衷；利用别人的灾难来谋取个人利益；把荒淫暴虐这些足以亡国败家的事情当作快乐来追求。不仁德的人如果还可以同他商谈，怎么会发生亡国败家的事情呢？从前有个小孩歌唱道：'沧浪的水清呀，可以洗我的帽缨；沧浪的水浊呀，可以洗我的脚。'孔子说：'学生们听着：水清就洗帽缨，水浊就洗脚，这都是由水本身决定的。'所以一个人一定先有自取侮辱的行为，别人才会侮辱他；一个家庭一定先有自取毁灭的因素，别人才毁灭它；一个国家一定先有自取讨伐的原因，别人才讨伐它。《尚书·太甲》中说过：'上天造作的罪孽，还可以逃开；自己造作的罪孽，逃也逃不了。'正是这个意思。"

● 7·9 ————————————————————

孟子说："桀和纣丧失天下，是由于失去了百姓的支持；他们失去百姓的支持，是由于失去了民心。得到天下有方法：得到了百姓的支持，便得到天下了。得到百姓的支持有方法：得到了民心，便得到百姓的支持了。得到民心也有方法：他们所需要的，替他们聚积起来，他们所厌恶的，不要强加在他们头上，如此而已。百姓归附于仁

归仁也，犹水之就下、兽之走圹（kuàng）也。故为渊驱鱼者獭也，为丛驱爵者鹯（zhān）也，为汤、武驱民者桀与纣也。今天下之君有好仁者，则诸侯皆为之驱矣。虽欲无王，不可得已。今之欲王者，犹七年之病求三年之艾也。苟为不畜，终身不得。苟不志于仁，终身忧辱，以陷于死亡。《诗》云：'其何能淑？载胥及溺。'此之谓也。"

◎ 7·10

　　孟子曰："自暴者，不可与有言也；自弃者，不可与有为也。言非礼义，谓之自暴也；吾身不能居仁由义，谓之自弃也。仁，人之安宅也；义，人之正路也。旷安宅而弗居，舍正路而不由，哀哉！"

◎ 7·11

　　孟子曰："道在迩而求诸远，事在易而求之难——人人亲其亲、长其长而天下平。"

◎ 7·12

　　孟子曰："居下位而不获于上，民不可得而治也。获于上有道：不信于友，弗获于上矣。信于友有道：事亲弗悦，弗信于友矣。悦亲有道：反身不诚，不悦于亲矣。诚身有道：不明乎善，

德仁政，正好比水向下流、野兽向旷野奔走一样。所以，把鱼赶来深池的是水獭，把鸟雀赶来森林的是鹯鹰，把百姓赶到商汤、周武王这边的是夏桀和殷纣。现在的诸侯如果有喜好仁德的人，那其他诸侯都会替他把百姓驱赶来了。纵使不想要统一天下，也是做不到的。但是今天这些想要统一天下的人，如同害了七年的病要找三年的陈艾来医治一样。如果平常不积蓄，终身都得不到什么。如果无意行仁政，终身都会担忧受辱，以至于死亡。《诗经·大雅·桑柔》上说过：'那如何能办得好？不过相率落水淹死在祸乱中罢了。'正是这个意思。"

● 7·10 ————————————————————

孟子说："自己残害自己的人，不能和他谈有价值的话语；自己抛弃自己的人，不能和他做有意义的事情。出言破坏礼义，这便叫做自己残害自己；自己认为不能居心以仁，不能由义而行，这便叫做自己抛弃自己。仁爱是人类最安适的居所，道义是人类最正确的道路。把最安适的居所空着不去住，把最正确的道路舍弃不去走，可悲得很呀！"

● 7·11 ————————————————————

孟子说："道理在近处却往远处求，事情本来容易却往难处做——其实只要各人亲爱自己的双亲，尊敬自己的长辈，天下就太平了。"

● 7·12 ————————————————————

孟子说："职位卑下，又得不到上级的信任，是不能够把百姓治理好的。要得到上级的信任有方法：〔首先要得到朋友的信任，〕若是得不到朋友的信任，也就得不到上级的信任了。要使朋友相信有方法：〔首先要得到父母的欢心，〕若是侍奉父母而不能使父母心欢，朋友也就不相信了。要使父母心欢有方法：〔首先要诚心诚意，〕若是反躬自问，心意不诚，也就不能使父母心欢了。要使自己诚心诚

不诚其身矣。是故诚者，天之道也；思诚者，人之道也。至诚而不动者，未之有也；不诚，未有能动者也。"

孟子曰："伯夷辟纣，居北海之滨，闻文王作，兴曰：'盍归乎来！吾闻西伯善养老者。'太公辟纣，居东海之滨，闻文王作，兴曰：'盍归乎来！吾闻西伯善养老者。'二老者，天下之大老也，而归之，是天下之父归之也。天下之父归之，其子焉往？诸侯有行文王之政者，七年之内，必为政于天下矣。"

孟子曰："求也为季氏宰，无能改于其德，而赋粟倍他日。孔子曰：'求非我徒也，小子鸣鼓而攻之可也。'由此观之，君不行仁政而富之，皆弃于孔子者也，况于为之强战？争地以战，杀人盈野；争城以战，杀人盈城：此所谓率土地而食人肉，罪不容于死。故善战者服上刑，连诸侯者次之，辟草莱、任土地者次之。"

孟子曰："存乎人者，莫良于眸子。眸子不能掩其恶。胸中正，则眸子瞭焉；胸中不正，则眸子眊（mào）焉。听其言也，观其眸子，人焉廋（sōu）哉？"

意也有方法：〔首先要明白什么是善，〕若是不明白什么是善，也就不能使自己诚心诚意了。所以诚是自然的法则，追求诚是做人的法则。极端诚心而不能感动别人，是不曾有过的事；心不诚，是不可能感动别人的。”

● 7·13

孟子说：“伯夷避开纣王，住在北海边上，听说文王兴盛起来了，便说：‘何不到西伯（即周文王）那里去呢！我听说他是好心奉养老年的人。’姜太公避开纣王，住到东海边上，听说文王兴盛起来了，便说：‘何不到西伯那里去呢！我听说他是好心奉养老年的人。’伯夷和太公两位老人，是天下最有声望的老人，都归向西伯，这等于天下的父亲都归向西伯了。天下的父亲都去了，他们儿子还有哪里可去的呢？如果诸侯中间有实行文王的政绩的，顶多七年，就一定能掌握天下的政权了。”

● 7·14

孟子说：“冉求做季康子的总管，不能改变他的行为，反而把田赋增加了一倍。孔子说：‘冉求不是我的学生，你们可以大张旗鼓地攻击他。’从这里看来，君主不实行仁政，别人反而去帮助他聚敛财富，都是被孔子所唾弃的，何况替那不仁德的君主努力作战的人呢？〔这些人〕为争夺土地而战，杀死的人遍布田野；为争夺城池而战，杀死的人堆满城池：这就是所谓带领土地来吃人肉，判以死刑都不足以赎回他们的罪过。所以好战的人应该受最重的刑罚，从事合纵连横的人该受次一等的刑罚，〔为了增加赋税使百姓〕开垦荒原尽地力的人该受再次一等的刑罚。”

● 7·15

孟子说：“观察一个人，再没比察看他的眼睛更好的了。因为眼睛不能遮盖一个人内心的丑恶。心正，眼睛就明亮；心不正，眼睛就昏暗。听一个人说话的时候，注意察看他的眼睛，这人的善恶又能往

孟子曰："恭者不侮人，俭者不夺人。侮夺人之君，惟恐不顺焉，恶得为恭俭？恭俭岂可以声音笑貌为哉？"

淳于髡曰："男女授受不亲，礼与？"孟子曰："礼也。"曰："嫂溺，则援之以手乎？"曰："嫂溺不援，是豺狼也。男女授受不亲，礼也；嫂溺，援之以手者，权也。"曰："今天下溺矣，夫子之不援，何也？"曰："天下溺，援之以道。嫂溺，援之以手——子欲手援天下乎？"

公孙丑曰："君子之不教子，何也？"

孟子曰："势不行也。教者必以正；以正不行，继之以怒；继之以怒，则反夷矣。'夫子教我以正，夫子未出于正也。'则是父子相夷也。父子相夷，则恶矣。古者易子而教之，父子之间不责善。责善则离，离则不祥莫大焉。"

孟子曰："事孰为大？事亲为大。守孰为大？守身为大。不失其身而能事其亲者，吾闻之矣；失其身而能事其亲者，吾未

哪里隐藏呢？”

● 7·16

孟子说："恭敬别人的人不会侮辱别人,自己节俭的人不会掠夺别人。有些诸侯,一味侮辱别人,掠夺别人,生怕别人不顺从自己,那如何能做到恭敬和节俭呢？恭敬和节俭这两种品德,怎么可以光凭好听的声音和笑脸装得出来的呢？"

● 7·17

齐国人淳于髡问："男女之间,不亲手递接东西,这是礼制所定的吗？"孟子答道："是礼制所定的。"淳于髡说："那么,假若嫂嫂掉在水里,该用手去拉她吗？"孟子说："嫂嫂掉在水里,不去拉她,这简直是豺狼。男女之间不亲手递接东西,这是正常的礼制;嫂嫂掉在水里,用手去拉她,这是变通的办法。"淳于髡说："现在天下的人都掉在水里了,您不去救援,又是什么缘故呢？"孟子说："天下的人都掉在水里了,要用仁义之道去救援;嫂嫂掉在水里了,用手去救援——你难道要我用手去救援天下的人吗？"

● 7·18

公孙丑问："君子不亲自教育儿子,为什么呢？"

孟子说："由于情势行不通。教育一定要用正理正道;用正理正道而无效,跟着来的就是愤怒;一愤怒,那反而伤感情了。〔儿子会这么说:〕'您拿正理正道教我,您的所作所为却不本着正理正道。'那就会使父子间互相伤感情了。父子间互相伤感情,便很不好。古时候互相交换儿子来进行教育,使父子间不因求其好而互相责备。求其好而互相责备,就会使父子间发生隔阂,那是最不好的事。"

● 7·19

孟子说："侍奉谁最重要？侍奉父母最重要。守护什么最重要？守护自己〔不陷于邪恶〕最重要。自己的品质节操无所失,又能侍奉

之闻也。孰不为事？事亲，事之本也。孰不为守？守身，守之本也。曾子养曾晳，必有酒肉；将彻，必请所与；问：'有余？'必曰：'有。'曾晳死，曾元养曾子，必有酒肉；将彻，不请所与；问：'有余？'曰：'亡矣。'将以复进也。此所谓养口体者也。若曾子，则可谓养志也。事亲若曾子者，可也。"

◎ 7·20

孟子曰："人不足与適也，政不足间也；惟大人为能格君心之非。君仁，莫不仁；君义，莫不义；君正，莫不正。一正君而国定矣。"

◎ 7·21

孟子曰："有不虞之誉，有求全之毁。"

◎ 7·22

孟子曰："人之易其言也，无责耳矣。"

◎ 7·23

孟子曰："人之患，在好为人师。"

◎ 7·24

乐正子从于子敖之齐。乐正子见孟子。孟子曰："子亦来见我乎？"曰："先生何为出此言也？"曰："子来几日矣？"曰："昔者。"曰："'昔者'，则我出此言也，不亦宜乎？"曰："舍馆未定。"曰："子闻之也，舍馆定，然后求见长者乎？"曰："克有罪。"

父母的，我听说过；自己的品质节操已陷于邪恶，却能够侍奉父母的，我没有听说过。侍奉的事都应该做，而侍奉父母是根本；守护的事都应该做，而守护自己的品质节操是根本。从前曾子奉养他的父亲曾皙，每餐一定都有酒肉；撤席的时候，一定要问，剩下的给谁，曾皙若问：'还有剩余吗？'一定答道：'有。'曾皙死了，曾元奉养曾子，也一定有酒肉；撤除酒菜的时候，便不问剩下的给谁；曾子若问：'还有剩余吗？'便说：'没有了。'意思是留下预备以后进用。这个叫做抚养父母的口体。至于曾子对父亲，方可以叫做抚养父母顺从心意。侍奉父母做到像曾子那样，就可以了。"

● 7·20

孟子说："那些当政的小人，不值得去谴责，他们的政务也不值得去非议；只有大德的人才能够纠正君主不正确的思想。君主讲仁德，下属没有人不仁德的；君主讲道义，下属没有人不道义的；君主行正道，下属没有人不行正道的。只要君主端正了，国家也就安定了。"

● 7·21

孟子说："有意料不到的赞扬，也有过于苛求的诋毁。"

● 7·22

孟子说："一个人轻易地乱说话，那便不足责备了。"

● 7·23

孟子说："一个人的毛病，就在于喜欢在别人面前称老师。"

● 7·24

乐正子跟随着王子敖（即王骥）去齐国。乐正子会见孟子。孟子问："你也来看我吗？"乐正子答道："老师为什么说这样的话呢？"孟子问："你来了几天了？"答道："昨天才来。"孟子说："昨天，那么，我说这样的话不也应该吗？"乐正子说："我的住所没有找好。"孟子说："你听说过，要住所找好了才来求见长辈的吗？"乐正子说：

孟子谓乐正子曰:"子之从于子敖来,徒馎啜也。我不意子学古之道而以馎(bū)啜也!"

孟子曰:"不孝有三,无后为大。舜不告而娶,为无后也,君子以为犹告也。"

孟子曰:"仁之实,事亲是也;义之实,从兄是也;智之实,知斯二者弗去是也;礼之实,节文斯二者是也;乐之实,乐斯二者,乐则生矣;生则恶可已也,恶可已,则不知足之蹈之、手之舞之。"

孟子曰:"天下大悦而将归己,视天下悦而归己犹草芥也,惟舜为然。不得乎亲,不可以为人;不顺乎亲,不可以为子。舜尽事亲之道,而瞽瞍厎豫;瞽瞍厎豫,而天下化;瞽瞍厎豫,而天下之为父子者定:此之谓大孝。"

"我错了。"

● 7·25 ————————————

孟子对乐正子说："你跟随着王子敖来，只是为着吃喝罢了。我没有想到你学习古人的大道理，竟然是为着吃喝的。"

● 7·26 ————————————

孟子说："不孝顺父母的事有三件，其中以没有子孙后代为最重大。舜不先禀告父母就娶妻，为的是怕没有后代，〔因为先禀告，妻就会娶不成。〕因此君子认为他〔虽没有禀告，〕实际上同禀告了一样。"

● 7·27 ————————————

孟子说："仁的主要内容是侍奉父母；义的主要内容是顺从兄长；智的主要内容是明白这两者的道理而坚持下去；礼的主要内容是对这两者既能适宜地加以调节，又能适当地加以修饰；乐的主要内容是从这两者之中得到快乐，而快乐就发生了；快乐一发生就无法休止，无法休止就会不知不觉地手舞足蹈起来了。"

● 7·28 ————————————

孟子说："天下的人都很悦服，而且将归附自己，但把这一切看成草芥一般的，只有舜是这样。不能得到父母的欢心，不可以做人；不能顺从父母的旨意，不可以做儿子。舜竭尽一切心力来侍奉父母，终于使他父亲瞽瞍变得高兴了；瞽瞍高兴了，天下的风俗因此转移；瞽瞍高兴了，天下的父子伦常也由此确定了：这便叫做大孝。"

● 离娄章句下

凡三十三章。

◎ 8·1

孟子曰："舜生于诸冯,迁于负夏,卒于鸣条,东夷之人也。文王生于岐周,卒于毕郢,西夷之人也。地之相去也千有余里,世之相后也千有余岁,得志行乎中国,若合符节,先圣后圣,其揆一也。"

◎ 8·2

子产听郑国之政,以其乘舆济人于溱(Zhēn)、洧(Wěi)。孟子曰："惠而不知为政。岁十一月徒杠(gāng)成,十二月舆梁成,民未病涉也。君子平其政,行辟人可也,焉得人人而济之?故为政者,每人而悦之,日亦不足矣。"

◎ 8·3

孟子告齐宣王曰："君之视臣如手足,则臣视君如腹心;君之视臣如犬马,则臣视君如国人;君之视臣如土芥,则臣视君如寇仇。"王曰:"礼,为旧君有服。何如斯可为服矣?"曰:"谏行言听,膏泽下于民;有故而去,则君使人导之出疆,又先于其所往;去三年不反,然后收其田里。此之谓三有礼焉。如此,则为之服矣。今也为臣,谏则不行,言则不听,膏泽不下于

孟子

● 8·1

孟子说："舜出生在诸冯，搬家到负夏，死在鸣条，是东方人。文王生在岐周，死在毕郢，是西方人。两地相隔一千多里，时代相距一千多年，他们得意时在中国的所作所为，几乎一模一样，古代的圣人和后代的圣人，其道路是一致的。"

● 8·2

子产主持郑国的政事，用所乘的车辆帮助别人渡过溱水和洧水。孟子议论这事，道："这只是小恩小惠，他并不懂得政治。如果十一月修成走人的桥，十二月修成走车的桥，百姓就不会再为渡河发愁了。君子把政治搞清平了，他只要出外，人们为他鸣锣开道都可以，怎么可能一个一个地去帮助别人渡河呢？如果搞政治的人，要一个一个地去讨人欢心，时间也就会太不够用了。"

● 8·3

孟子告诉齐宣王说："君主把臣下看作自己的手足，那臣下就会把君主看作自己的腹心；君主把臣下看作狗马，那臣下就会把君主看作一般人；君主把臣下看作泥土草芥，那臣下就会把君主看作仇敌。"宣王说："礼制规定，臣下对过去的君主还得服一定时期的孝。君主怎样对待臣下，臣下才会为他服孝呢？"孟子说："臣下进谏，接受照办了，建议听取了，恩泽下达到老百姓；有什么事故不得不离开，君主就打发人引导他离开国境，又先派人到他要去的地方作一番布置；离开了三年还不回来，才收回他的土地房屋。这个叫做三有礼。这样做，臣下就会为他服孝了。如今做臣下的，劝谏不被接

民；有故而去，则君搏执之，又极之于其所往；去之日，遂收其田里。此之谓寇仇，寇仇何服之有？”

◎ 8·4

孟子曰："无罪而杀士，则大夫可以去；无罪而戮民，则士可以徙。"

◎ 8·5

孟子曰："君仁，莫不仁；君义，莫不义。"

◎ 8·6

孟子曰："非礼之礼，非义之义，大人弗为。"

◎ 8·7

孟子曰："中也养不中，才也养不才，故人乐有贤父兄也。如中也弃不中，才也弃不才，则贤不肖之相去，其间不能以寸。"

◎ 8·8

孟子曰："人有不为也，而后可以有为。"

◎ 8·9

孟子曰："言人之不善，当如后患何？"

◎ 8·10

孟子曰："仲尼不为已甚者。"

受,建议不被听取,恩泽到不了百姓;有什么事故不得不离开,那君主还把他捆绑起来,他去到一个地方,又想方设法使他穷困万分;离开的那一天,就收回他的土地房屋。这个叫做仇敌。对仇敌一样的君主,臣下还服什么孝呢?"

● 8·4

孟子说:"士人没有罪,被杀掉,那么大夫便可以离国而去;百姓没有罪,被杀戮,那么士人便可以迁走避祸。"

● 8·5

孟子说:"君主若讲仁德,便没有人不讲仁德;君主若讲道义,便没有人不讲道义。"

● 8·6

孟子说:"似是而非的礼,似是而非的义,有道德的人是不干的。"

● 8·7

孟子说:"道德品质很好的人来养育教诲那道德品质不好的人,有才能的人来养育教诲那没有才能的人,因此每人都喜欢有个好父兄。如果道德品质很好的人不去养育教诲那些道德品质不好的人,有才能的人不去养育教诲那些没有才能的人,那么,所谓好,所谓不好,其间的距离也近得不能用分寸来计量了。"

● 8·8

孟子说:"一个人要有他不屑于干的事,然后才能有所作为。"

● 8·9

孟子说:"一个人专门宣扬别人的不好,当后患来了,该怎么办呢?"

● 8·10

孟子说:"孔子做什么事都是不过火的。"

孟子曰："大人者,言不必信,行不必果,惟义所在。"

孟子曰："大人者,不失其赤子之心者也。"

孟子曰："养生者不足以当大事,惟送死可以当大事。"

孟子曰："君子深造之以道,欲其自得之也。自得之,则居之安;居之安,则资之深;资之深,则取之左右逢其原。故君子欲其自得之也。"

孟子曰："博学而详说之,将以反说约也。"

孟子曰："以善服人者,未有能服人者也;以善养人,然后能服天下。天下不心服而王者,未之有也。"

孟子曰："言无实不祥。不祥之实,蔽贤者当之。"

徐子曰："仲尼亟称于水,曰:'水哉,水哉!'何取于水也?"

孟子说："有德行的人，说话不一定句句守信，行为不一定贯彻始终，只要合乎道义，按道义行事便成。"

孟子说："有德行的人，是能够保持婴儿般天真纯朴的心的人。"

孟子说："养活父母不能算什么大事情，只有给他们送终才算得上大事情。"

孟子说："君子依循正确的方法求得高深的造诣，就是要求他自觉地有所得。自觉地有所得，就能牢固地掌握它而不动摇；牢固地掌握它而不动摇，就能积蓄很深；积蓄很深，便能取之不尽，左右逢源。所以君子要自觉地去有所得。"

孟子说："广博地学习，详细地解说，〔是要在融会贯通以后，〕以便回到简略地述说大义的地步去哩。"

孟子说："拿真理来使人服输，是不能够使人服输的；拿真理来熏陶教养人，这才能使天下的人都归服。天下的人心不服却能统一天下的，是从来没有过的。"

孟子说："说话而无内容、无作用，是不好的。这种不好的结果，将由妨碍贤者进用的人来承当。"

徐子（徐辟）说："孔子几次称赞水，说：'水呀，水呀！'他所取法于水的是什么呢？"

孟子曰："源泉混混，不舍昼夜，盈科而后进，放乎四海。有本者如是，是之取尔。苟为无本，七八月之间雨集，沟浍皆盈；其涸也，可立而待也。故声闻过情，君子耻之。"

孟子曰："人之所以异于禽兽者几希，庶民去之，君子存之。舜明于庶物，察于人伦，由仁义行，非行仁义也。"

孟子曰："禹恶旨酒而好善言。汤执中，立贤无方。文王视民如伤，望道而未之见。武王不泄迩，不忘远。周公思兼三王，以施四事；其有不合者，仰而思之，夜以继日；幸而得之，坐以待旦。"

孟子曰："王者之迹熄而《诗》亡，《诗》亡然后《春秋》作。晋之《乘》，楚之《梼杌》（táo wù），鲁之《春秋》，一也：其事则齐桓、晋文，其文则史。孔子曰：'其义则丘窃取之矣。'"

孟子曰："君子之泽，五世而斩；小人之泽，五世而斩。予未得为孔子徒也，予私淑诸人也。"

孟子说："有本源的泉水滚滚地往下流，昼夜不停，把低洼之处注满，又继续向前奔流，一直流到海洋中去。有本源的便像这样，孔子取法他这一点罢了。假若没有本源，一到七八月间，雨水众多，大小沟渠都满了；可一会儿也就干枯了。所以名誉超过实际，君子引为耻辱。"

● 8·19

孟子说："人和禽兽不同的地方只那么一点点，一般百姓丢弃它，君子保存了它。舜懂得事物的道理，了解人类的常情，于是从仁义之道而行，不是把仁义作为工具、手段来使用的。"

● 8·20

孟子说："禹不喜欢美酒，却喜欢有价值的话。汤坚持中正之道，选拔贤德的人却不拘一格。文王看待百姓好像他们受了伤害一样，〔只加抚慰，不加侵扰；〕追求真理又似乎未曾见过一样〔，毫不自满，努力不懈〕。武王不轻侮在朝廷中的近臣，不遗忘散在四方的远臣。周公想要兼学夏、商、周三代的君主，实践禹、汤、文王、武王所立的勋业；如果有不合于圣王情况的，便抬着头考虑，白天想不好，夜里接着想；幸而想通了，便坐着等待天亮〔马上付诸实行〕。"

● 8·21

孟子说："圣王采诗的事情废止了，《诗》也就没有了；《诗》没有了，孔子便创作了《春秋》。〔各国都有叫做'春秋'的史书，〕晋国的又叫做《乘》，楚国的又叫做《梼杌》，鲁国的仍叫做《春秋》，都是一样的：所记载的事情是齐桓公、晋文公之类，所用的笔法则是一般史书的笔法。〔至于孔子的《春秋》就不然，〕他说：'《诗》三百篇中有寓褒善贬恶的大义，我在《春秋》中便借用了。'"

● 8·22

孟子说："圣明君主的遗风余韵，五代以后便断绝了；在野贤圣的遗风余韵，五代以后也断绝了。我没有能够做孔子的门徒，我是私

孟子曰："可以取，可以无取，取伤廉；可以与，可以无与，与伤惠；可以死，可以无死，死伤勇。"

逢蒙学射于羿，尽羿之道，思天下惟羿为愈己，于是杀羿。孟子曰："是亦羿有罪焉。"公明仪曰："宜若无罪焉。"曰："薄乎云尔，恶得无罪？郑人使子濯孺子侵卫，卫使庾公之斯追之。子濯孺子曰：'今日我疾作，不可以执弓，吾死矣夫！'问其仆曰：'追我者谁也？'其仆曰：'庾公之斯也。'曰：'吾生矣！'其仆曰：'庾公之斯，卫之善射者也；夫子曰吾生，何谓也？'曰：'庾公之斯学射于尹公之他，尹公之他学射于我。夫尹公之他，端人也，其取友必端矣。'庾公之斯至，曰：'夫子何为不执弓？'曰：'今日我疾作，不可以执弓。'曰：'小人学射于尹公之他，尹公之他学射于夫子。我不忍以夫子之道反害夫子。虽然，今日之事，君事也，我不敢废。'抽矢，扣轮，去其金，发乘矢，而后反。"

孟子曰："西子蒙不洁，则人皆掩鼻而过之；虽有恶人，齐戒沐浴，则可以祀上帝。"

下向别人学习来的。"

● 8·23 ——————

孟子说:"可以拿,可以不拿,拿了如果对保持廉洁有损害〔,还是不拿〕;可以施与,可以不施与,施与了如果对仁爱有损害〔,还是不施与〕;可以死,可以不死,死了如果对勇敢有损害〔,还是不死〕。"

● 8·24 ——————

古时候,逢蒙跟羿学射箭,完全学得了羿的技巧,他想,天下的人只有羿比自己强,因此便把羿杀死了。孟子说:"这里也有羿的罪过。"公明仪说:"好像没有什么罪过吧。"孟子说:"只是罪过不大罢了,怎么能说一点也没有呢?郑国曾经派子濯孺子侵犯卫国,卫国便派庾公之斯来追击他。子濯孺子说:'今天我的病发作了,拿不了弓,我活不成了。'他问驾车的人:'追我的是谁呀?'驾车的人答道:'是庾公之斯。'他便说:'我死不了啦。'驾车的人说:'庾公之斯是卫国有名的射手,您反而说死不了啦,这是什么道理呢?'他答道:'庾公之斯跟尹公之他学射箭,尹公之他又跟我学射箭。尹公之他是个正派人,他所选择的朋友学生一定也正派。'庾公之斯追上,问道:'老师为什么不拿弓?'子濯孺子说:'今天我的病发作了,拿不了弓。'庾公之斯便说:'我跟尹公之他学射箭,尹公之他又跟您学射箭。我不忍心拿您的技巧反过头来伤害您。但是,今天的事情是国家的公事,我又不敢完全废弃。'于是抽出箭,向车轮敲了几下,把箭头搞掉,发射四箭,然后就回去了。"

● 8·25 ——————

孟子说:"如果西施身上沾染了肮脏,别人走过的时候,也会掩着鼻子;即使是面貌丑陋的人,如果他斋戒沐浴,也就可以祭祀上帝。"

孟子曰："天下之言性也，则故而已矣。故者以利为本。所恶于智者，为其凿也。如智者若禹之行水也，则无恶于智矣。禹之行水也，行其所无事也。如智者亦行其所无事，则智亦大矣。天之高也，星辰之远也，苟求其故，千岁之日至可坐而致也。"

公行子有子之丧，右师往吊。入门，有进而与右师言者，有就右师之位而与右师言者。孟子不与右师言，右师不悦，曰："诸君子皆与驩言，孟子独不与驩言，是简驩也。"

孟子闻之，曰："礼：朝廷不历位而相与言，不逾阶而相揖也。我欲行礼，子敖以我为简，不亦异乎？"

孟子曰："君子所以异于人者，以其存心也。君子以仁存心，以礼存心。仁者爱人，有礼者敬人。爱人者，人恒爱之；敬人者，人恒敬之。有人于此，其待我以横逆，则君子必自反也：我必不仁也，必无礼也，此物奚宜至哉？其自反而仁矣，自反而有礼矣，其横逆由是也，君子必自反也：我必不忠。自反而忠矣，其横逆由是也，君子曰：'此亦妄人也已矣。如此，则与禽兽奚择哉？于禽兽又何难焉？'是故君子有终身之忧，无一朝之患也。乃若所忧则有之：舜，人也；我，亦人也。舜为法于天

孟子说："天下的人讨论人性，只要能推求其所以然便行了。推求其所以然，根本在于顺其自然之理。我们厌恶那些聪明人，就是因为他们容易陷于穿凿附会。假若聪明人像禹的治水一样，就不必对他们有所厌恶了。禹的治水，就是行其所无事〔，顺其自然，因势利导〕。假如聪明人也能行其所无事，〔不违反其所以然而努力实行，〕那才智也就不小了。天极高，星辰极远，只要能推求其所以然，千年万岁以后的冬至都可以坐着推算出来。"

齐国大夫公行子死了儿子，右师王驩（字子敖）去吊唁。他一进门，便有人近前同他说话，〔他坐定了，〕又有人走近他的席位同他说话。孟子不同他说话，他不高兴，说道："各位大夫都同我说话，只有孟子不同我说话，这是对我的简慢。"

孟子知道了，便说："按照礼节，在朝廷中，不跨过位次来交谈，也不越过石阶来作揖。我想要依礼而行，子敖却以为我简慢了他，不也可怪吗？"

孟子说："君子不同于一般人的地方，就在于居心不同。君子居心在仁，居心在礼。仁德的人爱别人，有礼貌的人尊敬别人。爱别人的人，别人经常爱他；尊敬别人的人，别人经常尊敬他。假定这里有个人，他对我横蛮无理，那君子一定会反躬自问：我一定不仁，一定无礼，不然，怎么会有这种态度呢？反躬自问以后，我实在是仁，实在有礼，那人的横蛮无理仍然如此，君子一定又反躬自问：我一定不忠。反躬自问以后，我实在忠心耿耿，那种横蛮无理仍然如此，君子就会说：'这个人不过是狂人罢了。既然这样，那同禽兽有什么区别呢？对于禽兽又该责备什么呢？'所以君子有长远的忧虑，便没有突发的祸患。这样的忧虑是有的：舜是人，我也是人。舜为天下人所效

下，可传于后世，我由未免为乡人也，是则可忧也。忧之如何？如舜而已矣。若夫君子所患则亡矣。非仁无为也，非礼无行也。如有一朝之患，则君子不患矣。"

◎ 8·29

禹、稷当平世，三过其门而不入，孔子贤之；颜子当乱世，居于陋巷，一箪食，一瓢饮，人不堪其忧，颜子不改其乐，孔子贤之。孟子曰："禹、稷、颜回同道。禹思天下有溺者，由己溺之也；稷思天下有饥者，由己饥之也：是以如是其急也。禹、稷、颜子易地则皆然。今有同室之人斗者，救之，虽被发缨冠而救之可也。乡邻有斗者，被发缨冠而往救之，则惑也，虽闭户可也。"

◎ 8·30

公都子曰："匡章，通国皆称不孝焉，夫子与之游，又从而礼貌之，敢问何也？"

孟子曰："世俗所谓不孝者五：惰其四支，不顾父母之养，一不孝也；博弈好饮酒，不顾父母之养，二不孝也；好货财，私妻子，不顾父母之养，三不孝也；从耳目之欲，以为父母戮，四不孝也；好勇斗很，以危父母，五不孝也。章子有一于是乎？夫章子，子父责善而不相遇也。责善，朋友之道也；父子责善，贼恩之大者。夫章子岂不欲有夫妻子母之属哉？为得罪于父，不

法，名声流传于后代，我呢，仍然不免是一个普通人，这个才是值得忧虑的事。忧虑了可又怎样办呢？尽力向舜学习罢了。至于君子，别的祸患就没有了。不是仁爱的事不干，不是合于礼节的事不做。即使一旦发生意外的祸患，君子也不认为痛苦了。"

● 8·29 ————

禹、稷处于政治清平时代，三次经过自己家门都不进去，孔子称赞他们；颜子处于政治动乱的时代，住在狭窄的巷子里，一筐饭，一瓢水，别人都受不了那种苦，他却自得其乐，孔子也称赞他。孟子说："禹、稷和颜回〔处世的态度虽有所不同，〕道理却一样。禹思虑天下有遭淹没的人，好像是自己淹没了他一样；稷思虑天下有挨饿的人，好像是自己使他们挨饿一样：所以他们拯救百姓才这样急迫。禹、稷和颜子如果互相交换地位，颜子也会是三过家门不进去的，禹、稷也会自得其乐。假定有同屋的人互相斗殴，我去救他，即使是披着头发、顶着帽子，连帽带子也不结好就去救他，都可以。〔禹、稷的行为正好比这样。〕如果本地方的邻人在斗殴，也披着头发、不结好帽带子去救，那就是糊涂了，即使把门关着都是可以的。〔颜回的行为正是如此。〕"

● 8·30 ————

公都子说："匡章〔齐国人〕，全国都说他不孝，您却同他来往，而且相当敬重他，请问这该怎么说呢？"

孟子说："一般人所谓不孝的事有五件：四肢懒惰，不管父母的生活，是一不孝；好下棋喝酒，不管父母的生活，是二不孝；好钱财，偏爱妻室儿女，不管父母的生活，是三不孝；放纵耳目的欲望，使父母因此遭受耻辱，是四不孝；逞勇敢好斗殴，危及父母，是五不孝。章子在这五项之中有一项吗？章子不过是父子之间以善相劝，而把关系弄坏了。以善相劝，这是朋友相处之道；父子之间以善相劝，是最伤害感情的事。章子难道不想有夫妻母子的团聚吗？就因

得近，出妻屏子，终身不养焉。其设心以为不若是，是则罪之大者，是则章子已矣。”

曾子居武城，有越寇。或曰：“寇至，盍去诸？”曰：“无寓人于我室，毁伤其薪木。”寇退，则曰：“修我墙屋，我将反。”寇退，曾子反。左右曰：“待先生如此其忠且敬也，寇至则先去以为民望，寇退则反，殆于不可。”沈犹行曰：“是非汝所知也。昔沈犹有负刍之祸，从先生者七十人，未有与焉。”子思居于卫，有齐寇。或曰：“寇至，盍去诸？”子思曰：“如伋去，君谁与守？”孟子曰：“曾子、子思同道。曾子，师也，父兄也；子思，臣也，微也。曾子、子思易地则皆然。”

储子曰：“王使人瞷夫子，果有以异于人乎？”孟子曰：“何以异于人哉？尧、舜与人同耳。”

齐人有一妻一妾而处室者。其良人出，则必餍酒肉而后反。其妻问所与饮食者，则尽富贵也。其妻告其妾曰：“良人出，则必餍酒肉而后反；问其与饮食者，尽富贵也，而未尝有显者来，吾将瞷良人之所之也。”蚤起，施从良人之所之，遍国中

为得罪了父亲，不能和他亲近，因此把自己妻室和儿子赶出去，终身不要他们奉养。他设想，不如此，那罪恶更大了，这个就是章子的为人哩。"

● 8·31

曾子在武城居住，越国军队来侵犯。有人说："敌寇要来了，何不离开一下呢？"曾子说："〔好吧。但是〕不要让人在我这里借住，破坏那些树木。"敌人退了，曾子说："把我的房屋墙壁修理修理吧，我要回来了。"敌人退了，曾子也回来了。他旁边的人说："武城的官员们对待您是这样地忠诚尊敬，敌人来了，您便早早地走开，给百姓做了个坏榜样；敌人退了，您马上回来，恐怕不可以吧。"他的弟子沈犹行说："这个不是你们所晓得的。从前先生住在我那里，有个名叫负刍的人作乱，跟随先生的七十个人也都早早走开了。"子思住在卫国，齐国军队来侵犯。有人说："敌人来了，何不走开呢？"子思说："假若我也走开了，君主同谁一道来守城呢？"孟子说："曾子、子思两人所走的道路是相同的。曾子当时是老师，是前辈；子思当时是臣子，是小官。曾子、子思如果对换地位，他们的行为也会是这样的。"

● 8·32

齐国人储子说："王打发人来窥探您，您真有跟别人不同之处吗？"孟子说："有什么跟别人不同的？尧舜也同一般人一样呢。"

● 8·33

齐国有一个人，家里有一个大老婆一个小老婆。那丈夫每次外出，一定吃得饱饱的，喝得醉醺醺地回家。大老婆问他一道吃喝的是些什么人，他说全都是一些有钱有势的。大老婆便告诉小老婆，说："丈夫外出，总是饭饱酒醉而后回来；问他同些什么人吃喝，他说全都是一些有钱有势的，但是，我从来没有见过什么显贵人物到我们家来，我准备偷偷地看他究竟到了些什么地方。"第二天清早

无与立谈者。卒之东郭墦间，之祭者，乞其余；不足，又顾而之他——此其为餍足之道也。其妻归，告其妾曰："良人者，所仰望而终身也，今若此！"与其妾讪其良人，而相泣于中庭。而良人未之知也，施施从外来，骄其妻妾。由君子观之，则人之所以求富贵利达者，其妻妾不羞也而不相泣者，几希矣！

● 万章章句上

凡九章。

万章问曰："舜往于田，号泣于旻天。何为其号泣也？"孟子曰："怨慕也。"万章曰："'父母爱之，喜而不忘；父母恶之，劳而不怨。'然则舜怨乎？"曰："长息问于公明高曰：'舜往于田，则吾既得闻命矣；号泣于旻天，于父母，则吾不知也。'公明高曰：'是非尔所知也。'夫公明高以孝子之心为不若是恝（jiá）：我竭力耕田，共为子职而已矣；父母之不我爱，于我何哉？帝使其子九男二女，百官牛羊仓廪备，以事舜于畎亩之中；天下之士多就之者，帝将胥天下而迁之焉。为不顺于父

起来，她便尾随在丈夫后面，走遍城中，没有一个人站住同她丈夫说话的。最后一直走到东郊外的墓地，他又走向祭扫坟墓的人，讨些残菜剩饭；不够，又东张西望地跑到别处去讨乞了——这便是他吃饱喝醉的办法。大老婆回到家里，便把这情况告诉小老婆，并且说："丈夫，是我们仰望而终身倚靠的人，现在他竟这样！"她两人便在庭中一起咒骂着，哭泣着。但丈夫还不知道，高高兴兴地从外面回来，向他两个女人摆威风。在君子看来，有些人所用来乞求升官发财的方法，他大、小老婆不引为羞耻而共同哭泣的，是很少！

●9·1

万章问道："舜到田地里去，向着天一面诉苦，一面哭泣。为什么要这样呢？"孟子答道："是对父母既怨恨又怀恋的缘故。"万章说："〔曾子说过：〕'父母喜爱他，虽然高兴，却不因此懈怠；父母厌恶他，虽然惆怅，却不因此怨恨。'那么，舜怨恨父母吗？"孟子说："从前公明高的弟子长息问过公明高，他说：'舜到田里去，我已经听到了；他向天诉苦、哭泣，这样来对待父母，我还不懂得那是为什么。'公明高说：'这不是你所能懂得的。'公明高认为孝子的心理是不能这样满不在乎的：我尽力耕田，好好尽我做儿子的职责罢了；父母不喜爱我，对我有什么关系呢？帝尧打发他的孩子九男二女跟百官一起带着牛羊、粮食等等东西，到田野中去为舜服务；天下的士人也有很多到舜那里去，尧把整个天下让给了舜。舜只因没有得到

母，如穷人无所归。天下之士悦之，人之所欲也，而不足以解忧；好色，人之所欲，妻帝之二女，而不足以解忧；富，人之所欲，富有天下，而不足以解忧；贵，人之所欲，贵为天子，而不足以解忧。人悦之、好色、富、贵，无足以解忧者，惟顺于父母可以解忧。人少，则慕父母；知好色，则慕少艾；有妻子，则慕妻子；仕则慕君，不得于君则热中。大孝，终身慕父母。五十而慕者，予于大舜见之矣。”

万章问曰："《诗》云：'娶妻如之何？必告父母。'信斯言也，宜莫如舜。舜之不告而娶，何也？"孟子曰："告则不得娶。男女居室，人之大伦也。如告，则废人之大伦，以怼父母，是以不告也。"万章曰："舜之不告而娶，则吾既得闻命矣；帝之妻舜而不告，何也？"曰："帝亦知告焉则不得妻也。"万章曰："父母使舜完廪，捐阶，瞽瞍焚廪。使浚井，出，从而掩之。象曰：'谟盖都君咸我绩，牛羊父母，仓廪父母，干戈朕，琴朕，弤（dǐ）朕，二嫂使治朕栖。'象往入舜宫，舜在床琴。象曰：'郁陶思君耳。'忸怩。舜曰：'惟兹臣庶，汝其于予治。'不识舜不

父母的欢心，便像鳏寡孤独找不着依靠一般。天下的士人喜爱他，这是谁都希望的，然而不足以消除忧愁；美丽的姑娘，是谁都喜爱的，娶了尧的两个女儿，然而不足以消除忧愁；财富，是谁都希望获得的，富而至于占有天下，然而不足以消除忧愁；尊贵，是谁都希望获得的，尊贵而至于做了君主，然而也不足以消除忧愁。大家都喜爱他、美丽的姑娘、财富和尊贵都不足以消除忧愁，仅仅只有得到父母的欢心才可以消除忧愁。人在幼小的时候，就怀恋父母；当懂得喜欢女子了，便想念年轻漂亮的女人；有了妻子，便迷恋妻室；做了官，便讨好君主，得不到君主的欢心，便焦急得内心发热。仅仅只有最孝顺的人，才终身怀恋父母。到了五十岁还怀恋父母的，我在大舜的身上见到了。"

● 9·2 —————————————————————

万章问道："《诗经·齐风·南山》上说过：'娶妻应该怎么办？一定先要告诉父母。'相信这句话的，该没有人比得上舜。但是，舜事先不告诉父母，便娶了妻子，又是什么道理呢？"孟子答道："告诉父母便娶不成了。男女结婚，是人与人之间的必然关系。如果告诉了，这一必然关系在舜身上便会被废弃了，结果便将怨恨父母，所以他便不告诉了。"万章说："舜不告诉父母而娶妻，那我懂得这道理了；尧给舜以妻子，也不向舜的父母说一声，又是什么道理呢？"孟子说："尧也知道，假若事先说了，便会嫁娶不成了。"万章问道："舜的父母打发舜去修缮谷仓，等舜上了屋顶，便抽去梯子，他父亲瞽瞍还放火焚烧那谷仓。〔幸而舜设法逃下来了。〕于是又打发舜去淘井，〔他不知道舜从旁边的洞穴里〕出来了，便用土填塞井眼。舜的兄弟象说：'谋害舜都是我的功劳，把牛羊分给父母，仓廪分给父母，而干戈归我，琴归我，弤弓归我，要两位嫂嫂替我铺床叠被。'象便走向舜的住房，舜却坐在床边弹琴。象说：'哎呀！我好想念您呀！'然而神情之间是很不好意思的。舜说：'我想念着这些臣下和

知象之将杀己与？"曰："奚而不知也？象忧亦忧，象喜亦喜。"
曰："然则舜伪喜者与？"曰："否。昔者有馈生鱼于郑子产，子
产使校人畜之池。校人烹之，反命曰：'始舍之，圉圉焉；少则
洋洋焉，攸然而逝。'子产曰：'得其所哉！得其所哉！'校人
出，曰：'孰谓子产智？予既烹而食之，曰："得其所哉，得其所
哉。"'故君子可欺以其方，难罔以非其道。彼以爱兄之道来，
故诚信而喜之，奚伪焉？"

　　万章问曰："象日以杀舜为事，立为天子则放之，何也？"
孟子曰："封之也，或曰'放焉'。"万章曰："舜流共工于幽州，
放驩兜于崇山，杀三苗于三危，殛鲧于羽山，四罪而天下咸服，
诛不仁也。象至不仁，封之有庳(bì)。有庳之人奚罪焉？仁人
固如是乎？在他人则诛之，在弟则封之。"曰："仁人之于弟
也，不藏怒焉，不宿怨焉，亲爱之而已矣。亲之欲其贵也，爱之
欲其富也。封之有庳，富贵之也。身为天子，弟为匹夫，可谓亲
爱之乎？""敢问'或曰放'者，何谓也？"曰："象不得有为于
其国，天子使吏治其国而纳其贡税焉，故谓之'放'。岂得暴彼
民哉？虽然，欲常常而见之，故源源而来。'不及贡，以政接于

百姓，你替我管理管理吧！'我不晓得舜知不知道象要杀他？"孟子答道："为什么不知道呢？象忧愁，他也忧愁；象高兴，他也高兴。"万章说："那么，舜是假装高兴的吗？"孟子说："不。从前有一个人送条活鱼给郑国的子产，子产派主管池塘的人畜养起来，那人却煮着吃了，回报说：'刚放在池塘里，它还要死不活的；一会儿，摇摆着尾巴活动起来了，突然间远远地不知去向了。'子产说：'它去到了好地方呀！去到了好地方呀！'那人出来后，说道：'谁说子产聪明，我已经把那条鱼煮着吃了，他还说："去到了好地方呀，去到了好地方呀！"'所以对于君子，可以用合乎情理的方法来欺骗他，不能用违反道理的诡诈蒙蔽他。象假装着敬爱兄长的样子前来，舜因此真诚地相信他，而且高兴起来，为什么是假装的呢？"

● 9·3 ────────

万章问道："象每天把谋杀舜作为他的工作，等舜做了天子，却只是流放他，这是什么道理呢？"孟子答道："其实是舜封象为诸侯，只是有人说是流放罢了。"万章说："舜把共工流放到幽州，把骧兜发配到崇山，把三苗之君驱逐到三危，把鲧充军到羽山，惩处了这四个大罪犯，天下便都归服了，就因为是讨伐了不仁德的人。象是最不仁德的人，却把有庳之国封给他。有庳国的百姓又有什么罪过呢？对别人，就加以惩处，对弟弟，就封以国土，难道仁德的人是这样的吗？"孟子说："仁德的人对于弟弟，有所愤怒，不藏在心中，有所怨恨，不留在胸内，只是亲他爱他罢了。亲他，是想要使他尊贵；爱他，是想要使他富裕。把有庳国土封给他，正是使他又富又贵。本人做了天子，弟弟却是一个老百姓，能说是亲爱吗？"万章说："我请问，为什么有人说是流放呢？"孟子说："象不能在他国土上为所欲为，天子派遣了官吏来给他治理国家，缴纳贡税，所以有人说是流放。象难道能够暴虐地对待他的百姓吗？〔自然不能。〕纵是如此，舜还是想常常看到象，象也不断地前来和舜相见。〔古书上说：〕

有庳。'此之谓也。"

◎9·4

咸丘蒙问曰:"语云:'盛德之士,君不得而臣,父不得而子。'舜南面而立,尧帅诸侯北面而朝之,瞽瞍亦北面而朝之。舜见瞽瞍,其容有蹙。孔子曰:'于斯时也,天下殆哉,岌岌乎!'不识此语诚然乎哉?"孟子曰:"否。此非君子之言,齐东野人之语也。尧老而舜摄也。《尧典》曰:'二十有八载,放勋乃徂落,百姓如丧考妣,三年,四海遏密八音。'孔子曰:'天无二日,民无二王。'舜既为天子矣,又帅天下诸侯以为尧三年丧,是二天子矣。"咸丘蒙曰:"舜之不臣尧,则吾既得闻命矣。《诗》云:'普天之下,莫非王土;率土之滨,莫非王臣。'而舜既为天子矣,敢问瞽瞍之非臣,如何?"曰:"是诗也,非是之谓也;劳于王事,而不得养父母也。曰:'此莫非王事,我独贤劳也。'故说诗者不以文害辞,不以辞害志。以意逆志,是为得之。如以辞而已矣,《云汉》之诗曰:'周余黎民,靡有孑遗。'信斯言也,是周无遗民也。孝子之至,莫大乎尊亲;尊亲之至,莫大乎以天下养。为天子父,尊之至也;以天下养,养之至也。

'不必等到规定的朝贡时候，平常也假借政治上的需要来接待有庯。'就是这个意思。"

● 9·4

孟子弟子咸丘蒙问道："俗话说：'道德最高尚的人，君主不能够以他为臣，父亲不能够以他为子。'舜〔便是这种人，〕做了天子，尧便统领诸侯向北面去朝拜他，他父亲瞽瞍也向北面去朝拜他。舜看见了瞽瞍，容貌局促不安。孔子说道：'在这个时候，天下岌岌乎危险得很呀！'不晓得这话真是如此吗？"孟子答道："不。这不是君子的言语，而是齐东田野之人的话。〔尧活着的时候，舜不曾做天子，不过〕尧在老年时，叫舜代理天子之职罢了。《尧典》上说过：'二十八年以后，尧死了，群臣好像死了父母一样，服丧三年，老百姓也停止一切音乐。'孔子说过：'天上没有两个太阳，人间没有两个天子。'假若舜真在尧死以前做了天子，同时又统领天下的诸侯为尧服丧三年，这便是同时有两个天子了。"咸丘蒙说："舜不以尧为臣，我已经领教了。《诗经·小雅·北山》上又说过：'全世界没有一块不是天子的土地；环绕土地的四周，没有一人不是天子的臣民。'如果舜既做了天子，瞽瞍却不是臣民，请问又是什么道理呢？"孟子说："《北山》这首诗，不是你所说的那意思，而是说作者本人为国事勤劳，以致不能奉养父母。他说：'这些事没有一件不是天子的事呀，为什么独我一人劳苦呢？'所以解说诗的人，不要因为文字而误解词句，也不要因为词句而误解原意。用自己切身的体会去推测作者的本意，这就对了。假如拘泥词句，那《诗经·大雅·云汉》的诗中说过：'周朝剩余的百姓，没有一个存留的。'相信了这一句话，这真是周朝没有存留一个人了。孝子孝到极点，没有超过尊敬其双亲的；尊敬双亲到极点，没有超过拿天下来奉养父母的。瞽瞍做了天子的父亲，可说是尊贵到极点了；舜以天下来奉养他，可说是奉养到顶点了。《诗经·大

《诗》曰：'永言孝思，孝思维则。'此之谓也。《书》曰：'祗载见瞽瞍，夔夔齐栗，瞽瞍亦允若。'是为父不得而子也？"

◎9·5

万章曰："尧以天下与舜，有诸？"孟子曰："否。天子不能以天下与人。""然则舜有天下也，孰与之？"曰："天与之。""天与之者，谆谆然命之乎？"曰："否。天不言，以行与事示之而已矣。"曰："以行与事示之者，如之何？"曰："天子能荐人于天，不能使天与之天下；诸侯能荐人于天子，不能使天子与之诸侯；大夫能荐人于诸侯，不能使诸侯与之大夫。昔者，尧荐舜于天而天受之，暴之于民而民受之。故曰：天不言，以行与事示之而已矣。"曰："敢问荐之于天而天受之，暴之于民而民受之，如何？"曰："使之主祭而百神享之，是天受之；使之主事而事治，百姓安之，是民受之也。天与之，人与之，故曰：天子不能以天下与人。舜相尧，二十有八载，非人之所能为也，天也。尧崩，三年之丧毕，舜避尧之子于南河之南。天下诸侯朝觐者，不之尧之子而之舜；讼狱者，不之尧之子而之舜；讴歌者，不讴歌尧之子而讴歌舜。故曰：天也。夫然后之中国，践天子位焉。而居尧之宫，逼尧之子，是篡也，非天与也。《太誓》曰：'天视自我民视，天听自我民听。'此之谓也。"

雅·下武》中又说过：'永远地讲究孝道，孝便是天下的法则。'正是这个意思。《尚书》又说过：'舜恭敬地来见瞽瞍，态度谨慎恐惧，瞽瞍也因此真正顺理而行了。'这难道是'父亲不能够以他为儿子'吗？"

● 9·5 ──────────────────────────────

万章问道："尧把天下授与舜，有这么回事吗？"孟子答道："不。天子不能把天下授与别人。"万章又问："那么，舜得到了天下，是谁授与的呢？"答道："天授与的。"又问道："天授与的，是反复叮咛地告诫他的吗？"答道："不是。天不说话，用行动和工作来表示罢了。"问道："用行动和工作来表示，是怎样的呢？"答道："天子能够向天推荐人，却不能强迫天子把天下给与他；〔正如〕诸侯能够向天子推荐人，却不能强迫天子把诸侯的职位给与他；大夫能够向诸侯推荐人，却不能强迫诸侯把大夫的职位给与他一样。从前，尧将舜推荐给天，天接受了；又把舜公开介绍给百姓，百姓也接受了。所以说，天不说话，用行动和工作来表示罢了。"问道："推荐给天，天接受了，公开介绍给百姓，百姓也接受了，这是怎样的呢？"答道："叫他主持祭祀，所有神明都来享用，这便是天接受了；叫他主持工作，工作搞得很好，百姓很满意他，这便是百姓接受了。天授与他，百姓授与他，所以说，天子不能够拿天下授与人。舜帮助尧治理天下，一共二十八年，这不是某一人的意志所能做到的，而是天意。尧死了，三年之丧完毕，舜为着要使尧的儿子能够继承天下，自己便逃避到南河的南边去。可是，天下诸侯朝见天子的，不到尧的儿子那里去，却到舜那里；打官司的，也不去尧的儿子那里去，却到舜那里；歌颂的人，也不歌颂尧的儿子，却歌颂舜。所以说，这是天意。这样，舜才回到首都，坐了朝廷。如果自己居住于尧的宫室，逼迫尧的儿子〔让位给自己〕，这是篡夺，而不是天授与了。《太誓》说过：'百姓的眼睛就是天的眼睛，百姓的耳朵就是天的耳朵。'正是

万章问曰："人有言'至于禹而德衰，不传于贤而传于子'，有诸？"

孟子曰："否，不然也。天与贤，则与贤；天与子，则与子。昔者，舜荐禹于天，十有七年，舜崩，三年之丧毕，禹避舜之子于阳城，天下之民从之，若尧崩之后不从尧之子而从舜也。禹荐益于天，七年，禹崩，三年之丧毕，益避禹之子于箕山之阴。朝觐讼狱者不之益而之启，曰：'吾君之子也。'讴歌者不讴歌益而讴歌启，曰：'吾君之子也。'丹朱之不肖，舜之子亦不肖。舜之相尧、禹之相舜也，历年多，施泽于民久。启贤，能敬承继禹之道。益之相禹也，历年少，施泽于民未久。舜、禹、益相去久远，其子之贤不肖，皆天也，非人之所能为也。莫之为而为者，天也；莫之致而至者，命也。匹夫而有天下者，德必若舜、禹，而又有天子荐之者，故仲尼不有天下。继世以有天下，天之所废，必若桀、纣者也，故益、伊尹、周公不有天下。伊尹相汤以王于天下，汤崩，太丁未立，外丙二年，仲壬四年，太甲颠覆汤之典刑，伊尹放之于桐，三年，太甲悔过，自怨自艾，于桐处仁迁义，三年，以听伊尹之训己也，复归于亳。周公之不有

这个意思。"

万章问道："有人说：'到禹的时候，道德就衰微了，天下不传给贤德的人，却传给自己的儿子。'有这样的话吗？"

孟子答道："没有，不是这样的。天要授与贤德的人，便授与贤德的人；天要授与君主的儿子，便授与君主的儿子。从前，舜把禹推荐给天，十七年之后，舜死了，三年之丧完毕，禹为着要让位给舜的儿子，便躲避到阳城去。可是，天下的百姓跟随禹，正好像尧死了以后，他们不跟随尧的儿子却跟随舜一样。禹把益荐给天，七年之后，禹死了，三年之丧完毕，益又为着让位给禹的儿子，便躲到箕山之北去。当时，朝见天子的人、打官司的人都不去益那里，而去启那里，说：'他是我们君主的儿子呀。'歌颂的人也不歌颂益，而歌颂启，说：'他是我们君主的儿子呀。'尧的儿子丹朱不好，舜的儿子也不好。而且，舜辅助尧，禹辅助舜，经历的年岁多，对百姓施与恩泽的时间长。〔启和益就不同。〕启很贤明，能够认真地继承禹的传统。益辅助禹，经历的年岁少，对百姓施与恩泽的时间短。舜、禹、益之间相距时间的长短，以及他们儿子的好坏，都是天意，不是人力所能做到的。没有人叫他这样做，而竟做了的，便是天意；没有人叫他到来，而竟到来了的，便是命运。以一个老百姓竟而得到天下的，他的道德必然要像舜和禹一样，而且还要有天子推荐他，所以孔子〔虽是圣人，因没有天子的推荐，〕便不能得到天下。世代相传而得到天下的，天要废弃的，一定是像夏桀、商纣那样残暴无德的人，所以益、伊尹、周公〔虽是圣人，因为所逢的君主不像桀和纣，〕便不能得到天下。伊尹辅助汤统一了天下，汤死了，太丁未立就死了，外丙在位二年，仲壬在位四年，〔太丁的儿子太甲又继承王位。〕太甲破坏了汤的法度，伊尹便流放他到桐邑，三年之后，太甲悔过，自感怨恨，自己悔改，在桐邑，能够以仁居心，唯义是从，三年之后，完全听

天下，犹益之于夏，伊尹之于殷也。孔子曰：‘唐、虞禅，夏后、殷、周继，其义一也。’”

◎ 9·7

万章问曰：“人有言：‘伊尹以割烹要汤。’有诸？”

孟子曰：“否，不然。伊尹耕于有莘之野，而乐尧、舜之道焉。非其义也，非其道也，禄之以天下弗顾也，系马千驷弗视也。非其义也，非其道也，一介不以与人，一介不以取诸人。汤使人以币聘之，嚣嚣然曰：‘我何以汤之聘币为哉？我岂若处畎亩之中，由是以乐尧、舜之道哉？’汤三使往聘之，既而幡然改曰：‘与我处畎亩之中，由是以乐尧、舜之道，吾岂若使是君为尧、舜之君哉？吾岂若使是民为尧、舜之民哉？吾岂若于吾身亲见之哉？天之生此民也，使先知觉后知，使先觉觉后觉也。予，天民之先觉者也；予将以斯道觉斯民也。非予觉之而谁也？’思天下之民，匹夫匹妇有不被尧、舜之泽者，若己推而内之沟中。其自任以天下之重如此，故就汤而说之以伐夏救民。吾未闻枉己而正人者也，况辱己以正天下者乎？圣人之行不同也，或远或近，或去或不去，归洁其身而已矣。吾闻其以尧、舜之道要汤，未闻以割烹也。《伊训》曰：‘天诛造攻自牧

从伊尹对自己的训诲了，然后又回到亳都做天子。周公没有得到天下，正好像益在夏朝、伊尹在殷朝一样。孔子说过：'唐尧、虞舜以天下让贤，夏、商、周三代却世世代代传之子孙，道理是一样的。'"

● 9·7 ────────────────────────────────

万章问道："有人说：'伊尹曾以做厨子切肉做菜的手艺要求汤武王信用他。'有这么回事吗？"

孟子答道："没有，不是这样的。伊尹在莘国的郊野种庄稼，而以尧舜之道为乐。如果不合道义，纵使以天下的财富作为他的俸禄，他都不回顾一下；纵使有几千匹马系在那里，他都不望一下。如果不合道义，一点也不给与他人，一点也不取于他人。汤曾派人拿礼物去聘请他，他却安闲地说：'我为什么要接受汤的聘礼呢？我怎么不住在田野之中，从而以尧舜之道为自得之乐呢？'汤几次派人去聘请他，不久，他便完全改变了态度，说：'我与其住在田野之中，从而以尧舜之道为个人的快乐，又何不使现在的君主做尧舜一样的君主呢？又何不使现在的百姓做尧舜时代一样的百姓呢？〔尧舜的盛世，〕我何不使它在现时亲自看到呢？上天生育人民，就是要先知先觉者来促使后知后觉者觉悟。我呢，是百姓中间的先觉者；我就得拿这尧舜之道使现在的人有所觉悟。不是我去使他们觉悟，又有谁呢？'伊尹是这样考虑的：在天下的百姓中，如果有一个男子或一个妇女，没有沾润上尧舜之道的恩泽，便好像自己把他推进山沟中去一样。他是这样以天下的重任为己任，所以到了汤那里，便用讨伐夏桀拯救百姓的道理说给汤听。我没听说过，先使自己屈曲，却能够匡正别人的；何况是先使自己受辱，去匡正天下的呢？圣人的行为，可能各有不同，有的疏远当时的君主，有的靠拢当时的君主，有的离开朝廷，有的留恋朝廷，归根到底，都得保持自己身体干干净净，不沾肮脏。我只听说过伊尹用尧舜之道要求汤推行王道，没听说过他有切肉做菜的事。《伊训》说过：'上天的讨伐，最初

宫，朕载自亳。'"

万章问曰："或谓孔子于卫主痈疽，于齐主侍人瘠环，有诸乎？"

孟子曰："否，不然也。好事者为之也。于卫主颜雠由。弥子之妻与子路之妻，兄弟也。弥子谓子路曰：'孔子主我，卫卿可得也。'子路以告。孔子曰：'有命。'孔子进以礼，退以义，得之不得曰'有命'。而主痈疽与侍人瘠环，是无义无命也。孔子不悦于鲁、卫，遭宋桓司马将要而杀之，微服而过宋。是时孔子当厄，主司城贞子，为陈侯周臣。吾闻观近臣，以其所为主；观远臣，以其所主。若孔子主痈疽与侍人瘠环，何以为孔子？"

万章问曰："或曰：'百里奚自鬻于秦养牲者，五羊之皮，食牛，以要秦穆公。'信乎？"

孟子曰："否，不然。好事者为之也。百里奚，虞人也。晋人以垂棘之璧与屈产之乘假道于虞以伐虢（Guó）。宫之奇谏，百里奚不谏。知虞公之不可谏而去之秦，年已七十矣。曾不知以食牛干秦穆公之为污也，可谓智乎？不可谏而不谏，可谓不智

是在夏桀宫室里，是由他自己造成的，我呢，不过从殷都亳邑开始罢了。'"

● 9·8 ————————————————————————

万章问道："有人说，孔子在卫国住在卫灵公宠幸的宦官痈疽家里，在齐国也住在宦官瘠环家里，真有这回事吗？"

孟子说："没有，不是这样的。这是好事之徒捏造出来的。孔子在卫国，住在颜雠由家中。弥子瑕的妻子和子路的妻子是姊妹。弥子瑕对子路说：'孔子住在我家中，卫国卿相的位置便可以得到。'子路把这话告诉了孔子。孔子说：'一切由命运决定。'孔子依礼法而进，依礼法而退，所以他说得官位和不得官位'由命运决定'。如果他住在痈疽和宦官瘠环家中，这种行为，便是无视礼义和命运了。孔子在鲁国、卫国不得意，又碰上了宋国的司马桓魋（tuí）预备拦截他，并将他杀死，只得改换服装悄悄地走过宋国。这时候，孔子正处在困难的境地，便住在司城贞子家中，做了陈侯周的臣子。我听说过，观察在朝的臣子，看他所招待的客人；观察外来的臣子，看他所寄居的主人。如果孔子真的以痈疽和宦官瘠环为寄居的主人，怎么能算是'孔子'呢？"

● 9·9 ————————————————————————

万章问道："有人说：'百里奚把自己卖给秦国养牲畜的人，得价五张羊皮，替人家饲养牛，以此来要求秦穆公任用。'这话可以相信吗？"

孟子答道："不可，不是这样的。这是好事之徒捏造的。百里奚是虞国人。晋人用垂棘的美玉和屈地所产的良马向虞国借路，来攻打虢国。当时虞国的大臣宫之奇谏阻虞公，劝他不要允许；百里奚却不去劝阻。他知道虞公是不可以劝阻的，因而离开虞国，搬到秦国，这时他已经七十岁了。他竟不知道用饲养牛的方法来要求秦穆公任用是一种恶浊行为，能说是聪明吗？但是，他预见到虞公不可劝阻，

乎？知虞公之将亡而先去之，不可谓不智也。时举于秦，知穆公之可与有行也而相之，可谓不智乎？相秦而显其君于天下，可传于后世，不贤而能之乎？自鬻以成其君，乡党自好者不为，而谓贤者为之乎？"

⬤ 万章章句下

凡九章。

◎ 10·1

孟子曰："伯夷，目不视恶色，耳不听恶声；非其君不事，非其民不使；治则进，乱则退。横政之所出，横民之所止，不忍居也。思与乡人处，如以朝衣朝冠坐于涂炭也。当纣之时，居北海之滨，以待天下之清也。故闻伯夷之风者，顽夫廉，懦夫有立志。伊尹曰：'何事非君？何使非民？'治亦进，乱亦进，曰：'天之生斯民也，使先知觉后知，使先觉觉后觉。予，天民之先觉者也；予将以此道觉此民也。'思天下之民，匹夫匹妇有不与被尧、舜之泽者，若己推而内之沟中——其自任以天下之

便不去劝他，又能说是不聪明吗？他预见到虞公将要被灭亡，因而早早离开，不能说是不聪明。当他在秦国被推举出来的时候，知道秦穆公是位可以襄助而有作为的君主，因而辅助他，又能说是不聪明吗？为秦国的卿相，使穆公在天下名望显赫，而且可以流传于后代，不是贤德的人能够如此吗？出卖自己来成全君主，连乡里中一个洁身自爱的人都不肯干，能说贤德的人肯干吗？"

● 10·1

孟子说："伯夷，眼睛不去看不好的事物，耳朵不去听不好的声音；不是他理想的君主不去侍奉，不是他理想的百姓不去使唤；天下太平就出来做事，天下昏乱就退居田野。在施行暴政的国家，住有乱民的地方，他都不忍心去居住。他认为同无知的乡下人相处，好像穿戴着礼服礼帽坐在烂泥或炭灰之上。当商纣的时候，他住在北海边上，等待天下清平。所以听到伯夷的高风亮节的人，连贪得无厌的都廉洁起来了，懦弱的也都有刚强不屈的意志了。伊尹说：'哪个君主不可以侍奉？哪个百姓不可以使唤？'因此天下太平出来做官，天下昏乱也出来做官，并且说：'上天生育这些百姓，就是要先知先觉的人来开导后知后觉的人。我是这些人之中的先觉者，我要以尧舜之道来开导这些人。'他总这样想：在天下的百姓中，只要有一个男子或一个妇女没有享受到尧舜之道的好处，便仿佛自己把他推进山沟之中——这便是他以天下的重担为己任的态度。柳下惠不以侍奉坏君为羞耻，

重也。柳下惠不羞污君，不辞小官。进不隐贤，必以其道。遗佚而不怨，厄穷而不悯。与乡人处，由由然不忍去也。'尔为尔，我为我，虽袒裼裸裎于我侧，尔焉能浼我哉？'故闻柳下惠之风者，鄙夫宽，薄夫敦。孔子之去齐，接淅而行；去鲁，曰：'迟迟吾行也，去父母国之道也。'可以速而速，可以久而久，可以处而处，可以仕而仕，孔子也。"孟子曰："伯夷，圣之清者也；伊尹，圣之任者也；柳下惠，圣之和者也；孔子，圣之时者也。孔子之谓集大成。集大成也者，金声而玉振之也。金声也者，始条理也；玉振之也者，终条理也。始条理者，智之事也；终条理者，圣之事也。智，譬则巧也；圣，譬则力也。由射于百步之外也，其至，尔力也；其中，非尔力也。"

◎ 10·2

北宫锜（qí）问曰："周室班爵禄也，如之何？"

孟子曰："其详不可得闻也。诸侯恶其害己也，而皆去其籍。然而轲也尝闻其略也。天子一位，公一位，侯一位，伯一位，子、男同一位，凡五等也。君一位，卿一位，大夫一位，上士一位，中士一位，下士一位，凡六等。天子之制，地方千里，公侯皆方百里，伯七十里，子、男五十里，凡四等。不能五十里，不达于天子，附于诸侯，曰附庸。天子之卿受地视侯，大夫授地视伯，元士受地视子、男。大国地方百里，君十卿禄，卿禄四大

也不以官小而辞职。立于朝廷，不隐藏自己的才能，但一定按其原则办事。自己被遗弃，也不怨恨；穷困，也不忧愁。同无知的乡下人相处，高高兴兴地不忍离开。〔他说：〕'你是你，我是我，你纵然在我旁边赤身露体，哪能沾染着我呢？'所以听到柳下惠高风亮节的人，连胸襟狭小的也开阔了，刻薄的也厚道了。孔子离开齐国，不等把米淘完、漉干就走；离开鲁国，却说：'我们慢慢走吧，这是离开祖国的态度。'应该马上走就马上走，应该继续干就继续干，应该不做官就不做官，应该做官就做官，这便是孔子。"孟子又说："伯夷是圣人之中清高的人，伊尹是圣人之中负责的人，柳下惠是圣人之中随和的人，孔子则是圣人之中识时务的人。孔子，可以叫他为集大成者。'集大成'的意思，〔譬如奏乐，〕先敲镈（bó）钟，最后用特磬收束〔，有始有终的〕一样。先敲镈钟，是节奏条理的开始；用特磬收束，是节奏条理的终结。条理的开始在于智，条理的终结在于圣。智好比技巧，圣好比气力。犹如在百步以外射箭，射到，是你的力量；射中，却不是你的力量。"

● 10·2 —————————————————————————

卫国人北宫锜问道："周朝制定的官爵和俸禄的等级制度是怎样的呢？"

孟子答道："详细情况已经不能够知道了。因为诸侯厌恶那种制度不利于自己，都把那些文献毁灭了。但是，我也曾大略听到一些。天子为一级，公一级，侯一级，伯一级，子和男共为一级，一共五级。君为一级，卿一级，大夫一级，上士一级，中士一级，下士一级，一共六级。天子直接管理的土地纵横各一千里，公和侯各一百里，伯七十里，子、男各五十里，一共四级。土地不够五十里的国家，不能直接与天子发生关系，而附属于诸侯，叫做附庸。天子的卿所受的封地等同于侯，大夫所受的封地等同于伯，元士所受的封地等同于子、男。公侯大国的土地纵横各一百里，君主的俸禄为卿的十

夫，大夫倍上士，上士倍中士，中士倍下士，下士与庶人在官者同禄，禄足以代其耕也。次国地方七十里，君十卿禄，卿禄三大夫，大夫倍上士，上士倍中士，中士倍下士，下士与庶人在官者同禄，禄足以代其耕也。小国地方五十里，君十卿禄，卿禄二大夫，大夫倍上士，上士倍中士，中士倍下士，下士与庶人在官者同禄，禄足以代其耕也。耕者之所获，一夫百亩；百亩之粪，上农夫食九人，上次食八人，中食七人，中次食六人，下食五人。庶人在官者，其禄以是为差。"

万章问曰："敢问友。"

孟子曰："不挟长，不挟贵，不挟兄弟而友。友也者，友其德也，不可以有挟也。孟献子，百乘之家也，有友五人焉：乐正裘，牧仲，其三人则予忘之矣。献子之与此五人者友也，无献子之家者也。此五人者，亦有献子之家，则不与之友矣。非惟百乘之家为然也，虽小国之君亦有之。费惠公曰：'吾于子思，则师之矣；吾于颜般，则友之矣；王顺、长息，则事我者也。'非惟小国之君为然也，虽大国之君亦有之。晋平公之于亥唐也，入云则入，坐云则坐，食云则食。虽疏食菜羹，未尝不饱，盖不敢不饱也。然终于此而已矣。弗与共天位也，弗与治天职也，

倍，卿为大夫的四倍，大夫为上士的一倍，上士为中士的一倍，中士为下士的一倍，下士的俸禄则和在公家当差的老百姓等同，所得的俸禄也足以抵偿他们耕种的收入了。中等国家土地为方七十里，君主的俸禄为卿的十倍，卿禄为大夫的三倍，大夫倍于上士，上士倍于中士，中士倍于下士，下士的俸禄则和在公家当差的老百姓等同，所得俸禄也足以抵偿他们耕种的收入了。小国的土地为方五十里，君主的俸禄为卿的十倍，卿禄为大夫的二倍，大夫倍于上士，上士倍于中士，中士倍于下士，下士的俸禄则和在公家当差的老百姓等同，所得俸禄也足以抵偿他们耕种的收入了。耕种的收入，一夫一妇分田百亩；百亩田地施肥耕种，上等的农夫可以养活九个人，其次的可以养活八个人，中等的可以养活七个人，再次的养活六个人，下等的养活五个人。老百姓在公家当差的，他们的俸禄也比照这样来分等级。"

● 10·3 ————————————————————

万章问道："请问交朋友的原则。"

孟子答道："不倚仗自己年纪大，不倚仗自己地位高，不倚仗自己兄弟的富贵。交朋友，是因其品德而去交结，因此，心目中不能存在任何有所倚仗的观念。孟献子是一位有车马百辆的大夫，他有五位朋友：乐正裘、牧仲，其余三位我忘记了。献子同这五位相交，心目中并不存有自己是大夫的观念。这五位，如果也存有献子是位大夫的观念，就不会同他交友了。不仅有车马百辆的大夫是如此，纵使小国的君主也有朋友。费惠公说：'我对于子思，则以他为老师；对于颜般，则以他为朋友；至于王顺和长息，那不过是替我工作的人罢了。'不仅小国的君主是如此，纵使大国之君也有朋友。晋平公对亥唐，亥唐叫他进去，便进去；叫他坐，便坐；叫他吃饭，便吃饭。纵使是糙米饭小菜汤，也未尝不吃饱，因为不敢不吃饱。然而晋平公也只是做到这一点罢了。不同他一起共有官位，不同他一起治理

弗与食天禄也，士之尊贤者也，非王公之尊贤也。舜尚见帝，帝馆甥于贰室，亦飨舜，迭为宾主，是天子而友匹夫也。用下敬上，谓之贵贵；用上敬下，谓之尊贤。贵贵、尊贤，其义一也。”

◎ 10·4

　　万章问曰：“敢问交际何心也？”孟子曰：“恭也。”曰：“‘却之却之为不恭’，何哉？”曰：“尊者赐之，曰：‘其所取之者，义乎，不义乎？’而后受之，以是为不恭，故弗却也。”曰：“请无以辞却之，以心却之，曰：‘其取诸民之不义也。’而以他辞无受，不可乎？”曰：“其交也以道，其接也以礼，斯孔子受之矣。”万章曰：“今有御人于国门之外者，其交也以道，其馈也以礼，斯可受御与？”曰：“不可。《康诰》曰：‘杀越人于货，闵不畏死，凡民罔不譈（duì）。’是不待教而诛者也。殷受夏，周受殷，所不辞也；于今为烈，如之何其受之？”曰：“今之诸侯取之于民也，犹御也。苟善其礼际矣，斯君子受之，敢问何说也？”曰：“子以为有王者作，将比今之诸侯而诛之乎，其教之不改而后诛之乎？夫谓非其有而取之者盗也，充类至义之尽也。孔子之仕于鲁也，鲁人猎较，孔子亦猎较。猎较犹可，

政事，不同他一起享受俸禄，这只是一般士人尊敬贤者的态度，不是王公尊敬贤者所应有的态度。舜谒见尧时，尧请他这位女婿住在另一处官邸中，也请他吃饭，〔舜有时也做东道，〕互为客人和主人，这是天子这样的高位同老百姓交友的范例。以位卑的人尊敬高贵的人，叫做尊重贵人；以高贵的人尊敬位卑的人，叫做尊敬贤者。尊重贵人和尊敬贤者，道理是相同的。"

● 10·4 ————————————————————

万章问道："请问在交际的时候，应当如何存心？"孟子答道："应当存心恭敬。"万章说："〔俗话说：〕'一再拒绝人家的礼物，这是不恭敬。'为什么呢？"孟子说："尊贵的人有所赐与，自己先想想：'他得到的这些礼物是合理的呢，还是不合理的呢？'想明白以后才接受，这样乃是不恭敬的。因此便不拒绝。"万章说："我说，拒绝他的礼物，不用明白说出，在心里不接受就行，心里说：'这是他取自百姓的不义之财呀！'因而用别的借口来拒受，难道不可以吗？"孟子说："他依规矩同我交往，依礼节同我接触，这样，孔子都会接受礼物的。"万章说："如今有一个在国都郊野拦路抢劫的人，他也依规矩同我交往，依礼节向我馈赠，这种赃物，可以接受吗？"孟子说："不可以。《尚书·康诰》说：'杀死别人，抢夺财物，横强不怕死，这种人，是没有谁不痛恨的。'这不必先去教育，就可以诛杀的。殷商接受了夏朝的这种法律，周朝接受了殷商的这种法律，没有更改；现在杀人越货更为厉害，怎样能够接受呢？"万章说："今天这些诸侯，他们的财物取自民间，也和拦路抢劫差不多。假若把交际的礼节搞好，君子也就接受了，请问这又是什么道理呢？"孟子说："你以为若有圣王兴起，对于今天的诸侯，是一律看待，全部诛杀呢，还是先行教育，如不改悔，然后诛杀？而且不是自己所有，去取得它，把这种行为说成抢劫，这只是提到原则高度的话。孔子在鲁国做官的时候，鲁国人争夺猎物，孔子也争夺猎物。争夺猎物都

而况受其赐乎？"曰："然则孔子之仕也，非事道与？"曰："事道也。""事道奚猎较也？"曰："孔子先簿正祭器，不以四方之食供簿正。"曰："奚不去也？"曰："为之兆也。兆足以行矣，而不行，而后去，是以未尝有所终三年淹也。孔子有见行可之仕，有际可之仕，有公养之仕。于季桓子，见行可之仕也；于卫灵公，际可之仕也；于卫孝公，公养之仕也。"

◎ **10·5**

孟子曰："仕非为贫也，而有时乎为贫；娶妻非为养也，而有时乎为养。为贫者，辞尊居卑，辞富居贫。辞尊居卑，辞富居贫，恶乎宜乎？抱关击柝。孔子尝为委吏矣，曰：'会计当而已矣。'尝为乘田矣，曰：'牛羊茁壮长而已矣。'位卑而言高，罪也；立乎人之本朝而道不行，耻也。"

◎ **10·6**

万章曰："士之不托诸侯，何也？"孟子曰："不敢也。诸侯失国而后托于诸侯，礼也；士之托于诸侯，非礼也。"万章曰："君馈之粟，则受之乎？"曰："受之。""受之何义也？"曰："君之于氓也，固周之。"曰："周之则受，赐之则不受，何

可以，何况接受赐与呢？"万章说："那么，孔子做官，不是为着行道吗？"孟子说："是为着行道。""既为着行道，为什么又来争夺猎物呢？"孟子说："孔子先用文书规定祭祀的器物和祭品，不用别处的食物来供祭祀。〔争夺来的猎物原为着祭祀，既不能用来供祭祀，便没有用处，争夺猎物的风气自然可以逐渐衰灭了。〕"万章说："孔子为什么不辞官而走呢？"孟子说："孔子做官，先得试行一下。试行的结果，他的主张可以行得通，而君主却不肯做下去，这才离开，所以孔子不曾在一个朝廷里停留过整整三年。孔子有的是因可以行道而去做官，有的是因为君主对他礼遇不错而去做官，也有的是因国君养贤而去做官。对于鲁国的季桓子，是因为可以行道而去做官；对于卫灵公，是因为礼遇不错而去做官；对于卫孝公，是因为国君养贤而去做官。"

● 10·5 ———————————

孟子说："做官不是因为贫穷，但有时候也因为贫穷；娶妻子不是为着孝顺父母，但有时候也为着孝顺父母。因为贫穷而做官的，便该拒绝高官，居于卑位；拒绝厚禄，只受薄俸。拒绝高官，居于卑位，拒绝厚禄，只受薄俸，那该居于什么位置才合宜呢？做守门打更的小吏都行。孔子也曾经做过管理仓库的小吏，他说：'出入的数目都对了。'他也曾做过管理牲畜的小吏，他说：'牛羊都壮实长大了。'位置低下，而议论朝廷大事，这是罪过；在君主的朝廷里做官，而自己的正义主张不能实现，这是耻辱。"

● 10·6 ———————————

万章说："士不像寓公那样靠诸侯生活，这是什么道理呢？"孟子说："因不敢如此。诸侯丧失了自己的国家，然后在别国做寓公，这是合乎礼仪的；士做寓公，是不合乎礼仪的。"万章道："君主如果赠给他以谷米，那接受不接受呢？"孟子说："接受。""接受，又是什么道理呢？"答道："君主对于由外国来的人士，本来可以周

也?"曰:"不敢也。"曰:"敢问其不敢何也?"曰:"抱关击柝者皆有常职以食于上。无常职而赐于上者,以为不恭也。"曰:"君馈之,则受之,不识可常继乎?"曰:"缪公之于子思也,亟问,亟馈鼎肉。子思不悦。于卒也,摽(biāo)使者出诸大门之外,北面稽首再拜而不受,曰:'今而后知君之犬马畜伋!'盖自是台无馈也。悦贤不能举,又不能养也,可谓悦贤乎?"曰:"敢问国君欲养君子,如何斯可谓养矣?"曰:"以君命将之,再拜稽首而受。其后廪人继粟,庖人继肉,不以君命将之。子思以为鼎肉使己仆仆尔亟拜也,非养君子之道也。尧之于舜也,使其子九男事之,二女女焉,百官牛羊仓廪备,以养舜于畎亩之中,后举而加诸上位,故曰:王公之尊贤者也。"

◎ 10·7

万章曰:"敢问不见诸侯,何义也?"孟子曰:"在国曰市井之臣,在野曰草莽之臣,皆谓庶人。庶人不传质为臣,不敢见于诸侯,礼也。"万章曰:"庶人,召之役,则往役;君欲见之,召之,则不往见之,何也?"曰:"往役,义也;往见,不义也。且君之欲见之也,何为也哉?"曰:"为其多闻也,为其贤

济他。"问道："周济他，就接受，赐与他，就不接受，又是什么道理呢？"答道："由于不敢接受的缘故。"问道："不敢接受，又是什么道理呢？"答道："守门打更的人都有一定的职务，因而接受上面的给养。没有一定的职务，却接受上面赐与的，这是被认为不恭敬的。"问道："君主给他馈赠，他就接受，不知道可以经常如此吗？"答道："鲁缪公对于子思，就屡次问候，屡次送给他熟肉。子思很不高兴。最后一次，子思便把来人赶出大门，自己朝北面先磕头再作揖，拒绝了，说：'今天才知道君主把我当成犬马一样地畜养。'大概从此以后再不给子思送礼了。喜得贤人，却不能重用，又不能有礼貌地照顾其生活，可以说是喜得贤人吗？"问道："国君对君子给以生活照顾，要怎样才叫做有礼貌的照顾呢？"答道："先称述君主的旨意送给他，他便先作揖后磕头，接受了。然后管理仓廪的人经常送来谷米，掌供膳食的人经常送来肉食，这些都不用称述君主的旨意了〔，接受者也就可以不再作揖磕头了〕。子思认为，为着一块肉便使自己屡次屡次地作揖行礼，这便不是照顾君子生活的方式了。尧对于舜，让自己的九个儿子向舜学习，把自己的两个女儿嫁给他，而且各种官吏和牛羊、仓库无不具备，以使舜在田野之中得着周到的生活照顾，然后提拔他到很高的职位上，所以说，这是王公尊敬贤者的范例。"

● 10·7

万章问道："请问士子不去谒见诸侯，这是什么道理呢？"孟子答道："不曾有过职位的人，如果居住在城市，便叫做市井之臣，如果居住在田野，便叫做草莽之臣，这都叫做老百姓。老百姓不送见面礼而为臣属，不敢去谒见诸侯，这是合于礼仪的。"万章说："老百姓，召唤他去服役，便去服役；君主若要同他会晤，召唤他，却不去谒见，这又为什么呢？"孟子说："去服役，是应该的；去谒见，是不应该的。而且君主想去同他会晤，为的是什么呢？"万章说："为的

也。"曰:"为其多闻也,则天子不召师,而况诸侯乎?为其贤也,则吾未闻欲见贤而召之也。缪公亟见于子思,曰:'古千乘之国以友士,何如?'子思不悦,曰:'古之人有言,曰"事之云乎",岂曰"友之云乎"?'子思之不悦也,岂不曰:'以位,则子君也,我臣也,何敢与君友也?以德,则子事我者也,奚可以与我友?'千乘之君,求与之友而不可得也,而况可召与?齐景公田,招虞人以旌,不至,将杀之。志士不忘在沟壑,勇士不忘丧其元。孔子奚取焉?取非其招不往也。"曰:"敢问招虞人何以?"曰:"以皮冠。庶人以旃(zhān),士以旂(qí),大夫以旌。以大夫之招招虞人,虞人死不敢往;以士之招招庶人,庶人岂敢往哉?况乎以不贤人之招招贤人乎?欲见贤人而不以其道,犹欲其入而闭之门也。夫义,路也;礼,门也。惟君子能由是路,出入是门也。《诗》云:'周道如底,其直如矢。君子所履,小人所视。'"万章曰:"孔子'君命召,不俟驾而行',然则孔子非与?"曰:"孔子当仕有官职,而以其官召之也。"

孟子谓万章曰:"一乡之善士,斯友一乡之善士;一国之善士,斯友一国之善士;天下之善士,斯友天下之善士。以友天下

是他见识广博，为的是他品德高尚。"孟子说："如果为的是见识广博，〔那便应当以他为师。〕天子还不能召唤老师，何况诸侯呢？如果为的是他品德高尚，那我也不曾听说过，想要同贤人相见却随便召唤的。鲁缪公屡次去访晤子思，问道：'古代具有兵车千辆的国君若同士人交友，是怎样的呢？'子思不高兴，说道：'古人的话，是说国君以士人为师吧，难道说是同士人交友吗？'子思之所以不高兴，难道不是这样的意思吗：'论地位，那你是君主，我是臣下，哪敢同你交朋友呢？论道德，那你是向我学习的人，怎样可以同我交朋友呢？'具有兵车千辆的国君要求同他交朋友，都做不到，何况召唤他呢？齐景公田猎，用羽毛装饰的旌旗召唤猎场管理员，他不来，准备杀他。有志之士不怕〔死无葬身之地，〕弃尸山沟，勇敢的人〔见义勇为，〕不怕丧失脑袋。孔子对这一管理员取他哪一点呢？就是取他对不该接受的召唤之礼，硬是不去。"问道："召唤猎场管理员该用什么呢？"答道："用皮帽子。召唤百姓用全幅红绸做的曲柄旗，召唤士用有铃铛的旗，召唤大夫才用羽毛的旗。用召唤大夫的旗帜去召唤猎场管理员，猎场管理员死也不敢去；用召唤士人的旗帜去召唤老百姓，老百姓难道敢去吗？何况用召唤不贤之人的礼节去召唤贤人呢？想同贤人会晤，却不依循规矩礼节，正好像要请他进来却关闭着大门一样。义好比是大路，礼好比是大门。只有君子能从这条大路行走，由这个大门出进。《诗经·小雅·大东》上说：'大路像磨刀石一样平，像箭一样直。这是君子所行走的，小人所效法的。'"万章问道："孔子，听说有国君之命召唤他，不等车马驾好，他自己便先行走去，这样，孔子错了吗？"答道："那是因为孔子在做官，有职务在身，国君是因他担任官职就召唤他。"

● 10·8

孟子对万章说道："一个乡村里的优秀人物便和那一乡村的优秀人物交朋友，全国性的优秀人物便和全国性的优秀人物交朋友，

之善士为未足，又尚论古之人。颂其诗，读其书，不知其人，可乎？是以论其世也。是尚友也。"

◎ 10·9

齐宣王问卿。孟子曰："王何卿之问也？"王曰："卿不同乎？"曰："不同。有贵戚之卿，有异姓之卿。"王曰："请问贵戚之卿。"曰："君有大过则谏；反覆之而不听，则易位。"王勃然变乎色。曰："王勿异也。王问臣，臣不敢不以正对。"王色定，然后请问异姓之卿。曰："君有过则谏；反覆之而不听，则去。"

● 告子章句上

凡二十章。

◎ 11·1

告子曰："性犹杞柳也，义犹桮棬（bēi quān）也；以人性为仁义，犹以杞柳为桮棬。"

孟子曰："子能顺杞柳之性而以为桮棬乎，将戕贼杞柳而后以为桮棬也？如将戕贼杞柳而以为桮棬，则亦将戕贼人以为仁义与？率天下之人而祸仁义者，必子之言夫！"

天下的优秀人物便和天下的优秀人物交朋友。认为和天下的优秀人物交朋友还不够，便又追论古代的人物。吟咏他们的诗歌，研究他们的著作，不了解他的为人，可以吗？〔不可，〕这是因为要讨论他那一个时代。这就是追溯历史与古人交朋友。"

● 10·9 ——————————————————————————

　　齐宣王问关于公卿的事情。孟子说："王所问的是哪一类的公卿？"王说："公卿难道不一样吗？"孟子说："不一样。有王族的公卿，有非王族的公卿。"王说："我请问王族的公卿。"孟子说："君王若有重大错误，他便加劝阻；如果反复劝阻了还不听从，就把他废弃，改立别人。"宣王突然变了脸色。孟子说："王不要奇怪。王问我，我不敢不用老实话答复。"宣王脸色恢复正常了，又请问非王族的公卿。孟子说："君王若有错误，便加劝阻；如果反复劝阻了还不听从，自己就离职。"

● 11·1 ——————————————————————————

　　告子说："人的本性好比杞柳树，义理好比杯盘；以人的本性去行仁义，正好比用杞柳树来制成杯盘一样。"

　　孟子说："您是顺着杞柳树的本性来制成杯盘呢，还是毁伤杞柳树的本性来制成杯盘呢？如果要毁伤杞柳树的本性然后制成杯盘，那也要毁伤人的本性去行仁义吗？率领天下的人来伤害仁义的，一定是您的这种学说吧！"

告子曰："性犹湍水也，决诸东方则东流，决诸西方则西流。人性之无分于善不善也，犹水之无分于东西也。"

孟子曰："水信无分于东西，无分于上下乎？人性之善也，犹水之就下也。人无有不善，水无有不下。今夫水，搏而跃之，可使过颡；激而行之，可使在山。是岂水之性哉？其势则然也。人之可使为不善，其性亦犹是也。"

告子曰："生之谓性。"孟子曰："生之谓性也，犹白之谓白与？"曰："然。""白羽之白也，犹白雪之白；白雪之白，犹白玉之白与？"曰："然。""然则犬之性犹牛之性，牛之性犹人之性与？"

告子曰："食、色，性也。仁，内也，非外也；义，外也，非内也。"孟子曰："何以谓仁内义外也？"曰："彼长而我长之，非有长于我也；犹彼白而我白之，从其白于外也，故谓之外也。"曰："异于白马之白也，无以异于白人之白也；不识长马之长也，无以异于长人之长与？且谓长者义乎，长之者义乎？"曰："吾弟则爱之，秦人之弟则不爱也，是以我为悦者也，故谓之内。长楚人之长，亦长吾之长，是以长为悦者也，故谓之

告子说："人性好比急流水，从东方开个缺口便向东流，从西方开个缺口便向西流。人之所以没有善与不善的定性，正同水之没有东流西流的定向一样。"

孟子说："水诚然没有东流西流的定向，难道也没有向上或向下的定向吗？人性的善良，正好像水的向下流一样。人没有不善良的，水没有不向下流的。当然，拍水使它溅起来，可以高过额角；戽（hù）水使它倒流，可以引上高山。这难道是水的本性吗？形势使它如此。人可以使他做坏事，本性的改变也正像这样。"

告子说："天生的资质叫做性。"孟子说："天生的资质叫做性，就像白色的东西叫做白吗？"答道："正是如此。""白羽毛的白犹如白雪的白，白雪的白犹如白玉的白吗？"答道："正是如此。""那么，狗性犹如牛性，牛性犹如人性吗？"

告子说："饮食男女，这是人的本性。仁是发自内心的东西，不是从外面来的；义是外来的东西，不是发自内心的。"孟子说："为什么说仁是发自内心的东西，义是外来的呢？"告子答道："因为他年纪大，于是我去恭敬他，恭敬之心不是我心中所先有的；正好比外物是白色的，我认它为白的，这是因为外物的白被我加以认识的缘故，所以说义是外来的。"孟子说："白马的白和白人的白也许没有什么不同，但不知对老马的怜悯心和对长者的恭敬心，是不是也没有什么不同呢？而且，您说，所谓义，是在于长者呢，还是在于尊敬长者的人呢？"告子答道："是我的弟弟我便爱他，是秦国人的弟弟便不爱他，这是因我内心的喜爱而这样做的，所以说仁是发自内心的。尊敬楚国的长者，也尊敬自己的长者，这是因为对方年长出于敬爱而这样做的，所以说义是外来的东西。"孟子说："喜欢吃秦国人

外也。"曰："耆秦人之炙，无以异于耆吾炙，夫物则亦有然者也，然则耆炙亦有外与？"

孟季子问公都子曰："何以谓义内也？"曰："行吾敬，故谓之内也。""乡人长于伯兄一岁，则谁敬？"曰："敬兄。""酌则谁先？"曰："先酌乡人。""所敬在此，所长在彼，果在外，非由内也。"公都子不能答，以告孟子。孟子曰："'敬叔父乎，敬弟乎？'彼将曰：'敬叔父。'曰：'弟为尸，则谁敬？'彼将曰：'敬弟。'子曰：'恶在其敬叔父也？'彼将曰：'在位故也。'子亦曰：'在位故也。庸敬在兄，斯须之敬在乡人。'"季子闻之，曰："敬叔父则敬，敬弟则敬，果在外，非由内也。"公都子曰："冬日则饮汤，夏日则饮水，然则饮食亦在外也？"

公都子曰："告子曰：'性无善无不善也。'或曰：'性可以为善，可以为不善；是故文、武兴则民好善，幽、厉兴则民好暴。'或曰：'有性善，有性不善；是故以尧为君而有象，以瞽瞍为父而有舜，以纣为兄之子且以为君，而有微子启、王子比干。'今曰'性善'，然则彼皆非与？"

的烤肉，和喜欢吃自己的烤肉没有什么不同，各种事物也有这样的情形，那么，难道喜欢吃烤肉的心也是外来的吗？〔那不和您说的饮食是人的本性的论点相矛盾吗？〕"

● 11·5 ————————————————————

孟季子问公都子："为什么说义是内在的东西呢？"公都子答道："恭敬出自我的内心，所以说是内在的东西。""有个本乡人比大哥大一岁，那你恭敬谁？"答道："恭敬哥哥。""如果在一块儿饮酒，先给谁斟酒？"答道："先给本乡长者斟酒。""你心里恭敬的是大哥，却向本乡长者敬酒，可见义毕竟是外来的，不是从内心发出的。"公都子不能对答，便来告诉孟子。孟子说："〔你可以说：〕'是恭敬叔父呢，还是恭敬弟弟呢？'他会说：'恭敬叔父。'你又说：'弟弟若做了受祭的代理人，那又恭敬谁呢？'他会说：'恭敬弟弟。'你便说：'那为什么说恭敬叔父呢？'他会说：'这是因为弟弟是在受恭敬之位的缘故。'那你也就说：'那也是因为本乡长者是在首先斟酒的客位。平常的恭敬是在哥哥，暂时的恭敬则是在本地长者。'"季子听了这话，又说："对叔父是恭敬，对弟弟也是恭敬，毕竟义是外来的，不是由内心发出的。"公都子说："冬天喝热水，夏天喝凉水，那么，难道饮食〔便不是由于人的本性，〕也是外在的吗？"

● 11·6 ————————————————————

公都子说："告子说：'人的本性没有什么善良不善良。'也有人说：'本性可以使人善良，也可以使人不善良；所以周文王、武王掌朝，百姓便喜好善良；周幽王、厉王掌朝，百姓便喜好横暴。'也有人说：'有些人本性善良，有些人本性不善良；所以有尧这样的圣人为君主，却有象这样不好的百姓；有瞽瞍这样的坏父亲，却有舜这样的好儿子；有纣这样的恶侄儿，而且为君王，却有微子启、王子比干这样的仁人。'如今老师说人的本性善良，那么，他们都错了吗？"

孟子曰："乃若其情，则可以为善矣，乃所谓善也。若夫为不善，非才之罪也。恻隐之心，人皆有之；羞恶之心，人皆有之；恭敬之心，人皆有之；是非之心，人皆有之。恻隐之心，仁也；羞恶之心，义也；恭敬之心，礼也；是非之心，智也。仁、义、礼、智，非由外铄我也，我固有之也，弗思耳矣。故曰：求则得之，舍则失之。或相倍蓰而无算者，不能尽其才者也。《诗》曰：'天生蒸民，有物有则。民之秉夷，好是懿德。'孔子曰：'为此诗者，其知道乎！故有物必有则；民之秉夷也，故好是懿德。'"

孟子曰："富岁，子弟多赖；凶岁，子弟多暴。非天之降才尔殊也，其所以陷溺其心者然也。今夫莽（móu）麦，播种而耰（yōu）之，其地同，树之时又同，浡（bó）然而生，至于日至之时，皆熟矣。虽有不同，则地有肥硗（qiāo）、雨露之养、人事之不齐也。故凡同类者，举相似也，何独至于人而疑之？圣人与我同类者。故龙子曰：'不知足而为屦，我知其不为蒉也。'屦之相似，天下之足同也。口之于味，有同耆也；易牙先得我口之所耆者也。如使口之于味也，其性与人殊，若犬马之与我不同类也，则天下何耆皆从易牙之于味也？至于味，天下期于易牙，是天下之口相似也。惟耳亦然。至于声，天下期于师旷，是天下之耳相似也。惟目亦然。至于子都，天下莫不知其姣也。不知

孟子说:"从天生的资质看,可以使人善良,这便是我所谓的人性善良。至于有些人不善良,不能归罪于他的资质。同情之心,每个人都有;羞耻之心,每个人都有;恭敬之心,每个人都有;是非之心,每个人都有。同情心属于仁,羞耻心属于义,恭敬心属于礼,是非心属于智。这仁义礼智,不是由外人给与我的,是我本来就有的,不过不曾探索它罢了。所以说,只要去追求,便会得到;一经放弃,便会失掉。人与人之间,有相差一倍、五倍甚至无数倍的,这是未能充分发挥他们的才干的缘故。《诗经·大雅·烝民》中说:'天生育无数人民,每一样事物都有它的规律。百姓掌握了那些不变的规律,便喜爱优良的品德。'孔子说:'这篇诗的作者真懂得道理呀!有事物,便有它的规律;百姓掌握了这些不变的规律,所以喜爱优良的品德。'"

● 11·7 ————

孟子说:"丰收年成,少年子弟多半怠惰;灾荒年成,少年子弟多半强暴。不是天生的资质是这样不同,而是由于环境使他们心情变坏的缘故。以大麦作比喻罢,播了种,耰了地,如果土地一样,种植的时候一样,便会蓬勃地生长起来,一到夏至便都成熟了。纵然有所不同,那是由于地土的肥瘠、雨露的多少、人力的勤惰不同的缘故。所以一切同类之物,无不大体相同,为什么一讲到人类便产生怀疑了呢?圣人也是我们的同类。龙子曾经说过:'不看清脚样去编草鞋,我准知道不会编成筐子。'草鞋的相似,是因为各人的脚大体相同。口对于味道,有相同的爱好;易牙(齐桓公宠臣,善烹调)早就摸准了这一爱好。假使口对于味道,人人不同,而且像狗马和我们人类本质上有不同一样,那么,凭什么天下的人都追随易牙的口味呢?一讲到口味,天下都期望做到易牙那样,这说明了天下人的味觉大体相同。耳朵也如是。一讲到声音,天下都期望做到师旷那样,这就说明了天下人的听觉大体相同。眼睛也如此。一讲到子都(古之美貌者),天

子都之姣者，无目者也。故曰：口之于味也，有同耆焉；耳之于声也，有同听焉；目之于色也，有同美焉。至于心，独无所同然乎？心之所同然者何也？谓理也，义也。圣人先得我心之所同然耳。故理、义之悦我心，犹刍豢之悦我口。”

孟子曰：“牛山之木尝美矣，以其郊于大国也，斧斤伐之，可以为美乎？是其日夜之所息，雨露之所润，非无萌蘖之生焉，牛羊又从而牧之，是以若彼濯濯也。人见其濯濯也，以为未尝有材焉，此岂山之性也哉？虽存乎人者，岂无仁义之心哉？其所以放其良心者，亦犹斧斤之于木也，旦旦而伐之，可以为美乎？其日夜之所息，平旦之气，其好恶与人相近也者几希，则其旦昼之所为，有梏亡之矣。梏之反复，则其夜气不足以存；夜气不足以存，则其违禽兽不远矣。人见其禽兽也，而以为未尝有才焉者，是岂人之情也哉？故苟得其养，无物不长；苟失其养，无物不消。孔子曰：‘操则存，舍则亡；出入无时，莫知其乡。’惟心之谓与！”

孟子曰：“无或乎王之不智也。虽有天下易生之物也，一日暴之，十日寒之，未有能生者也。吾见亦罕矣，吾退而寒之者至

下没有人不知道他美丽。不认为子都美丽的，那是没有眼睛的人。所以说，口对于味道，有相同的爱好；耳对于声音，有相同的听觉；眼睛对于颜色，有相同的美感。谈到心，就独独没有相同之处吗？心的相同之处是什么呢？是理，是义。圣人早就懂得了我们内心相同的理义。所以理、义使我内心高兴，正和猪狗牛羊肉合乎我的口味一般。”

● 11·8

孟子说：“牛山的树木曾经是很茂盛的，因为它长在大都市的郊外，若老用斧子去砍伐，还能够茂盛吗？当然，它日日夜夜在生长着，雨露在润泽着，不是没有新枝嫩芽生长出来，但紧接着就放羊牧牛，所以变成那样光秃秃的了。大家看见那光秃秃的样子，真以为这山不曾有过大的树木，这难道是山的本性吗？在某些人本身，难道没有仁义之心吗？他之所以丧失他的善良之心，也正像斧子之对于树木一般，每天每天地去砍伐，能够茂盛吗？他在日里夜里发出来的善心，在天刚亮时所接触到的清明之气，这些在他心里激发出来的好恶，跟一般人也是有一点点相近的，可一到第二天白昼，其所作所为又把它泯灭了。反复地泯灭，那么，他夜有所思的善念自然不能存在；夜有所思的善念不能存在，便和禽兽相距不远了。别人看到他简直是禽兽，因而以为他不曾有过善良的资质，这难道也是某些人的本性吗？所以假若得到培养，没有东西不能生长；失掉培养，便没有东西不会消亡。孔子说过：‘握住它，就存在，放弃它，就亡失；出出进进没有一定的时候，也不知道何去何从。’这是指人心而言的罢！”

● 11·9

孟子说：“王不聪明，不足奇怪。纵使有一种最容易生长的植物，晒它一天，冷它十天，是没有能够再长的。我和王相见的次数也太少了，我退居在家，对他冷淡得也到极点了，他虽萌发有善良之

矣，吾如有萌焉何哉？今夫弈之为数，小数也；不专心致志，则不得也。弈秋，通国之善弈者也。使弈秋诲二人弈，其一人专心致志，惟弈秋之为听；一人虽听之，一心以为有鸿鹄将至，思援弓缴（zhuó）而射之。虽与之俱学，弗若之矣。为是其智弗若与？曰：非然也。"

孟子曰："鱼我所欲也，熊掌亦我所欲也；二者不可得兼，舍鱼而取熊掌者也。生亦我所欲也，义亦我所欲也；二者不可得兼，舍生而取义者也。生亦我所欲，所欲有甚于生者，故不为苟得也；死亦我所恶，所恶有甚于死者，故患有所不辟也。如使人之所欲莫甚于生，则凡可以得生者，何不用也？使人之所恶莫甚于死者，则凡可以辟患者，何不为也？由是则生而有不用也，由是则可以辟患而有不为也。是故所欲有甚于生者，所恶有甚于死者。非独贤者有是心也，人皆有之，贤者能勿丧耳。一箪食，一豆羹，得之则生，弗得则死，呼尔而与之，行道之人弗受；蹴尔而与之，乞人不屑也。万钟则不辩礼义而受之。万钟于我何加焉？为宫室之美、妻妾之奉、所识穷乏者得我与？乡为身死而不受，今为宫室之美为之；乡为身死而不受，今为妻妾之奉为之；乡为身死而不受，今为所识穷乏者得我而为之。是亦不可以已乎？此之谓失其本心。"

心，我对它能有什么帮助呢？拿下棋的技艺来说，只是雕虫小技，如果不一心一意，那就学不好。弈秋是全国最会下棋的人。假使让他教授两个人下棋，一个人专心专意，只听弈秋的话；另一个虽然听着，心里却以为，有只天鹅快要飞来，想拿起弓箭去射它。这样，纵使和那人一道学习，他的成绩一定不如人家。这是因为他的聪明不如人家吗？不是这样〔，而是他专心专意不如人家〕。"

● 11·10 ————————————————————————

孟子说："鱼是我所喜欢的，熊掌也是我所喜欢的；如果两者不能都有，便牺牲鱼，而要熊掌。生命是我所喜欢的，道义也是我所喜欢的；如果两者不能都有，便牺牲生命，而要道义。生命本是我所喜欢的，但是我还有比生命更为喜欢的，所以我不干苟且偷生的事；死亡本是我所厌恶的，但是我还有比死亡更为厌恶的，所以有的祸害我不躲避。如果人们所喜欢的没有超过生命，那么，一切可以求生的方法，哪有不使用的呢？如果人们所厌恶的没有超过死亡，那么，一切可以避免祸害的事情，哪有不干的呢？〔然而，有些人〕由此便可以得到生存，却不去做；由此便可以避免祸害，却不去干。所以说，有比生命更值得喜欢的东西，也有比死亡更令人厌恶的东西。这种思想不仅仅贤德的人有，人人都有，不过贤德的人能够保持它罢了。一筐饭，一碗汤，得着便能活下去，得不着便饿死，如果是呼喝着给与他，就是饥饿的过路人都不会接受；脚踏过再给与他，就是乞丐也不屑于要。〔然而竟有人对〕万钟的俸禄不问是否合于礼义，欣然接受了。万钟的俸禄对我有什么好处呢？为着住宅的华丽、妻妾的侍奉、我所认识的贫苦人感激自己吗？过去宁死而不接受的，今天却为了住宅的华丽而接受了；过去宁死而不接受的，今天却为了妻妾的侍奉而接受了；过去宁死而不接受的，今天却为了我所认识的贫苦人感激自己而接受了。这些难道不是可以罢手的么？这便叫做人丧失了他的本性。"

孟子曰："仁，人心也；义，人路也。舍其路而弗由，放其心而不知求，哀哉！人有鸡犬放，则知求之；有放心而不知求。学问之道无他，求其放心而已矣。"

孟子曰："今有无名之指屈而不信，非疾痛害事也；如有能信之者，则不远秦、楚之路，为指之不若人也。指不若人，则知恶之；心不若人，则不知恶：此之谓不知类也。"

孟子曰："拱把之桐、梓，人苟欲生之，皆知所以养之者。至于身，而不知所以养之者，岂爱身不若桐、梓哉？弗思甚也！"

孟子曰："人之于身也，兼所爱。兼所爱，则兼所养也。无尺寸之肤不爱焉，则无尺寸之肤不养也。所以考其善不善者，岂有他哉？于己取之而已矣。体有贵贱，有小大。无以小害大，无以贱害贵。养其小者为小人，养其大者为大人。今有场师，舍其梧、槚（jiǎ），养其樲（èr）棘，则为贱场师焉。养其一指，而失其肩背而不知也，则为狼疾人也。饮食之人，则人贱之矣，为其养小以失大也。饮食之人无有失也，则口腹岂适为尺寸之肤哉？"

● 11·11

　　孟子说:"仁是人的良心,义是人的正路。放弃了正路而不走,丧失了善良之心而不晓得去找,真可悲呀! 一个人,当有鸡和狗走失了,便晓得去寻找;当有善良之心丧失了,却不晓得去寻求。研究学问之途径没别的,就是把那丧失了的善良之心找回来罢了。"

● 11·12

　　孟子说:"现在有的人,他的无名指弯曲了而不能伸直,虽然不痛苦,也不妨碍工作;如果有人能够使它伸直,就是去秦国、楚国〔求医〕都不嫌远,因为无名指不及别人。无名指不及别人,就知道厌恶;良心不及别人,竟不知道厌恶:这叫做不懂得轻重。"

● 11·13

　　孟子说:"两手合围和一手握着那样粗细的桐树梓树,假若要使它生长起来,都晓得如何去培养。至于自身,却不晓得如何去培养,难道爱自己还不及爱桐树梓树吗? 真是太不动脑筋了。"

● 11·14

　　孟子说:"人对于身体,不论哪一部分都爱护。都爱护便都保养。没有一尺一寸的肌肤不爱护,便没有一尺一寸的肌肤不保养。考察他护养得好不好,难道有别的方法吗? 只是看他所注重的是身体的哪部分罢了。身体有重要部分,也有次要部分;有小的部分,也有大的部分。不要因为小的部分去损害大的部分,不要因为次要部分去损害重要部分。保养小的部分的就是小人,保养大的部分的便是君子。假若有一位园艺家,放弃培养梧桐梓树,却去培养酸枣荆棘,那就是位很差的园艺家。如果有人只保养他的一个手指,却丧失了肩膀背脊,自己还不明白,那便是糊涂透顶的人。光是讲究吃喝〔而不顾思想道德〕的人,人家都轻视他,因为他保养了小的,丧失大的。如果讲究吃喝的人不影响思想道德的培养,那么,吃喝的目的难道仅仅为着饱口腹那小部分吗?"

公都子问曰："钧是人也，或为大人，或为小人，何也？"孟子曰："从其大体，为大人；从其小体，为小人。"曰："钧是人也，或从其大体，或从其小体，何也？"曰："耳目之官不思，而蔽于物。物交物，则引之而已矣。心之官则思，思则得之，不思则不得也。此天之所与我者。先立乎其大者，则其小者弗能夺也。此为大人而已矣。"

孟子曰："有天爵者，有人爵者。仁、义、忠、信，乐善不倦，此天爵也；公卿大夫，此人爵也。古之人修其天爵，而人爵从之。今之人修其天爵，以要人爵；既得人爵，而弃其天爵，则惑之甚者也，终亦必亡而已矣。"

孟子曰："欲贵者，人之同心也。人人有贵于己者，弗思耳矣。人之所贵者，非良贵也。赵孟之所贵，赵孟能贱之。《诗》云：'既醉以酒，既饱以德。'言饱乎仁义也，所以不愿人之膏粱之味也；令闻广誉施于身，所以不愿人之文绣也。"

● 11·15

公都子问道："同样是人，有的是君子，有的是小人，什么缘故呢？"孟子答道："心从礼义，顾此大体的人，是君子；只求耳目之娱，顾眼前小利的人，是小人。"问道："同样是人，有的心从礼义顾大体，有的只求耳目之娱顾眼前小利，又是什么缘故呢？"答道："譬如耳目这类器官不会思考，所以常为外物所蒙蔽。〔因此，耳目不过是局部小体罢了。〕一与外物相接触，便常被外物引向迷途了。心这个器官是用来思考的，〔人的善性，〕一思考便得着，不思考便得不着。心这个器官，是上天特意给我们人类的。因此，这是关系大体和大局的器官，先把它树立起来，那么，耳目等局部的器官便不能把人的善性夺去了。这样便成为君子了。"

● 11·16

孟子说："有自然尊贵的爵位，有社会的爵位。仁义忠信，不倦地乐于行善，这是自然尊贵的爵位；公卿大夫，这是社会的爵位。古代的人修养他自然尊贵的爵位，于是社会爵位随着来了。现在的人修养他自然尊贵的爵位，为的是追求社会爵位；已经得到了社会爵位，便放弃他自然尊贵的爵位，那就太糊涂了，结果连社会爵位也必定会丧失。"

● 11·17

孟子说："希望尊贵，这是人们共同的心理。但每人都有自己可尊贵的东西，只是没有去想罢了。别人所给与的尊贵，并不是真正值得尊贵的。赵孟（晋国正卿赵盾，字孟）所尊贵的，赵孟同样可以使他下贱。《诗经·大雅·既醉》上说：'酒已经醉了，德已经饱足了。'说的是仁义之德很富足了，因此也就不羡慕别人肥肉白米的美味了；到处皆知的好名声加在我身上，因此也就不羡慕别人的绣花美服了。"

孟子曰："仁之胜不仁也，犹水胜火。今之为仁者，犹以一杯水救一车薪之火也；不熄，则谓之水不胜火，此又与于不仁之甚者也，亦终必亡而已矣。"

孟子曰："五谷者，种之美者也；苟为不熟，不如荑（tí）稗。夫仁，亦在乎熟之而已矣。"

孟子曰："羿之教人射，必志于彀；学者亦必志于彀（gòu）。大匠诲人，必以规矩；学者亦必以规矩。"

● 告子章句下

凡十六章。

任人有问屋庐子曰："礼与食孰重？"曰："礼重。""色与礼孰重？"曰："礼重。"曰："以礼食，则饥而死；不以礼食，则得食——必以礼乎？亲迎，则不得妻；不亲迎，则得妻——必亲迎乎？"屋庐子不能对，明日之邹，以告孟子。孟子曰："於

● 11·18

孟子说："仁胜过不仁,正像水可以扑灭火一样。如今行仁道的人,好像用一杯水来救一车木柴的火,火不熄灭,便说水不能扑灭火,这些人又大大助长了很不仁道的人的气焰,结果连他们已行的这点点仁德都会消失。"

● 11·19

孟子说："五谷是庄稼中的好品种,假若不能成熟,反而不及稊米和稗子。仁德,也不过在于使它成熟罢了。"

● 11·20

孟子说："羿教人射箭,一定拉满弓;学射的人也一定要努力拉满弓。有名的木匠教人技艺,一定依循规矩;学艺的人也一定要依循规矩。"

● 12·1

有一位任国人问屋庐子(孟子弟子),道:"礼节和饮食哪样重要?"屋庐子答道:"礼节重要。""娶妻和礼节哪样重要?"答道:"礼节重要。"那位任国人问道:"如果按着礼节去找吃的,便会饿死;不按着礼节去找吃的,便能得到吃的——那一定要按着礼节行事吗?如果按照亲迎礼,便得不到妻子;如果不行亲迎礼,便会得着妻子——那一定要行亲迎礼吗?"屋庐子不能对答,第二天便去邹国,把这话告诉孟子。孟子说:"答复这些话有什么困

答是也何有？不揣其本而齐其末，方寸之木可使高于岑楼。金重于羽者，岂谓一钩金与一舆羽之谓哉？取食之重者与礼之轻者而比之，奚翅食重？取色之重者与礼之轻者而比之，奚翅色重？往应之曰：'紾兄之臂而夺之食，则得食；不紾则不得食——则将紾之乎？逾东家墙而搂其处子，则得妻；不搂则不得妻——则将搂之乎？'"

◎ 12·2

曹交问曰："'人皆可以为尧、舜'，有诸？"孟子曰："然。""交闻文王十尺，汤九尺，今交九尺四寸以长，食粟而已，如何则可？"曰："奚有于是？亦为之而已矣。有人于此，力不能胜一匹雏，则为无力人矣；今曰举百钧，则为有力人矣。然则举乌获之任，是亦为乌获而已矣。夫人岂以不胜为患哉？弗为耳。徐行后长者谓之弟，疾行先长者谓之不弟。夫徐行者，岂人所不能哉？所不为也。尧、舜之道，孝弟而已矣。子服尧之服，诵尧之言，行尧之行，是尧而已矣。子服桀之服，诵桀之言，行桀之行，是桀而已矣。"曰："交得见于邹君，可以假馆，愿留而受业于门。"曰："夫道，若大路然，岂难知哉？人病不求耳。子归而求之，有余师。"

◎ 12·3

公孙丑问曰："高子曰'《小弁》，小人之诗也'。"孟子曰：

难呢？如果不揣度基地的高低是否一致，而只比较其顶端，那一寸厚的木块，〔若放在高处，〕可以使它高过尖角高楼。我们说，金子比羽毛重，难道是说三钱多重的金子重过一大车羽毛吗？拿饮食的重要方面和礼节的轻微细节相比，何止是饮食重要呢？拿婚姻的重要方面和礼节的轻微细节相比，何止是娶妻重要呢？你这样去答复他吧：'扭转哥哥的胳膊，抢夺他的食物，便得到吃的；不扭便得不着吃的——那你会去扭吗？爬过东邻的墙去搂抱女子，便得到妻室；不去搂抱，便得不着妻室——那你会去搂抱吗？'"

● 12·2 ——————————————————————

曹交问道："人人都可以成为尧舜，有这个说法吗？"孟子答道："有的。"曹交问："我听说文王身高一丈，汤身高九尺，如今我有九尺四寸多高，却只会吃饭罢了，要怎样才可以成为尧舜呢？"孟子说："这有什么关系呢？只要去做就行了。要是有人，自以为连一只小鸡都提不起来，便是毫无力气的人了；而今说能够举重三千斤，便是很有力气的人了。那么，能举得起乌获（古之大力士）所举重量的，也就是乌获了。人难道担心有什么不能胜任的吗？只是不去做罢了。慢慢地走在长者之后，便叫悌；很快地走在长者之前，便叫不悌。慢慢地走，难道是人所不能做到的吗？只是不那样做罢了。尧舜之道，也不过就是孝和悌而已。你穿尧的衣服，说尧的话，行尧的所作所为，便是尧了。你穿桀的衣服，说桀的话，行桀的所作所为，便是桀了。"曹交说："我准备去谒见邹君，向他借个住的地方，情愿留在您门下学习。"孟子说："道就像大路一样，怎么难于了解呢？只怕人不去寻求罢了。你回去自己寻求吧，老师多得很呢。"

● 12·3 ——————————————————————

公孙丑问道："高子说：《小弁》（见《诗经·小雅》，是一首被父亲驱逐的人抒发哀怨的诗）是小人所作的诗，对吗？"孟子说："为什么这么

"何以言之？"曰："怨。"曰："固哉，高叟之为诗也！有人于此，越人关弓而射之，则己谈笑而道之；无他，疏之也。其兄关弓而射之，则己垂涕泣而道之；无他，戚之也。《小弁》之怨，亲亲也。亲亲，仁也。固矣夫，高叟之为诗也！"曰："《凯风》何以不怨？"曰："《凯风》，亲之过小者也；《小弁》，亲之过大者也。亲之过大而不怨，是愈疏也；亲之过小而怨，是不可矶也。愈疏，不孝也；不可矶，亦不孝也。孔子曰：'舜其至孝矣，五十而慕。'"

◎ **12·4**

宋牼（kēng）将之楚。孟子遇于石丘，曰："先生将何之？"曰："吾闻秦、楚构兵，我将见楚王说而罢之；楚王不悦，我将见秦王说而罢之。二王我将有所遇焉。"曰："轲也请无问其详，愿闻其指。说之将何如？"曰："我将言其不利也。"曰："先生之志则大矣，先生之号则不可。先生以利说秦、楚之王，秦、楚之王悦于利，以罢三军之师，是三军之士乐罢而悦于利也。为人臣者，怀利以事其君；为人子者，怀利以事其父；为人弟者，怀利以事其兄：是君臣、父子、兄弟终去仁义，怀利以相接，然而不亡者，未之有也。先生以仁义说秦、楚之王，秦、楚之王悦于仁义而罢三军之师，是三军之士乐罢而悦于仁义

说呢？"答道："因为这诗有怨恨之情。"孟子说："高老先生讲诗真是太机械了！这里有个人，若是越国人张开弓去射他，他可以有说有笑地讲述这事；这没有别的原因，因为越国人和他关系疏远。若是他哥哥张开弓去射他，那他会哭哭啼啼地讲述这事；这没有别的原因，因为哥哥是亲人。《小弁》的怨恨，正是热爱亲人的缘故。热爱亲人，是合乎仁道的。高老先生讲诗实在是太机械了！"公孙丑说："《凯风》（见《诗经·邶风》，是一首儿子颂母自责的诗）这篇诗为什么没有怨恨之情呢？"答道："《凯风》这篇诗中，是由于母亲的过错小；《小弁》这篇诗中，却是由于父亲的过错大。父母的过错大，却不抱怨，是更疏远父母的表现；父母的过错小，却去抱怨，是反而激怒自己。更疏远父母是不孝，反而使自己激怒也是不孝。孔子说：'舜是最孝顺的人吧，五十岁还依恋父母。'"

● 12·4 ─────────────────────────

　　宋牼将要到楚国去，孟子在石丘地方碰到了他，孟子问道："先生准备往哪里去？"宋牼答道："我听说秦、楚两国交兵，我们打算去谒见楚王，向他进言，劝他罢兵；如果楚王不听，我又打算去谒见秦王，向他进言，劝他罢兵。在两个国王中，我总会有受到赏识的机遇的。"孟子说："我不想问得太详细，只想知道你的大意。你将怎样去进言呢？"答道："我打算说，交兵是不利的。"孟子说："先生的志向是很好的了，可是先生的提法却不妥。先生用利来向秦王、楚王进言，秦王、楚王因为有利而高兴，于是停止军事行动，这就将使军队的官兵乐于罢兵，因之喜欢利。做臣属的怀着利的观念来服事君主，做儿子的怀着利的观念来服事父亲，做弟弟的怀着利的观念来服事哥哥，这就会使君臣、父子、兄弟之间完全去掉了仁义，怀着利的观念来互相接待，这样，国家不灭亡，是没有的事。若是先生用仁义的道理向秦王、楚王进言，秦王、楚王因仁义而高兴，于是停止军事行动，这就会使军队的官兵乐于罢兵，因之喜欢仁义。做臣属

也。为人臣者，怀仁义以事其君；为人子者，怀仁义以事其父；为人弟者，怀仁义以事其兄：是君臣、父子、兄弟去利，怀仁义以相接也，然而不王者，未之有也。何必曰利？"

◎ 12·5

孟子居邹，季任为任处守，以币交，受之而不报。处于平陆，储子为相，以币交，受之而不报。他日，由邹之任，见季子；由平陆之齐，不见储子。屋庐子喜曰："连得间矣。"问曰："夫子之任见季子，之齐不见储子，为其为相与？"曰："非也。《书》曰：'享多仪，仪不及物，曰不享，惟不役志于享。'为其不成享也。"屋庐子悦。或问之，屋庐子曰："季子不得之邹，储子得之平陆。"

◎ 12·6

淳于髡曰："先名实者，为人也；后名实者，自为也。夫子在三卿之中，名实未加于上下而去之，仁者固如此乎？"孟子曰："居下位，不以贤事不肖者，伯夷也；五就汤，五就桀者，伊尹也；不恶污君，不辞小官者，柳下惠也。三子者不同道，其趋一也。一者何也？曰：仁也。君子亦仁而已矣，何必同？"曰："鲁缪公之时，公仪子为政，子柳、子思为臣，鲁之削也滋甚；若是

的怀着仁义来服事君主，做儿子的怀着仁义来服事父亲，做弟弟的怀着仁义来服事哥哥，这就会使君臣、父子、兄弟之间都去掉利的观念，而怀着仁义来互相接待，这样，国家不以德政统一天下，也是没有的事。为什么一定要说到利呢？"

● 12·5

当孟子住在邹国的时候，季任（任国君主之弟）留守任国，代理国政，送礼物来想和孟子交友，孟子接受了礼物，并不回报。当孟子住在平陆的时候，储子做齐国的卿相，也送礼物来想和孟子交友，孟子接受了，又不回报。过一段时间，孟子从邹国到任国，拜访了季子；从平陆到齐都，却不去拜访储子。屋庐子高兴地说："我找到老师的岔子了。"他便问孟子道："老师到任国，拜访季子，到齐都，不拜访储子，是因为储子只是卿相吗？"孟子答道："不是。《尚书》上说过：'享献之礼可贵的是礼仪，如果礼仪不够，礼物虽多，只能叫做没有享献，因为享献的人心意没有用在这上面。'这是因为他没有完成享献的缘故。"屋庐子高兴得很。有人问他，他说："季子不能够亲身去邹国，储子却能够亲身去平陆〔，他为什么只送礼而不自己去呢〕。"

● 12·6

淳于髡说："重视名誉功业，是为着济世救人；轻视名誉功业，是为着独善其身。您为齐国三卿之一，对于上辅君王、下济臣民的名誉和功业都没有建立，您就离开，仁德的人本来是这样的吗？"孟子说："处在卑贱的职位，不用自己贤人的身份去服事不贤德的人，这是伯夷；五次去汤那里，又五次去桀那里，这是伊尹；不讨厌恶浊的君主，不拒绝微贱的职位，这是柳下惠。三个人的行为不同，但总方向是一致的。这一致的是什么呢？应该说，就是仁德。君子只要仁德就行了，为什么一定要相同呢？"淳于髡说："当鲁缪公的时候，博士公仪休主持国政，泄柳和子思也都为臣立于朝廷，鲁国的削弱却

乎，贤者之无益于国也！"曰："虞不用百里奚而亡，秦穆公用之而霸。不用贤则亡，削何可得与？"曰："昔者王豹处于淇，而河西善讴；绵驹处于高唐，而齐右善歌；华周、杞梁之妻善哭其夫，而变国俗。有诸内必形诸外。为其事而无其功者，髡未尝睹之也。是故无贤者也，有则髡必识之。"曰："孔子为鲁司寇，不用；从而祭，燔肉不至，不税冕而行。不知者以为为肉也，其知者以为为无礼也。乃孔子则欲以微罪行，不欲为苟去。君子之所为，众人固不识也。"

孟子曰："五霸者，三王之罪人也；今之诸侯，五霸之罪人也；今之大夫，今之诸侯之罪人也。天子适诸侯曰巡狩，诸侯朝于天子曰述职。春省耕而补不足，秋省敛而助不给。入其疆，土地辟，田野治，养老尊贤，俊杰在位，则有庆；庆以地。入其疆，土地荒芜，遗老失贤，掊克在位，则有让。一不朝则贬其爵，再不朝则削其地，三不朝则六师移之。是故天子讨而不伐，诸侯伐而不讨。五霸者，搂诸侯以伐诸侯者也，故曰：五霸者，三王之罪人也。五霸，桓公为盛。葵丘之会诸侯，束牲载书

更厉害，贤人对国家毫无好处，竟是这样的呀！"孟子说："虞国不用百里奚，因而灭亡；秦穆公用了百里奚，因而称霸。不用贤人就会遭致灭亡，即使勉强图存，也是办不到的。"淳于髡说："从前王豹住在淇水旁边，河西的人都会唱歌；绵驹住在高唐，齐国西部地方的人都会唱歌；华周、杞梁的妻子痛哭她们的丈夫，因而改变了国家的风尚。心里存有什么，一定表现在外。如果从事某种工作，却见不到功绩，我不曾见过这样的事。所以，今天是没有贤人；如果有贤人，我一定会知道他。"孟子说："孔子做鲁国的司寇官，不被信任，跟随着去祭祀，祭肉也不见送来，于是他匆忙地离开。不知道孔子的人以为他是为争祭肉而去的，知道孔子的人以为他是为鲁国失礼而去的。至于孔子，却是想要自己背一点小罪名而走，不想随便离开。君子的作为，一般人本来是不知道的。"

● 12·7 ————————————————————————————

孟子说："五霸，对禹、汤、文武三王说来，是有罪的人；现在的诸侯，对五霸说来，也是有罪的人；现在的大夫，对现在的诸侯说来，又是有罪之人。天子巡行诸侯的国家叫做巡狩，诸侯朝见天子叫做述职。〔天子的巡狩，〕春天考察耕种的情况，帮助不足的人；秋天考察收获的情况，接济不够的人。一进到某国的疆界，如果土地已经开辟，田里农活也搞得很好，老人被赡养，贤者被尊重，杰出的人才掌握大权，那么就有赏赐；赏赐以土地。如果一进到某国的疆界，土地荒废，老人被遗弃，贤者不被任用，搜刮钱财的人掌握大权，那么就有责罚。〔诸侯的述职，〕一次不来朝拜，就降低爵位；两次不来朝拜，就削减土地；三次不来朝拜，就把军队开去。所以天子用武力是'讨'，不是'伐'；诸侯则是'伐'，不是'讨'。五霸呢，是挟持一部分诸侯来攻伐另一部分诸侯，所以我说，五霸对三王说来，是有罪的人。五霸中，齐桓公最了不得。在葵丘的一次盟会上，捆绑了牺牲祭品，把盟约放在它身上，〔因为相信诸侯不敢失约，〕便

而不歃血。初命曰：'诛不孝，无易树子，无以妾为妻。'再命曰：'尊贤育才，以彰有德。'三命曰：'敬老慈幼，无忘宾旅。'四命曰：'士无世官，官事无摄，取士必得，无专杀大夫。'五命曰：'无曲防，无遏籴，无有封而不告。'曰：'凡我同盟之人，既盟之后，言归于好。'今之诸侯皆犯此五禁，故曰：今之诸侯，五霸之罪人也。长君之恶，其罪小；逢君之恶，其罪大。今之大夫，皆逢君之恶，故曰：今之大夫，今之诸侯之罪人也。"

◎ 12·8

鲁欲使慎子为将军。孟子曰："不教民而用之，谓之殃民。殃民者，不容于尧、舜之世。一战胜齐，遂有南阳，然且不可。"慎子勃然不悦，曰："此则滑釐所不识也。"曰："吾明告子。天子之地方千里；不千里，不足以待诸侯。诸侯之地方百里；不百里，不足以守宗庙之典籍。周公之封于鲁，为方百里也；地非不足，而俭于百里。太公之封于齐也，亦为方百里也；地非不足也，而俭于百里。今鲁方百里者五，子以为有王者作，则鲁在所损乎，在所益乎？徒取诸彼以与此，然且仁者不为，况于杀人以求之乎？君子之事君也，务引其君以当道，志于仁而已。"

没有吸牲口的血表示守约的仪式。第一条盟约说：诛责不孝之人，不要废掉已立的太子，不要立妾为妻。第二条盟约说：尊重贤人，培育人才，以表彰有德行的人。第三条盟约说：尊敬老人，慈爱幼小，不要怠慢贵宾和旅客。第四条盟约说：士人的官职不要世代相传，公家事务不要兼职，录用士子一定要得当，不要独断专行地杀戮大夫。第五条盟约说：不要到处筑堤，不要禁止邻国来采购粮食，不要有所封赏而不报告〔盟主〕。最后说：所有我们参与盟会的人，在订立盟约以后，完全恢复旧日的友好。今日的诸侯都违犯了这五条禁令，所以说，今天的诸侯，对五霸说来是有罪之人。臣下助长君主的恶行，这罪行还小；君主有恶行，臣下加以逢迎，〔给他找出理论根据，使他无所忌惮，〕这罪行就大了。今天的大夫，都逢迎君主的恶行，所以说，今天的大夫，对诸侯说来又是有罪之人。"

● 12·8 ————————————————————

鲁国打算叫会用兵的慎子做将军。孟子说："不先教导百姓，便利用他们打仗，这叫做加害于百姓。加害于百姓的人，如果在尧、舜时代，是不被容纳的。即使只打一仗便战败了齐国，便得到了南阳，这样尚且不可以。"慎子勃然不高兴地说："这话，就是我所不了解的了。"孟子说："我明白地告诉你。天子的土地纵横一千里；如果不到一千里，便不能接待诸侯。诸侯的土地纵横一百里；如果不到一百里，便不能奉守历代相传的礼法制度。周公被封于鲁，是应该有纵横一百里地的；土地并不是不够，但实际上少于一百里。太公被封于齐，也应该有纵横一百里地的；土地并不是不够，但实际上少于一百里。如今鲁国有五个一百里的长度和宽度，你认为假如有圣主贤君兴起，鲁国的土地在被减少之列呢，还是在被增加之列呢？不用兵力，白白地取自彼国给与这国，仁德的人尚且不干，何况以杀人来求得土地呢？君子服事君王，只是专心一意地引导他走向正路，有志于仁道罢了。"

孟子曰："今之事君者曰：'我能为君辟土地，充府库。'今之所谓良臣，古之所谓民贼也。君不乡道，不志于仁，而求富之，是富桀也。'我能为君约与国，战必克。'今之所谓良臣，古之所谓民贼也。君不乡道，不志于仁，而求为之强战，是辅桀也。由今之道，无变今之俗，虽与之天下，不能一朝居也。"

白圭曰："吾欲二十而取一，何如？"

孟子曰："子之道，貉道也。万室之国，一人陶，则可乎？"

曰："不可，器不足用也。"

曰："夫貉，五谷不生，惟黍生之；无城郭、宫室、宗庙、祭祀之礼，无诸侯币帛饔飧，无百官有司，故二十取一而足也。今居中国，去人伦，无君子，如之何其可也？陶以寡，且不可以为国，况无君子乎？欲轻之于尧、舜之道者，大貉、小貉也；欲重之于尧、舜之道者，大桀、小桀也。"

白圭曰："丹之治水也，愈于禹。"

孟子曰："子过矣。禹之治水，水之道也，是故禹以四海为壑。今吾子以邻国为壑。水逆行，谓之洚水——洚水者，洪水也——仁人之所恶也。吾子过矣。"

孟子说："今天服事君主的人都说：'我能够替君主开拓土地，充实府库。'今天的所谓好臣子，正是古代的所谓戕害百姓者。君主不向往道德，无意于仁道，却想让他钱财富足，这等于让夏桀钱财富足。〔又说：〕'我能够替君主邀结盟国，每次作战一定胜利。'今天的所谓好臣子，正是古代所谓戕害百姓者。君主不向往道德，无意于仁道，却想为他勉强作战，这等于帮助夏桀。从目前这样的道路走去，也不改变今天这样的风俗习气，纵使把整个天下给他，他是一天也坐不稳的。"

白圭（曾任魏相，善生产，曾筑堤治水）说："我想定税率为二十抽一，怎么样？"

孟子说："你的方针是貉国的方针。假若在一万户的国家，一个人制作瓦器，那可以吗？"

白圭答道："不可以，因为瓦器会不够用。"

孟子说："在貉国，各种谷类都不生长，只生长穈（méi）子；又没有城墙、房屋、祖庙和祭祀的礼节，也没有各国间的互相往来，致送礼物和飨宴，也没有各种衙门和官吏，所以二十抽一便够了。如今在中国，不要社会间的一切伦常，不要各种官吏，那怎么能行呢？做瓦器的太少，尚且不能使一个国家搞好，何况没有官吏呢？想要比尧、舜十分抽一的税率还轻的，是大貉、小貉；想要比尧、舜十分抽一的税率还重的，是大桀、小桀。"

白圭说："我治理水患比大禹还强。"

孟子说："你错了。禹治理水患，是顺乎水的本性而行的，所以禹使水流注于四海。如今你却使水流到邻近的国家去。水逆流而行，叫做洚水——洚水就是洪水——这是有仁爱之心的人最厌恶

孟子曰："君子不亮，恶乎执？"

鲁欲使乐正子为政。孟子曰："吾闻之，喜而不寐。"公孙丑曰："乐正子强乎？"曰："否。""有知虑乎？"曰："否。""多闻识乎？"曰："否。""然则奚为喜而不寐？"曰："其为人也好善。""好善足乎？"曰："好善优于天下，而况鲁国乎？夫苟好善，则四海之内皆将轻千里而来告之以善；夫苟不好善，则人将曰：'訑訑（yí），予既已知之矣。'訑訑之声音颜色距人于千里之外。士止于千里之外，则谗谄面谀之人至矣。与谗谄面谀之人居，国欲治，可得乎？"

陈子曰："古之君子何如则仕？"

孟子曰："所就三，所去三。迎之致敬以有礼，言，将行其言也，则就之；礼貌未衰，言弗行也，则去之。其次，虽未行其言也，迎之致敬以有礼，则就之；礼貌衰，则去之。其下，朝不食，夕不食，饥饿不能出门户，君闻之，曰：'吾大者不能行其道，又不能从其言也，使饥饿于我土地，吾耻之。'周之，亦可受也，免死而已矣。"

的。你错了。"

● 12·12

孟子说："君子不讲诚信,如何能有操守?"

● 12·13

鲁国打算叫乐正子治理国政。孟子说："我听到这一消息,高兴得睡不着。"公孙丑说："乐正子很坚强吗?"答道："不。""有聪明有主意吗?"答道："不。""见多识广吗?"答道："不。""那你为什么高兴得睡不着呢?"答道："他为人喜欢听取善言。""喜欢听取善言就够了吗?"答道："喜欢听取善言,用这个来治理天下,是能够应付余裕的,何况仅仅治理鲁国呢?如果喜欢听取善言,那四面八方的人都会从千里之外赶来把善言告诉他;如果不喜欢听取善言,那别人会〔模仿他的话〕说:'呵呵!我早已都晓得了!'呵呵的声音和脸色就会拒人于千里之外了。士人在千里之外停止不来,那进谗言和当面奉承的人就会来了。与进谗言、当面奉承的人住在一起,要把国家搞好,做得到吗?"

● 12·14

孟子弟子陈子（名臻）说："古代的君子要怎样才出来做官呢?"

孟子说："就任的情况有三种,离任的情况也有三种。国君有礼貌、恭敬地前来迎接,说的话国君又打算实行,便就任;国君的礼貌虽未衰减,但对说的话已不实行了,便离任。其次,虽然没有实行他说的话,国君还是很有礼貌、很恭敬地来迎接,也便就任;国君礼貌衰减了,便离任。最下等的是,早晨没有吃的,黄昏也没有吃的,饿得不能走出房门,君主知道了,说:'我在大的方面不能实行其见解,又不听从他的话,致使他在我国土地上饿着肚皮,我引为耻辱。'于是接济他,这也可以接受,只是免于死亡罢了。"

孟子曰："舜发于畎亩之中,傅说举于版筑之间,胶鬲举于鱼盐之中,管夷吾举于士,孙叔敖举于海,百里奚举于市。故天将降大任于是人也,必先苦其心志,劳其筋骨,饿其体肤,空乏其身,行拂乱其所为,所以动心忍性,曾益其所不能。人恒过,然后能改;困于心,衡于虑,而后作;征于色,发于声,而后喻。入则无法家拂士,出则无敌国外患者,国恒亡。然后知生于忧患而死于安乐也。"

孟子曰："教亦多术矣。予不屑之教诲也者,是亦教诲之而已矣。"

● 尽心章句上

凡四十六章。

孟子曰:"尽其心者,知其性也。知其性,则知天矣。存其心,养其性,所以事天也。夭寿不贰,修身以俟之,所以立

● 12·15

孟子说："舜从田野之中兴发起来，傅说是从筑墙的工作中被举拔出来，胶鬲从贩卖鱼盐的工作中被举拔出来，管夷吾从狱官的手里被释放随后被举拔出来，孙叔敖从海边被举拔出来，百里奚从买卖场所被举拔出来。所以上天将要把重大任务落到某人身上，一定先要困苦他的心意，劳累他的筋骨，饥饿他的躯体，穷乏他的身家，使他的每一行为总是不能如意，这样，便可以激动他的心志，坚韧他的性情，增加他的能力。一个人，错误常常发生，才能改正；心意困辱，思虑阻塞，才能有所奋发进而创造；表现在面色上，发表在言语中，才能被人了解。一个国家，如果国内没有守法度的大臣和辅弼的贤士，国外没有相与抗衡的邻国和外来的忧患，常常容易被灭亡。这样，就可以知道，忧患的环境足以使人生存，安乐的环境足以使人死亡的道理了。"

● 12·16

孟子说："教育也有很多方式。我不屑于去教诲他，〔从而使他有所改悔，发愤图强，〕这也是一种教诲呢。"

● 13·1

孟子说："尽量保持善良的本心，这就是懂得了人的本性。懂得了人的本性，就懂得天命了。保持人的本心，培养人的本性，这就是对待天命的方法。短命也好，长寿也好，我都不三心二意，只是培养

命也。”

孟子曰：“莫非命也，顺受其正；是故知命者不立乎岩墙之下。尽其道而死者，正命也；桎梏死者，非正命也。”

孟子曰：“求则得之，舍则失之，是求有益于得也，求在我者也。求之有道，得之有命，是求无益于得也，求在外者也。”

孟子曰：“万物皆备于我矣。反身而诚，乐莫大焉。强恕而行，求仁莫近焉。”

孟子曰：“行之而不著焉，习矣而不察焉，终身由之而不知其道者，众也。”

孟子曰：“人不可以无耻，无耻之耻，无耻矣。”

孟子曰：“耻之于人大矣，为机变之巧者，无所用耻焉。不耻不若人，何若人有？”

孟子曰：“古之贤王好善而忘势，古之贤士何独不然？乐其

身心，等待天命，这就是安身立命的方法。"

● 13·2 ————————————————

孟子说："无一不是命运，但顺理而行，所接受的便是正命；所以懂得命运的人不站在有倾倒危险的墙壁之下。尽力行正道而死的人所受的是正命，犯罪而死的人所受的不是正命。"

● 13·3 ————————————————

孟子说："〔有些东西〕探求便会得到，放弃便会失掉，这是有益于收获的探求，因为所探求的对象存在于我本身之内。探求有一定的方式，得到或得不到却听之于命运，这是无益于收获的探求，因为所探求的对象存在于我本身之外。"

● 13·4 ————————————————

孟子说："一切我都具备了。反躬自问，自己是忠诚踏实的，便引以为最大的快乐。不懈地按推己及人的恕道做去，达到仁德的途径没有比这更近便的了。"

● 13·5 ————————————————

孟子说："如此做去却不明白应当这样，习惯了却不深知为什么这样，一生都随着这样做下去，却不了解这是什么道理的，这是一般的人。"

● 13·6 ————————————————

孟子说："人不可以没有羞耻之心，不知羞耻的可耻，真是不知羞耻呀！"

● 13·7 ————————————————

孟子说："羞耻对于人关系重大，专干机谋欺诈事情的人，是用不着什么羞耻的。不以比不上别人为羞耻，怎样能赶上别人呢？"

● 13·8 ————————————————

孟子说："古代的贤君乐于善言善行，因而忘记自己的富贵权势；古代的贤士何尝不是这样？他乐于走自己的道路，因而也忘记

道而忘人之势，故王公不致敬尽礼，则不得亟见之。见且由不得亟，而况得而臣之乎？"

◎ 13·9

孟子谓宋句践曰："子好游乎？吾语子游。人知之，亦嚣嚣；人不知，亦嚣嚣。"曰："何如斯可以嚣嚣矣？"曰："尊德乐义，则可以嚣嚣矣。故士穷不失义，达不离道。穷不失义，故士得己焉；达不离道，故民不失望焉。古之人得志，泽加于民；不得志，修身见于世。穷则独善其身，达则兼善天下。"

◎ 13·10

孟子曰："待文王而后兴者，凡民也。若夫豪杰之士，虽无文王犹兴。"

◎ 13·11

孟子曰："附之以韩、魏之家，如其自视欿（kǎn）然，则过人远矣。"

◎ 13·12

孟子曰："以佚道使民，虽劳不怨。以生道杀民，虽死不怨杀者。"

◎ 13·13

孟子曰："霸者之民欢虞如也，王者之民皞皞如也。杀之而不怨，利之而不庸，民日迁善而不知为之者。夫君子所过者化，所存者神，上下与天地同流，岂曰小补之哉！"

了别人的富贵权势，所以王公不对他恭敬尽礼，就不能够多次地和他相见。相见的次数尚且不能够多，何况要他作为臣下呢？"

● 13·9

孟子对宋句践说："你喜欢游说各国的君主吗？我告诉你游说的态度。别人理解我，我自得其乐；别人不理解我，我也自得其乐。"宋句践说："要怎样才能够自得其乐呢？"答道："崇尚道德，喜爱礼义，就可以自得其乐。所以，士人穷困时，不失掉礼义；得意时，不离开正道。穷困时不失掉礼义，所以自得其乐；得意时不离开正道，所以百姓不致失望。古代的人，得意时，恩泽普施于百姓；不得意时，修养个人的品德，以此表现于世人。穷困时便独自修养自己身心，得意时便使天下之人都受到好处。"

● 13·10

孟子说："一定要等待文王出来而后奋发的，是一般百姓。至于杰出的人才，纵使没有文王，也能奋发起来。"

● 13·11

孟子说："把春秋时晋国六卿中的韩、魏两家大臣的财富增加给他，如果他并不自满，这样的人就远远超出一般人。"

● 13·12

孟子说："在谋求老百姓安逸的原则下役使百姓，百姓虽然劳苦，也不怨恨。在谋求老百姓生存的原则下杀人，人虽被杀死，也不会怨恨那杀他的人。"

● 13·13

孟子说："霸主的〔功业显著，〕百姓欢喜快乐，圣王的〔功德浩荡，〕百姓心情舒畅。百姓被杀了，也不怨恨；得到好处，也不认为应该酬谢；百姓天天向好的方面发展，也不知道谁使他如此。圣人经过之处，人们受到感化；停留之处，所起的作用，更神秘莫测；〔他的功德〕上与天，下与地同时运转，难道只是小小的补益吗？"

孟子曰："仁言不如仁声之入人深也，善政不如善教之得民也。善政，民畏之；善教，民爱之。善政得民财，善教得民心。"

孟子曰："人之所不学而能者，其良能也；所不虑而知者，其良知也。孩提之童无不知爱其亲者，及其长也，无不知敬其兄也。亲亲，仁也；敬长，义也；无他，达之天下也。"

孟子曰："舜之居深山之中，与木石居，与鹿豕游，其所以异于深山之野人者几希；及其闻一善言，见一善行，若决江河，沛然莫之能御也。"

孟子曰："无为其所不为，无欲其所不欲，如此而已矣。"

孟子曰："人之有德慧术知者，恒存乎疢（chèn）疾。独孤臣孽子，其操心也危，其虑患也深，故达。"

孟子曰："有事君人者，事是君则为容悦者也；有安社稷臣者，以安社稷为悦者也；有天民者，达可行于天下而后行之者也；有大人者，正己而物正者也。"

孟子说："仁德的言语赶不上仁德的音乐深入人心，良好的政治赶不上良好的教育获得民心。良好的政治，百姓怕它；良好的教育，百姓爱它。良好的政治能得到百姓的资财，良好的教育能得到百姓的心。"

● 13·15

孟子说："人不待学习便能做到的，这是良能；不待思考便会知道的，这是良知。两三岁的小孩没有不爱他父母的，等到他长大，没有不知道尊敬兄长的。亲爱父母是仁，尊敬兄长是义，这没有其他原因，因为这两种品德可以通行于天下。"

● 13·16

孟子说："舜住在深山的时候，在家中只有跟树木和石头在一起，出外只跟鹿和猪同游，跟深山中粗野之人差不多；等到他听到一句好话，看到一桩好事，〔便立刻推行，〕这种力量，好像江河决了口一样，浩浩荡荡地没有人能阻挡得住。"

● 13·17

孟子说："不干我所不愿干的事，不要我所不愿要之物，这样就行了。"

● 13·18

孟子说："一个人之所以有道德、智慧、本领、知识，经常是由于他有忧患。只有那孤立无援的臣子，不是正妻所生受歧视的儿子，他们才时常警惕不安，深切地忧虑祸患，〔使意志得到磨炼，〕所以才通达事理。"

● 13·19

孟子说："有一种侍奉君主的人，侍奉某一君主，就一味讨他喜欢；有一种安定国家之臣，以安定国家为愉快；有能尽天理的人，当他的道义能行于天下时，然后去实行；有道德高尚的人，那是端正了

孟子曰："君子有三乐，而王天下不与存焉。父母俱存，兄弟无故，一乐也；仰不愧于天，俯不怍于人，二乐也；得天下英才而教育之，三乐也。君子有三乐，而王天下不与存焉。"

孟子曰："广土众民，君子欲之，所乐不存焉；中天下而立，定四海之民，君子乐之，所性不存焉。君子所性，虽大行不加焉，虽穷居不损焉，分定故也。君子所性，仁、义、礼、智根于心，其生色也睟(suì)然，见于面，盎于背，施于四体。四体不言而喻。"

孟子曰："伯夷辟纣，居北海之滨，闻文王作，兴曰：'盍归乎来？吾闻西伯善养老者。'太公辟纣，居东海之滨，闻文王作，兴曰：'盍归乎来？吾闻西伯善养老者。'天下有善养老，则仁人以为己归矣。五亩之宅，树墙下以桑，匹妇蚕之，则老者足以衣帛矣。五母鸡，二母彘，无失其时，老者足以无失肉矣。百亩之田，匹夫耕之，八口之家足以无饥矣。所谓西伯善养老者，制其田里，教之树、畜，导其妻子使养其老。五十非帛不暖，七十非肉不饱。不暖不饱，谓之冻馁。文王之民，无冻馁之老者，此之谓也。"

自己，外物便随着端正了的人。”

● 13·20

孟子说：“君子有三种乐趣，但是以德服天下并不在其中。父母都健康，兄弟没灾祸，是第一种乐趣；抬头无愧于上天，低头无愧于他人，是第二种乐趣；得到天下优秀人才而对他们进行教育，是第三种乐趣。君子有三种乐趣，但是以德服天下并不在其中。”

● 13·21

孟子说：“拥有广大的土地、众多的人民，是君子所希望的，但是乐趣不在这儿；居于天下的中央，安定天下的百姓，君子以此为乐，但是本性不在这儿。君子的本性，纵使他的理想通行于天下，并不因此而增加，纵使穷困隐居，并不因此而减少，这是本分已经定了的缘故。君子的本性，仁义礼智植根在他心中，而生发出来的神色纯和温润，它表现在颜面上，反映在肩背上，以至于手足四肢。通过手足四肢的动作，不必言语，别人一目了然。”

● 13·22

孟子说：“伯夷避开纣王，住在北海边上，听说文王兴起，便说：‘何不归依到西伯那里去呢？我听说他是最能奉养老人的人。’姜太公避开纣王，住在东海边上，听说文王兴起，便说：‘何不归依到西伯那里去呢？我听说他是最能奉养老人的人。’天下有最能奉养老人的人，那仁人便把他当作自己的依靠了。五亩地的房屋，在墙下栽培了桑树，妇女养蚕缫丝，老年人便有足够的丝绵穿了。五只母鸡，二只母猪，加以饲养，使它们适时繁殖，老年人便有足够的肉吃了。百亩的土地，男子去耕种，八口人的家庭足够吃饱了。所谓西伯最能奉养老人，就在于他制定土地制度，教育人民栽种和畜牧，引导百姓奉养他们的老人。五十岁，没有丝绵便穿不暖；七十岁，没有肉食便吃不饱。穿不暖、吃不饱，叫做挨冻受饿。在文王的百姓中，没有挨冻受饿的老人，就是这个意思。”

孟子曰："易其田畴，薄其税敛，民可使富也。食之以时，用之以礼，财不可胜用也。民非水火不生活，昏暮叩人之门户求水火，无弗与者，至足矣。圣人治天下，使有菽粟如水火。菽粟如水火，而民焉有不仁者乎？"

孟子曰："孔子登东山而小鲁，登泰山而小天下。故观于海者难为水，游于圣人之门者难为言。观水有术，必观其澜。日月有明，容光必照焉。流水之为物也，不盈科不行；君子之志于道也，不成章不达。"

孟子曰："鸡鸣而起，孳孳为善者，舜之徒也；鸡鸣而起，孳孳为利者，跖之徒也。欲知舜与跖之分，无他，利与善之间也。"

孟子曰："杨子取为我，拔一毛而利天下，不为也。墨子兼爱，摩顶放踵利天下，为之。子莫执中，执中为近之。执中无权，犹执一也。所恶执一者，为其贼道也，举一而废百也。"

孟子曰："饥者甘食，渴者甘饮，是未得饮食之正也，饥渴

孟子说：“搞好耕种，减轻税收，可以使百姓富足。按时食用，依礼法消费，财物是用不尽的。百姓没有水和火便不能生存，黄昏夜晚敲别人的门户来求水火，没有不给与的。为什么呢？这是水火极多的缘故。圣人治理天下，要使粮食如同水火那样多。粮食如同水火那样多了，百姓哪有不讲仁爱的呢？”

孟子说：“孔子上了东山，便觉得鲁国很小了；上了泰山，便觉得天下也不大了。所以看过海洋的人，别的水便难于吸引他了；曾在圣人门下学习过的人，别的议论也就难于吸引他了。观看水有方法，一定要看它壮阔的波浪。太阳、月亮都有光辉，连一点儿缝隙都必定照到。流水这个东西不把洼地流满，便不再向前流；君子立志于道，没有一定的成就，也就不能通达。”

孟子说：“鸡叫便起来，努力行善的人，是舜一类的人物；鸡叫便起来，努力求利的人，是盗跖一类的人物。要晓得舜和盗跖的区别，没有别的，谋利和行善的不同罢了。”

孟子说：“杨子（名朱）主张为我，拔一根汗毛有利于天下，都不肯干。墨子（名翟）主张兼爱，摩秃头顶，走破脚跟，只要对天下有利的事，一切都干。子莫（鲁国的贤人）主张中道，主张中道便差不多了。但是主张中道如果没有灵活性，不懂得变通的办法，便是执著一点。为什么厌恶执著一点呢？因为它有损害于仁义之道，只是拿起一点而废弃了其余百事的缘故。”

孟子说：“饥饿的人觉得任何食物都是美好的，干渴的人觉得任何饮料都是甘甜的，他们不能知道饮食的正常滋味，这是饥饿干

害之也。岂惟口腹有饥渴之害？人心亦皆有害。人能无以饥渴之害为心害，则不及人不为忧矣。”

孟子曰：“柳下惠不以三公易其介。”

孟子曰：“有为者辟若掘井，掘井九轫而不及泉，犹为弃井也。”

孟子曰：“尧、舜，性之也；汤、武，身之也；五霸，假之也。久假而不归，恶知其非有也？”

公孙丑曰：“伊尹曰：‘予不狎于不顺，放太甲于桐，民大悦。太甲贤，又反之，民大悦。’贤者之为人臣也，其君不贤，则固可放与？”

孟子曰：“有伊尹之志，则可；无伊尹之志，则篡也。”

公孙丑曰：“《诗》曰：‘不素餐兮。’君子之不耕而食，何也？”
孟子曰：“君子居是国也，其君用之，则安富尊荣；其子弟从之，则孝弟忠信。‘不素餐兮’，孰大于是？”

渴损害味觉的缘故。难道只是口舌肠胃受饥饿干渴的损害吗？人心也有这种损害。如果人们〔能够经常培养心志，〕不使它遭受口舌肠胃那样的饥饿干渴，那〔自然容易进入圣贤的境界，〕不会以赶不上别人为忧虑了。"

● 13·28 ────────────

孟子说："柳下惠不因有大官做便改变他高尚的操守。"

● 13·29 ────────────

孟子说："做一件事情譬如掏井，掏到六七丈深还不见泉水，仍然是一口废井。"

● 13·30 ────────────

孟子说："尧舜实行仁义，是习于本性，因其自然；商汤和周武王便亲身体验，努力推行；五霸便借来运用，以此谋利。但是，借久了，总不归还，你怎能知道他不〔弄假成真，〕变成自己的呢？"

● 13·31 ────────────

公孙丑说："伊尹说过：'我不愿亲近违背礼义的人，因此把太甲放逐到桐邑，百姓大为高兴。当太甲变好了，又恢复他的王位，百姓也大为高兴。'贤德的人作为臣属，若君主不好，就可以放逐吗？"

孟子说："有伊尹那样的心志，未尝不可；如果没有伊尹那样的心志，便是篡夺了。"

● 13·32 ────────────

公孙丑说："《诗经·魏风·伐檀》上说：'不吃白饭呀。'可是君子不种庄稼，也来吃饭，为什么呢？"

孟子说："君子居住在一个国家，君主用他，就会平安、富足、尊贵而有荣誉；少年子弟追随他，就会孝顺父母、尊敬兄长、忠心耿耿而守信实。'不白吃饭呀'，还有谁比这更好的呢？"

　　王子垫问曰："士何事？"孟子曰："尚志。"曰："何谓尚志？"曰："仁义而已矣。杀一无罪，非仁也；非其有而取之，非义也。居恶在？仁是也。路恶在？义是也。居仁由义，大人之事备矣。"

　　孟子曰："仲子，不义与之齐国而弗受，人皆信之。是舍箪食豆羹之义也。人莫大焉亡亲戚君臣上下。以其小者，信其大者，奚可哉？"

　　桃应问曰："舜为天子，皋陶为士，瞽瞍杀人，则如之何？"孟子曰："执之而已矣。""然则舜不禁与？"曰："夫舜恶得而禁之？夫有所受之也。""然则舜如之何？"曰："舜视弃天下，犹弃敝蹝也；窃负而逃，遵海滨而处，终身䜣然，乐而忘天下。"

　　孟子自范之齐，望见齐王之子，喟然叹曰："居移气，养移体，大哉居乎！夫非尽人之子与？"

　　孟子曰："王子宫室、车马、衣服多与人同，而王子若彼者，其居使之然也；况居天下之广居者乎？鲁君之宋，呼于垤泽之门，守者曰：'此非吾君也，何其声之似我君也？'此无他，

王子垫（齐国的王子）问道："士干什么事？"孟子答道："士要使自己的志向高尚。"问道："怎样才算使自己的志向高尚。"答道："实行仁道和正义罢了。杀一个无罪的人，是不仁；不是自己所有，却去拿了过来，是不义。一个人居心应在哪里呢？仁便是。所行之路应在哪里呢？义便是。居心在仁，行事在义，大德之人的工作便齐全了。"

孟子说："陈仲子，如果不合理地把齐国交给他，他不会接受，别人都相信他。〔但是，〕这只是抛弃一筐饭一碗汤的义。人的罪过没有比不要父兄君臣尊卑还大的〔，而仲子便是这种人〕。因为他有小的节操，便相信他的大节，怎么可以呢？"

桃应（孟子弟子）问道："舜做天子，皋陶做法官，假如瞽瞍杀了人，那怎么办？"孟子答道："把他逮捕起来罢了。""那么，舜不阻止吗？"答道："舜怎么能阻止呢？他去逮捕是有根据的。""那么，舜又怎么办呢？"答道："舜把抛弃天子之位看成抛弃破鞋一样；偷偷地背着父亲逃走了，沿着海边住下来，一辈子快乐得很，忘记了曾经做过天子的事。"

孟子从范邑到齐都，远远地望见了齐王的儿子，长声叹气说："环境改变气度，奉养改变体质，环境真是重要呀！他难道不也是人的儿子吗？〔为什么就显得特别不同了呢？〕"

孟子又说："王子的住所、车马和衣服多半与别人相同，为什么王子却像那样呢？这因为他居住的环境使得他这样的；何况以天下最广阔的住所——仁——为自己住所的人？鲁国君主到宋国去，在宋国的东城南门下呼喊，守门的说：'这不是我的君主啦，为什么

居相似也。"

孟子曰："食而弗爱，豕交之也；爱而不敬，兽畜之也。恭敬者，币之未将者也。恭敬而无实，君子不可虚拘。"

孟子曰："形、色，天性也；惟圣人然后可以践形。"

齐宣王欲短丧。公孙丑曰："为期之丧犹愈于已乎？"孟子曰："是犹或紾其兄之臂，子谓之，姑徐徐云尔。亦教之孝弟而已矣。"王子有其母死者，其傅为之请数月之丧。公孙丑曰："若此者，何如也？"曰："是欲终之而不可得也。虽加一日愈于已，谓夫莫之禁而弗为者也。"

孟子曰："君子之所以教者五：有如时雨化之者，有成德者，有达财者，有答问者，有私淑艾者。此五者，君子之所以教也。"

公孙丑曰："道则高矣美矣，宜若登天然，似不可及也，何不使彼为可几及而日孳孳也？"

孟子曰："大匠不为拙工改废绳墨，羿不为拙射变其彀率。君子引而不发，跃如也。中道而立，能者从之。"

声音同我们君主这样相似呢？'这没有别的缘故，只因为环境相似罢了。"

● 13·37

孟子说："〔对于人〕只养活而不爱，等于养猪；只爱而不恭敬，等于畜养狗马。恭敬之心是在送礼物以前就有了的。徒有形式，没有恭敬的实质，君子便不会被这种虚假的形式所留住。"

● 13·38

孟子说："人的身体容貌是天生的，〔这种外表的美要靠内在的美来充实，〕只有圣人才能做到〔不愧于这一天赋〕。"

● 13·39

齐宣王想要缩短守孝的时间。公孙丑说："〔父母死了，〕守孝一年，总比完全不守孝还强些吗？"孟子说："这好比有人在扭他哥哥的胳膊，你却对他说，暂且慢慢地扭吧。〔这算什么呢？〕只要教导他孝顺父母、尊敬兄长便行了。"有个王子死了母亲，他的师傅替他请求守几个月孝。公孙丑问道："像这样的事，怎么样？"孟子答道："这是由于王子想要守完三年丧期，却办不到。那么，〔我上次所讲，〕纵使多守孝一天，也比不守孝好，这是对那些没有人禁止而自己不去守孝的人说的。"

● 13·40

孟子说："君子进行教育的方式有五种：有像及时雨那样化育万物的，有成全品德的，有培养才能的，有解答疑问的，还有以流风余韵为后人私下自己学习的。这五种便是君子进行教育的方法。"

● 13·41

公孙丑说："道是很高很好的，几乎像登天一般，似乎不可攀，为什么不使它变成有希望做到的，让别人天天去努力呢？"

孟子说："高明的工匠不因为笨拙的工人而改变或废弃规矩，羿也不因为笨拙的射手变更拉弓的标准。君子〔教导别人正如教人

孟子曰："天下有道，以道殉身；天下无道，以身殉道；未闻以道殉乎人者也。"

公都子曰："滕更之在门也，若在所礼，而不答，何也？"

孟子曰："挟贵而问，挟贤而问，挟长而问，挟有勋劳而问，挟故而问，皆所不答也。滕更有二焉。"

孟子曰："于不可已而已者，无所不已；于所厚者薄，无所不薄也。其进锐者，其退速。"

孟子曰："君子之于物也，爱之而弗仁；于民也，仁之而弗亲。亲亲而仁民，仁民而爱物。"

孟子曰："知者无不知也，当务之为急；仁者无不爱也，急亲贤之为务。尧、舜之知而不遍物，急先务也；尧、舜之仁不遍爱人，急亲贤也。不能三年之丧，而缌（sī）、小功之察；放饭流

射箭一样，〕张满了弓，却不发箭，做出跃跃欲试的样子。他站立在正确道路之中，有能力的人便跟随着去学。"

● 13·42 ────────

孟子说："天下清平，〔君子得志，〕道因之得到施行；天下腐败黑暗，〔君子守道，〕不惜为道而死；没有听说过牺牲道来迁就王侯的。"

● 13·43 ────────

公都子说："滕更（滕文公之弟，就学于孟子）在您门下的时候，似乎该在以礼相待之列，可是您却不回答他的问题，为什么呢？"

孟子说："倚仗自己的权势地位来提问，倚仗自己的贤能来提问，倚仗自己年纪大来提问，倚仗自己有功劳来提问，倚仗自己是老交情来提问，都是我所不回答的。〔在这五条里面〕滕更占了两条。"

● 13·44 ────────

孟子说："对于不可以停止的事却停止了，那么没有什么不可以停止的了；对于该厚待的人却去薄待他，那么没有谁不可以薄待的了。前进太猛的人，后退也会快。"

● 13·45 ────────

孟子说："君子对于禽兽草木万物，爱惜它，却不用仁德对待它；对于百姓，用仁德对待他，却不亲爱他。君子由亲爱自己的亲人，进而仁爱百姓；由仁爱百姓，进而爱惜万物。"

● 13·46 ────────

孟子说："智者没有不该知道的事，但总是以当前的重要工作为急迫；仁者没有不爱人的，但是务必先爱自己的亲人和贤者。尧舜的智慧不可能知道一切事物，因为他急于先办理首要事务；尧舜的仁德不能普遍爱一切的人，因为他急于先爱自己的亲人和贤者。如果不能实行三年的丧礼，却仔细讲求缌麻三月、小功五月的丧礼；在

歠，而问无齿决：是之谓不知务。"

● 尽心章句下

凡三十八章。

◎ 14·1

孟子曰："不仁哉，梁惠王也！仁者，以其所爱及其所不爱；不仁者，以其所不爱及其所爱。"公孙丑曰："何谓也？""梁惠王以土地之故，糜烂其民而战之；大败，将复之，恐不能胜，故驱其所爱子弟以殉之。是之谓以其所不爱及其所爱也。"

◎ 14·2

孟子曰："春秋无义战。彼善于此，则有之矣。征者上伐下也，敌国不相征也。"

◎ 14·3

孟子曰："尽信《书》，则不如无《书》。吾于《武成》，取二三策而已矣。仁人无敌于天下，以至仁伐至不仁，而何其血之流杵也？"

尊长之前用餐, 大口吃饭, 大口喝汤, 〔没有礼貌, 〕却讲究不用牙齿啃断干肉: 这叫做不识大体。"

孟子

● 14·1 ────────────────────

　　孟子说: "梁惠王真是不仁道呀! 仁德的人把他对所喜爱者的恩德推及他所不爱的人, 不仁德的人却把他加给所不喜爱者的祸害推及他喜爱的人。"公孙丑问道: "这话是什么意思呢?"孟子答道: "梁惠王因为争夺土地的缘故, 驱使他所不喜爱的百姓去作战, 使他们〔暴尸郊野, 〕骨肉糜烂; 被打得大败了, 预备再战, 怕不能得胜, 又驱使他所喜爱的子弟去死战。这叫做把他加给所不喜爱者的祸害推及他喜爱的人。"

● 14·2 ────────────────────

　　孟子说: "春秋时代没有正义的战争。那个国君比这个国君好一点, 则是有的。但是征讨是指上级讨伐下级, 同等国家是不能互相征讨的。"

● 14·3 ────────────────────

　　孟子说: "完全相信《书》, 还不如没有《书》。我对《尚书·武成》一篇, 所取的不过两三片竹简罢了。仁德的人在天下没有敌手, 凭周武王这极为仁道的人去讨伐商纣这极为不仁的人, 怎么会使血流得〔那么多, 以致〕连捣米的木槌都漂流起来了呢?"

孟子曰："有人曰：'我善为陈，我善为战。'大罪也。国君好仁，天下无敌焉。南面而征，北狄怨，东面而征，西夷怨，曰：'奚为后我？'武王之伐殷也，革车三百两，虎贲三千人。王曰：'无畏！宁尔也，非敌百姓也。'若崩厥角稽首。征之为言正也，各欲正己也，焉用战？"

孟子曰："梓匠轮舆，能与人规矩，不能使人巧。"

孟子曰："舜之饭糗茹草也，若将终身焉；及其为天子也，被袗(zhěn)衣，鼓琴，二女果，若固有之。"

孟子曰："吾今而后知杀人亲之重也：杀人之父，人亦杀其父；杀人之兄，人亦杀其兄。然则非自杀之也，一间耳。"

孟子曰："古之为关也，将以御暴；今之为关也，将以为暴。"

孟子曰："身不行道，不行于妻子；使人不以道，不能行于妻子。"

孟子说:"有人说:'我善于摆布阵势,我善于作战。'其实这是大罪过。一国的君主如果喜好仁德,整个天下便不会有敌手。〔商汤〕征讨南方,北方的狄人便怨恨,征讨东方,西方的夷人便怨恨,说:'为什么不先到我这里来?'周武王讨伐殷商,兵车三百辆,勇士三千人。武王〔对殷商的百姓〕说:'不要害怕!我是来使你们安定的,不是同你们为敌的。'百姓便都伏地顿首叩起头来,声响像山崩一般。征的意思是正,各人都希望端正自己,哪里还用得着战争呢?"

孟子说:"木工以及专造车轮车厢的人,能够传授别人以制作的规矩准则,却不能使别人心灵手巧〔,因为那是要靠自己去钻研的〕。"

孟子说:"当舜吃干粮啃野菜的时候,似乎准备终身如此;等他做了天子,穿着麻葛单衣,弹着琴,尧的两个女儿侍候着的时候,又好像这些都是本已有了的〔,一点也没有改变常态〕。"

孟子说:"我今天才知道杀戮别人的亲人,其报复之重:杀了别人的父亲,别人也就会杀他的父亲;杀了别人的哥哥,别人也就会杀他的哥哥。那么,〔虽然父亲和哥哥〕不是被自己杀掉的,但也相差无几了。"

孟子说:"古代设立关卡,是打算抵御暴力的;今天设立关卡,〔征收苛捐杂税,〕是打算对人民实行残暴。"

孟子说:"本人不依正道而行,正道在妻子身上也行不通〔,更不要说对别人了〕;使唤别人不合于正道,要去使唤妻子也不可能

孟子曰："周于利者，凶年不能杀；周于德者，邪世不能乱。"

孟子曰："好名之人能让千乘之国，苟非其人，箪食豆羹见于色。"

孟子曰："不信仁贤，则国空虚；无礼义，则上下乱；无政事，则财用不足。"

孟子曰："不仁而得国者，有之矣；不仁而得天下，未之有也。"

孟子曰："民为贵，社稷次之，君为轻。是故得乎丘民而为天子，得乎天子为诸侯，得乎诸侯为大夫。诸侯危社稷，则变置。牺牲既成，粢盛既洁，祭祀以时，然而旱干水溢，则变置社稷。"

孟子曰："圣人，百世之师也，伯夷、柳下惠是也。故闻伯夷之风者，顽夫廉，懦夫有立志；闻柳下惠之风者，薄夫敦，鄙夫宽。奋乎百世之上，百世之下，闻者莫不兴起也。非圣人而能若是乎？——而况于亲炙之者乎？"

〔，更不要说使唤别人了〕。"

● 14·10

孟子说："财利富足的人，荒年不受困窘；道德高尚的人，乱世不会心志迷惑。"

● 14·11

孟子说："喜好名声的人可以把拥有千辆兵车的大国让给别人，但是，若不是那种值得受让的人，就是要他让一筐饭、一碗汤，那不高兴的神色也会在脸上表现出来。"

● 14·12

孟子说："不信任仁德贤能的人，国家就会空虚；没有礼义，上下的关系就会紊乱；没有好的政治，国家的财力和费用就会不够。"

● 14·13

孟子说："不行仁道却能拥有一个国家的，有这样的事；不行仁道却能得到天下的，这样的事就不曾有过。"

● 14·14

孟子说："百姓最为重要，土谷之神在其次，君主是最轻的。所以，得到百姓的欢心便可以做天子，得到天子的欢心便可以做诸侯，得到诸侯的欢心便可以做大夫。诸侯危害国家，那就改立一位贤君。牺牲既已肥壮，祭品又已洁净，也按一定的时候祭祀，但是还遭受旱灾水灾，那就改立新的土谷之神。"

● 14·15

孟子说："圣人的风范是百代人的老师，伯夷和柳下惠便是这样的人。所以听到伯夷的品德的人，连贪得无厌的人也清廉起来了，懦弱的人也有独立的意志了；听到柳下惠的品德的人，刻薄的人也厚道起来了，胸襟狭小的人也宽宏起来了。他们在百代以前就奋发有为，在百代以后，听到的人没有不为之感动奋发的。要不是圣人，能够像这样吗？〔百代以后尚且如此，〕何况当时亲自接受他们熏陶

◎ 14·16

孟子曰：“仁也者，人也。合而言之，道也。”

◎ 14·17

孟子曰：“孔子之去鲁，曰：‘迟迟吾行也，去父母国之道也。’去齐，接淅而行——去他国之道也。”*

*此语重出，见《万章章句下》10·1。

◎ 14·18

孟子曰：“君子之厄于陈、蔡之间，无上下之交也。”

◎ 14·19

貉稽曰：“稽大不理于口。”

孟子曰：“无伤也。士憎兹多口。《诗》云：‘忧心悄悄，愠于群小。’孔子也。‘肆不殄厥愠，亦不陨厥问。’文王也。”

◎ 14·20

孟子曰：“贤者以其昭昭，使人昭昭；今以其昏昏，使人昭昭。”

◎ 14·21

孟子谓高子曰：“山径之蹊，间介然用之而成路；为间不用，则茅塞之矣。今茅塞子之心矣。”

◎ 14·22

高子曰：“禹之声尚文王之声。”孟子曰：“何以言之？”曰：

的人呢？"

● 14·16

　　孟子说："'仁'的意思就是'人'，'仁'和'人'合并起来说，便是'道'。"

● 14·17

　　孟子说："孔子离开鲁国，说：'我们慢慢走罢，这是离开祖国的态度。'离开齐国，便不等把米淘完、漉干就走——这是离开别国的态度。"

● 14·18

　　孟子说："孔子被困厄在陈国、蔡国之间，是由于跟两国的君臣都没有交往的缘故。"

● 14·19

　　貉稽说："我被人家说得很坏。"

　　孟子说："没有关系。士人常常被众人七嘴八舌所讥讪。《诗经·邶风·柏舟》上说过：'烦恼重重压在心，小人当我眼中钉。'孔子可以说是这样的人。《诗经·大雅·绵》中又说：'不杜绝别人的怨恨，也不失去自己的名声。'这说的是文王。"

● 14·20

　　孟子说："古时的贤人〔教导别人，〕必先使自己彻底明白了，然后才去使别人明白；今天的人〔教导别人，〕自己还模模糊糊，却要去使别人明白。"

● 14·21

　　孟子对高子说："山坡的小道只一点点宽，经常行走，便变成了一条大路；只要有一个时候不去行走，又会被茅草堵塞了。现在茅草已把你的心堵塞了。"

● 14·22

　　高子说："禹的音乐高过文王的音乐。"孟子说："这样说有什

"以追蠡。"曰："是奚足哉？城门之轨，两马之力与？"

齐饥。陈臻曰："国人皆以夫子将复为发棠，殆不可复。"

孟子曰："是为冯妇也。晋人有冯妇者，善搏虎，卒为善士。则之野，有众逐虎。虎负嵎，莫之敢撄。望见冯妇，趋而迎之。冯妇攘臂下车。众皆悦之，其为士者笑之。"

孟子曰："口之于味也，目之于色也，耳之于声也，鼻之于臭也，四肢之于安佚也，性也，有命焉，君子不谓性也。仁之于父子也，义之于君臣也，礼之于宾主也，智之于贤者也，圣人之于天道也，命也，有性焉，君子不谓命也。"

浩生不害问曰："乐正子何人也？"孟子曰："善人也，信人也。""何谓善？何谓信？"曰："可欲之谓善，有诸己之谓信，充实之谓美，充实而有光辉之谓大，大而化之之谓圣，圣而不可知之之谓神。乐正子，二之中，四之下也。"

么根据呢？"高子答道："因为禹传下来的钟钮都快断了。"孟子说：
"这个怎么足以证明呢？城门下的车迹那样深，难道只是几匹马的
力量吗？〔是由于日子长久，车马经过多的缘故。禹的钟钮要断了，
也是由于日子长久了。〕"

● 14·23 ————————————————————

齐国遭受饥荒，陈臻对孟子说："国内的人都以为老师会再请
齐王打开棠地的仓廪赈济人民，大概不能再这样做了吧。"

孟子说："再这样做便成了冯妇了。晋国有个叫冯妇的，善于和
老虎搏斗，后来变成善士〔，不再打虎了〕。有次他到野外，有许多人
正追逐老虎。老虎背靠着山角，没有人敢去迫近它。他们望见冯妇
了，便快步向前去迎接。冯妇也就揎起袖子，伸出胳膊，走下车来。
大家都很高兴，可是作为士的那些人却在讥笑他。"

● 14·24 ————————————————————

孟子说："口嘴喜欢美味，眼睛喜欢美色，耳朵喜欢听音乐，鼻
子喜闻香气，手足四肢喜欢舒服，这些都是天性，但是能否得到，却
属于命运，所以君子不认为这些是天性的必然〔，因此不去强求〕。
仁在父子之间，义在君臣之间，礼在宾主之间，智慧对于贤者，圣人
对于天道，能否实现，属于命运，但也是天性的必然，所以君子不认
为这些是应该属于命运的〔，因此努力去顺从天性，求其实现〕。"

● 14·25 ————————————————————

浩生不害（齐国人）问道："乐正子是怎样的人？"孟子答道："是
好人，实在的人。""怎么叫做好？怎么叫做实在？"答道："值得可
爱便叫做好；那些好处实际存在于自身便叫做实在；那些好处充满
于自身便叫做'美'；不但充满，而且光辉地表现出来便叫做'大'；
既光辉地表现出来了，又能融会贯通，便叫做'圣'；圣德到了妙不
可测的境界便叫做'神'。乐正子是介于好和实在二者之中，'美'、
'大'、'圣'、'神'四者之下的人物。"

孟子曰:"逃墨必归于杨,逃杨必归于儒。归,斯受之而已矣。今之与杨、墨辩者,如追放豚,既入其苙(lì),又从而招之。"

孟子曰:"有布缕之征、粟米之征、力役之征。君子用其一,缓其二。用其二而民有殍,用其三而父子离。"

孟子曰:"诸侯之宝三:土地、人民、政事。宝珠玉者,殃必及身。"

盆成括仕于齐。孟子曰:"死矣盆成括!"盆成括见杀,门人问曰:"夫子何以知其将见杀?"曰:"其为人也小有才,未闻君子之大道也,则足以杀其躯而已矣。"

孟子之滕,馆于上宫。有业屦于牖上,馆人求之弗得。或问之曰:"若是乎从者之廀也?"曰:"子以是为窃屦来与?"曰:"殆非也。夫子之设科也,往者不追,来者不拒。苟以是心至,斯受之而已矣。"

孟子曰:"人皆有所不忍,达之于其所忍,仁也;人皆有所

● 14·26

　　孟子说："离弃墨子一派的，一定归入杨朱一派；离弃杨朱一派的，一定归入儒家。回来，这就接受他算了。今天同杨朱、墨翟两家展开辩论的人，好像追逐已走失的猪一般，已经送回猪圈，还要把它的脚绊住〔，生怕它再走掉〕。"

● 14·27

　　孟子说："有征收布帛的赋税，有征收谷米的赋税，还有征用人力的赋税。君子在三者之中采用一种，其余两种便暂时不用。如果同时用两种，百姓便会有饿死的；如果同时用三种，那父亲便顾不得儿子，儿子也顾不得父亲了。"

● 14·28

　　孟子说："诸侯的宝贝有三样：土地、人民和政治。以珍珠美玉为宝贝的，祸害一定会降到他身上来。"

● 14·29

　　盆成括（姓盆成，名括）在齐国做官，孟子说："盆成括要死了！"盆成括被杀，学生问道："老师怎么知道他会被杀？"孟子答道："他这个人有点小聪明，但是不知道君子做人的大道，那就足以招致杀身之祸了。"

● 14·30

　　孟子到了滕国，住在上宫。有一双没有织成的草鞋在窗户上不见了，旅馆的人寻找不着。有人便问孟子，说："像这样，是跟随您的人把它藏起来了吧？"孟子说："你以为他们是来偷草鞋的吗？"这人答道："大概不是的。〔不过，〕您老人家开设课程，〔对学生的态度是〕离去的不追问，来学的不拒绝。只要他们抱着学习的愿望来，便也接受了〔，那难免良莠不齐呢〕。"

● 14·31

　　孟子说："人人都有不忍心干的事，把它推广到所忍心要干的事

不为，达之于其所为，义也。人能充无欲害人之心，而仁不可胜用也；人能充无穿逾之心，而义不可胜用也；人能充无受"尔"、"汝"之实，无所往而不为义也。士未可以言而言，是以言饪（tiǎn）之也；可以言而不言，是以不言饪之也：是皆穿逾之类也。"

孟子曰："言近而指远者，善言也；守约而施博也，善道也。君子之言也，不下带而道存焉；君子之守，修其身而天下平。人病舍其田而芸人之田，所求于人者重，而所以自任者轻。"

孟子曰："尧、舜，性者也；汤、武，反之也。动容周旋中礼者，盛德之至也。哭死而哀，非为生者也。经德不回，非以干禄也。言语必信，非以正行也。君子行法，以俟命而已矣。"

孟子曰："说大人则藐之，勿视其巍巍然。堂高数仞，榱（cuī）题数尺，我得志，弗为也。食前方丈，侍妾数百人，我得志，弗为也。般乐饮酒，驱骋田猎，后车千乘，我得志，弗为也。在彼者皆我所不为也，在我者皆古之制也，吾何畏彼哉？"

上，便是仁；人人都有不肯干的事，把它推广到所肯干的事上，便是义。〔换句话说，〕人能够把不想害人的心扩而充之，仁便受用不尽了；人能够把不挖洞翻墙偷盗的心扩而充之，义便受用不尽了；人能够把不受轻贱的实际言行扩而充之，〔以至所言所行都不会招致轻贱，〕那无论到哪里，言行都合于义了。〔怎样叫做挖洞翻墙呢？譬如，〕一个士人，不可以同他谈论时却去同他谈论，这是用言语来引诱他，以便自己取利；可以同他谈论时，却不去同他谈论，这是用沉默来引诱他，以便自己取利：这些都属于挖洞翻墙这一类型的。"

● 14·32 ————————————————————————————————

孟子说："言语浅近，意义却深远的，这是'善言'；所坚持的简单，效果却博大的，这是'善道'。君子的言语，讲的虽是眼前常见的事，可是'道'就在其中；君子的操守，从修养自己开始，〔然后推己及人，〕从而使天下太平。有些人的毛病就在于放弃自己的田地，而去替别人耘田——要求别人的很重，自己负担的却很轻。"

● 14·33 ————————————————————————————————

孟子说："尧、舜实行仁德是出于本性，商汤、周武王经过修身来返回本性然后力行。动作、仪容、应对进退没不合乎礼法的，这是美德中最高的了。痛哭死去的人而感到悲恸，这并不是做给活人看的。依据道德行事，不致违背礼节，这并不是为了谋求官职。说话一定要讲求信实，而不是为了让别人知道我的行为端正。君子依据法度行事，〔其结果如何，〕等待命运罢了。"

● 14·34 ————————————————————————————————

孟子说："向达官贵人进言，就得轻视他，不要把他那高官显贵的样子放在眼里。殿堂的阶基两三丈高，屋檐几尺宽，我如果得志，决不这样干。菜肴满桌，姬妾几百，我如果得志，决不这样干。饮酒作乐，往来驰驱打猎，跟随的车子上千辆，我如果得志，决不这样干。那些人所干的，都是我所不干的，我所干的，都符合古代制度，

孟子曰："养心莫善于寡欲。其为人也寡欲，虽有不存焉者，寡矣；其为人也多欲，虽有存焉者，寡矣。"

曾晳嗜羊枣，而曾子不忍食羊枣。公孙丑问曰："脍炙与羊枣孰美？"孟子曰："脍炙哉！"公孙丑曰："然则曾子何为食脍炙而不食羊枣？"曰："脍炙所同也，羊枣所独也。讳名不讳姓，姓所同也，名所独也。"

万章问曰："孔子在陈，曰：'盍归乎来？吾党之士狂简，进取不忘其初。'孔子在陈，何思鲁之狂士？"孟子曰："孔子：'不得中道而与之，必也狂狷乎。狂者进取，狷者有所不为也。'孔子岂不欲中道哉？不可必得，故思其次也。""敢问何如斯可谓狂矣？"曰："如琴张、曾晳、牧皮者，孔子之所谓狂矣。""何以谓之狂也？"曰："其志嘐嘐（xiāo）然，曰：'古之人，古之人！'夷考其行，而不掩焉者也。狂者又不可得，欲得不屑不洁之士而与之，是狷也，是又其次也。孔子曰：'过我门而不入我室，我不憾焉者，其惟乡原乎！乡原，德之贼也。'"曰："何如斯可谓之乡原矣？""曰：'何以是嘐嘐也？言不顾

那我为什么要怕他们呢？"

● 14·35 ————————————————————

孟子说："修养心性的方法，最好是减少物欲。为人，欲念不多，善性纵使有所丧失，也不会多；为人，欲念很多，善性纵使有所保存，也是极少的了。"

● 14·36 ————————————————————

曾皙喜欢吃羊枣，〔他死了以后〕曾子因而不忍吃羊枣〔，怕想起已死的父亲〕。公孙丑问道："炒肉末同羊枣哪一种好吃？"孟子答道："炒肉末呀！"公孙丑又问："那么，曾子为什么吃炒肉末却不吃羊枣呢？"答道："炒肉末是大家都喜欢吃的，羊枣只是个别人喜欢吃的。犹如父母之名应该避讳，姓却不避讳，这是因为姓是大家相同的，名却是个人独有的。"

● 14·37 ————————————————————

万章问道："孔子在陈国，说道：'何不回去呢？我那些学生们志气大而阅历不深，有进取心而不忘记初衷。'孔子在陈国，为什么思念鲁国这些狂放之人呢？"孟子答道："孔子说过：'得不着守中道而行之士同他交往，那一定只能结识狂放之人和洁身自好之士吧。狂放之人勇于进取，洁身自好之士有所不为。'孔子难道不想要守中道而行之士吗？不一定能得到，因此只想次一等的了。"万章又问："请问，怎么才叫做狂放的人呢？"孟子答道："像琴张、曾皙、牧皮这类人，就是孔子所说的狂放的人。""为什么说他们是狂放的人呢？"孟子答道："他们志气大，夸夸其谈，嘴里总是说：'古人呀，古人呀！'可是一考察他们的行为，却不和言语相吻合。狂放之人如果又得不到，便想和不屑做坏事的人交往，这便是洁身自好之士，这又是次一等的。孔子说：'从我家大门经过，却不进我屋里，我不感到不满意的，那只有伪善欺世的人吧。伪善欺世的人，是戕害道德的人哩。'"万章问道："怎样就可叫做伪善欺世的人呢？"孟子答道：

行，行不顾言，则曰"古之人，古之人"。行何为踽踽凉凉？生斯世也，为斯世也，善斯可矣。'阉然媚于世也者，是乡原也。"万子曰："一乡皆称原人焉，无所往而不为原人，孔子以为德之贼，何哉？"曰："非之无举也，刺之无刺也，同乎流俗，合乎污世，居之似忠信，行之似廉洁，众皆悦之，自以为是，而不可与入尧、舜之道，故曰'德之贼'也。孔子曰：'恶似而非者：恶莠，恐其乱苗也；恶佞，恐其乱义也；恶利口，恐其乱信也；恶郑声，恐其乱乐也；恶紫，恐其乱朱也；恶乡原，恐其乱德也。'君子反经而已矣。经正则庶民兴；庶民兴，斯无邪慝矣。"

◎ **14·38**

孟子曰："由尧、舜至于汤，五百有余岁；若禹、皋陶，则见而知之；若汤，则闻而知之。由汤至于文王，五百有余岁；若伊尹、莱朱，则见而知之；若文王，则闻而知之。由文王至于孔子，五百有余岁；若太公望、散宜生，则见而知之；若孔子，则闻而知之。由孔子而来，至于今，百有余岁，去圣人之世，若此其未远也，近圣人之居，若此其甚也，然而无有乎尔，则亦无有乎尔。"

"〔伪善欺世的人批评狂放之人说：〕'为什么这样志气高大呢？实在是说话不顾及行为，做事也不顾及自己的言语，就只说古人呀，古人呀。'〔他又批评洁身自好之士说：〕'为什么这样落落寡合呢？'〔还说：〕'生在这个世界上，为这个世界做事，只要过得去便行了。'八面玲珑，四方讨好的人，就是伪善欺世的人。"万章说："全乡的人都说他是老好人，他也到处表现出是一个老好人，孔子竟把他看做戕害道德的人，为什么呢？"孟子答道："这种人，要指摘他，又举不出什么大错误来，要指责他，也无可指责的，他只是同流合污，为人好像忠诚老实，行为好像廉正清洁，大家也都喜欢他，他自己也以为正确，但是与尧、舜之道完全违背，所以说他是戕害道德的人。孔子说过：'我厌恶那种似是而非的东西：厌恶狗尾草，因为怕它把禾苗搞乱了；厌恶巧言谄媚的才智，因为怕它把道义搞乱了；厌恶夸夸其谈，因为怕它把信实搞乱了；厌恶郑国的淫乐，因为怕它把雅乐搞乱了；厌恶紫色，因为怕它把朱红色搞乱了；厌恶伪善的人，就因为怕他把道德搞乱了。'君子让一切事物回到常道便行了。常道不被歪曲，老百姓就会奋发积极；老百姓奋发积极，邪恶就没有了。"

● 14·38 ————————————————

孟子说："从尧、舜到商汤，经历了五百多年；像禹、皋陶那些人，便是亲身看见尧舜之道从而知道的；像商汤，便是只听到尧舜之道从而知道的。从商汤到周文王，又有五百多年；像伊尹、莱朱（汤贤臣）那些人，便是亲自看见从而知道的；像周文王，便只是听到从而知道的。自文王到孔子，又有五百多年；像太公望、散宜生（文王贤臣）那些人，便是亲自看见从而知道的；像孔子，便只是听到从而知道的。自孔子一直到今天，一百多年了，离开圣人的年代是这样的近，距离圣人的家乡也是这样的近，但是没有后继的人，那么日后也会没有后继的人了。"